二十四史故事

翟文明　编著

浙江工商大學出版社
ZHEJIANG GONGSHANG UNIVERSITY PRESS

图书在版编目（CIP）数据

二十四史故事 / 翟文明编著 . — 杭州：浙江工商
大学出版社，2018.6

ISBN 978-7-5178-2275-2

Ⅰ . ①二… Ⅱ . ①翟… Ⅲ . ①中国历史－古代史－纪
传体－通俗读物 Ⅳ . ① K204.1-49

中国版本图书馆 CIP 数据核字（2017）第 161562 号

二十四史故事

翟文明 编著

责任编辑	孙婷玫　沈明珠	
封面设计	思梵星尚	
责任印制	包建辉	
出版发行	浙江工商大学出版社	

（杭州市教工路 198 号　邮政编码 310012）

（E-mail: zjgsupress@163.com）

（网址：http://www.zjgsupress.com）

电话：0571-88904980，88831806（传真）

排　　版	北京东方视点数据技术有限公司
印　　刷	北京彩虹伟业印刷有限公司
开　　本	710mm×1000mm　1/16
印　　张	16
字　　数	238 千
版 印 次	2018 年 6 月第 1 版　2018 年 6 月第 1 次印刷
书　　号	ISBN 978-7-5178-2275-2
定　　价	48.00 元

前　言

历史，记载着一个国家、民族产生和发展的全过程，蕴含着一个国家、民族的精神财富和智慧，昭示着国家和民族兴衰更替的客观规律。鲁迅说过，历史"书写着中国的灵魂，指示着民族的未来"。历史研究不仅涉及历史人物、王朝政治的功过是非，而且事关国运兴衰。学习历史，对于民族、国家和个人都具有重大的现实意义。

在祖先留给我们的精神财富中，史学典籍浩如烟海，我国可说是世界上最重视历史的国家之一。中华民族有着忠实记载历史的优良传统，这种传统使得我国在数千年文明发展过程中能够保存下大量的历史资料，史料之丰富是世界上任何一个国家所不能媲美的。从《史记》开始，《汉书》《后汉书》《三国志》《晋书》《宋书》《南齐书》《梁书》《陈书》《魏书》《北齐书》《周书》《隋书》《南史》《北史》《旧唐书》《新唐书》《旧五代史》《新五代史》《宋史》《辽史》《金史》《元史》《明史》，这 24 部史书如沧海明珠独放异彩。作为中国史学主干的《二十四史》连贯起来，可说是中国完整的历史总集。研读《二十四史》，除了可以丰富史学知识，更主要的是可以以史为镜，探寻社会发展与国家兴亡的规律、经验、教训，寻找人生道路上的坐标。了解昨天，更重要的是为了把握今天，创造明天，是为了充实自己的头脑，汲取宝贵的人生启迪。

这 24 部史书大多采用统一的纪传体裁，完整、系统地记录了我国从远古至清初数千年的历史流传，全面展示了历代王朝的兴衰轨迹，涵盖了中国各个历史时期的政治、经济、科技、军事、艺术、外交等多方面的内容，是当之无愧的中华文明百科全书。然而这些史学巨著文字浩繁，加上古文艰深，普通读者穷尽一生精力也很难读完，鉴此，我们推出了这部白话《二十四史故事》。

在本书中，我们力求在真实性、趣味性和启发性等方面达到一个全新的高度，通过科学的体例与创新的形式，全方位、新视角、多层面地向读者展现中华文明的史学巨著。全书按照史书顺序，共分 24 个篇章，精彩扼要地勾勒出中国历史演进的基本脉络和发展历程。同时，编者还精选了200 多幅内容涵盖面广、表现形式丰富的图片，与文字互为补充和解释，力求精确、经典。精确是指对文物、遗迹、人像等图片的选用和说明准确无误，经典指各个故事都选取最有代表性和说服力的图片。文图对应，将中国历史的丰富与精彩更直观、更真实、更立体地呈现在读者面前。

生动简洁的文字、多元的视觉元素、全新的视角、科学的体例和创新的版式设计有机结合，帮助读者从一个全新的角度和崭新的层面去考察历史、感受历史、思考历史。

目　录

史 记

传说中的君王

中国古代出现了很多贤王，传说中他们都是天下的主人，而且个个非常贤明，都是圣人。

相传第一个君王是黄帝，他一生下来就非常聪明，是一个天才。黄帝姓公孙，名叫轩辕，后人将黄帝奉为中华民族的祖先，轩辕也就成了中华民族的代称之一。当时统治天下的是神农氏，但权威已经衰落下去了。各地诸侯缺少约束，纷纷自相残杀，虐待百姓，而神农氏拿他们一点办法都没有。黄帝就训练军队，打造武器，去征讨那些暴虐的诸侯，于是很多诸侯就归附了黄帝。只有蚩尤部族最残暴，但由于他们兵力强大，所以黄帝暂时没有征讨他们。神农氏的炎帝见自己失势，就想用武力打回来，但当时的诸侯们大多心归黄帝，不听炎帝号令了。黄帝率领各种猛兽和诸侯在阪泉与炎帝展开大战，一连打了 3 个大仗，把炎帝杀得大败。炎帝见打不过黄帝，于是和他握手言和。黄帝征服炎帝后，又把矛头对准了蚩尤，双方在涿鹿展开了大战，黄帝大胜，活捉了蚩尤，将其斩首。诸侯们纷纷奉黄帝为天子，让他取代神农氏的地位。当时天下还有很多诸侯不服从黄帝的统治，黄帝就一个接一个地征讨，一直都没有休息过。

黄帝去了很多地方，到各地宣传教化，并任命官吏帮助自己治理天下。黄帝和炎帝两人后来关系变得很好，他们一起把中国治理得非常好。

黄帝死后，他的曾孙高阳继承了王位，被称为颛顼。颛顼也是个很聪明的君王，在他的领导下，中国的疆土又扩大了不少。颛顼死后，他的堂兄弟高辛继承了天子之位。

高辛也是个伟大的君王。

高辛有两个儿子，他死后立了挚，但挚并不是个好天子。挚死后由弟弟放勋继承了王位，放勋就是尧帝。

尧简直是神的化身，他的仁德可以

黄帝像

和天相比，和神仙一样博学多才。当时的百姓在他的统治下过着非常幸福的生活，诸侯们对他很忠心。据说尧制定了一年的天数，还规定了东西南北的方向等等，为农业做出了很大贡献。尧逐渐老了，他问大臣们："我死后谁能继承我的位置呢？"一个叫放齐的人说："您的儿子丹朱是个合适的人选。"尧说："丹朱这个人又顽劣又凶恶，不行的。"他继续问谁能继承，灌兜说："共工很聪明，应该不错。"尧说："共工这个人能言善辩，但做事情并不像他说的那样。他表面上很恭谨，但骨子里却是另外一套。这种人不能继承天子之位。"继承这事就这样搁置了下来。

过了几年，天下突然发起了大水，这次洪水来势迅猛，很多百姓都流离失所。尧看到百姓们遭殃，心里非常难过，他把大臣们召集起来，问道："你们觉得谁适合去治水呢？"大家一致推荐鲧。尧觉得鲧不太适合这个职务，不想让他去。四岳说："没有比鲧更好的人了，让他试试也没有什么关系。"尧就命令鲧去治水，但9年过去了，洪水还是老样子。

尧叹息道："我当了70年天子了，四岳啊，你们能不能继位呢？"四岳说："我们的品德当不了天子。"尧说："那大家推举个合适人选吧。"大家都推荐一个叫舜的人。尧说："不错，这个人的名字我也听说过。他到底是个什么样的人呢？"四岳回答道："他父亲是个瞎子，又是个顽固的老头。听说他现在的母亲是继母，对他很不好，弟弟是继母生的，一向高傲。舜在这种环境下还能孝顺父亲，维护家庭的团结，可见是个贤人。"尧说：

"那我就试试他吧。"于是他就把两个女儿嫁给了舜，看看舜到底是不是真的像传说中那样贤明。舜娶了尧的女儿后还是和以前一样谦恭行善，尧很满意，就委派他制定典礼。舜把尧交给他的任务都完成得很好，尧觉得他是个很合适的继承人，没过几年就把王位禅让给了他。当年尧拒绝让共工继位，结果共工就表现出种种恶行，最后被流放。尧去世后，天下人都像死了父母一样悲伤。尧知道儿子丹朱不是好人，所以没有把王位传给他，尧说："我不会为了让我儿子一个人得好处而损害天下人的利益。"他死后，舜想把王位让给丹朱，但天下诸侯都不肯承认丹朱是天子，还是跑来朝见舜。舜认为这是天意，最终接受了天子的宝座。

大禹治水

尧统治时期洪水泛滥，尧命令鲧去治理。鲧虽然很有才干，但他对治水一窍不通，9年过去了，洪水一点减退的意思都没有。本来尧还打算如果鲧治水有成果，就把王位让给他，但看他这么不争气，于是就选择了舜。舜登基后，见鲧把水治得一塌糊涂，就把鲧杀了，百姓都认为杀得好。舜任命鲧的儿子禹继续鲧的事业——治水。

禹也是一个很贤明的人，为人做事最讲信义，他的一举一动都成为别人效仿的对象。虽然他父亲因为治水失败而被处死，但他并没有被困难吓倒，更没有因为父亲的死而仇恨舜。当然，他对父亲的死很伤心，不过他把更多的精力放在吸取父亲的教训上了。禹采用了疏导的方法，把洪水引向大海。禹以身作则，宁可吃差点穿少点，也要把经费用在治水上。禹为了治水跑遍了天下

夏禹王像

禹，传说中夏朝的第一个王，鲧之子。因禹治水有功，舜让位于他。在他死后，子启即位，从此开始了王位的世袭制度。

的名山大川，亲自和百姓们一起挖土挑土，脚掌上全是老茧，小腿上的毛都被磨光了。在外面辛辛苦苦呆了 13 年，甚至好几次经过家门却不敢进去，生怕耽误了治水的时间。就连他儿子启出生的时候他也没顾得上回家看一眼。

禹在治理洪水的时候走遍了全国，他为了方便治理，把全国分为 9 个州，分别是冀州、青州、徐州、兖州、扬州、荆州、豫州、梁州和雍州。他划分各个州的地理位置，调查土壤情况和土特产。九州的划分对统一全国有莫大的好处，从此"九州"就成为中国的代名词。禹还开凿了九大山脉的道路，疏通了 9 条河流，彻底将洪水治理好，天下重新回到太平时代。由于灾害被清除干净，舜的教化重新推行于全国，禹也树立了自己的威望。舜特地赏赐给禹黑色的玉圭，并昭告天下洪水终于被治理好了。

当时负责法令的官员名叫皋陶，他和禹还有伯夷都是舜身边的贤臣。有一次三人在舜面前讨论，皋陶说："如果能够以道德来达到信义，那么就能有高明的政策，辅佐的大臣们也能和谐相处。"禹和皋陶讨论了很久关于治理天下的问题，禹用自己治水的行为为例，证明自己是兢兢业业为天下做事。舜告诫禹说："丹朱狂妄放纵，成天只知道玩，在家里淫乱，所以我取消了他的继承权，你不要像他那样。"禹说："我结婚刚 4 天就离家治水了，儿子出生的时候都没回家去看，更没有抚养教育他，所以才能完成治水的大业。我还建立了五服制度来治理天下，现在天下各国都能尽忠职守，只有三苗还不肯服从，一定要注意他们的动向。"舜说："替我推行德政和教导人民，这都是你的功劳。"通过这一番讨论，皋陶更加尊重禹的德行了，命令百姓们都要向禹学习。对于那些不遵守命令的，就严厉地处罚他们。在这些贤臣的悉心辅佐下，舜的天下越来越太平，连鸟兽都在一起跳舞，大臣们更是团结一心。

禹的功劳实在太大了，所以人们都称他为"大禹"，感谢他把人民从洪水当中解救出来。禹不但没有骄傲，反而更加谦虚谨慎起来，把全部精力都投入到为百姓造福上面了。舜觉得禹的确是个贤人，而且又立了那么大的功劳，就想把王位传给他。舜自己有个叫商均的儿子，但这个儿子和丹朱一样，是个不肖之子。舜不放心把天下交给他，思考了很久，最后还是决定立禹为继承人。舜死后，禹辞掉了继承人之位，把天下让给商均。但天下诸侯和百姓纷纷背叛商均而去投奔禹，禹没办法，只好即天子之位，定国号为夏。

禹也学尧、舜，登基后立皋陶为继承人，并把一部分政权交给他。但皋陶死得早，后来他又选择伯益为继承人。10年后，禹在会稽山去世，禹死前虽然把权力交给了伯益，但伯益辅佐禹的时间还很短，功绩也不多，所以诸侯们都抛弃他去朝见启。于是启就登上了天子宝座，建立了中国第一个王朝——夏朝。至此，禅让制被世袭制取代，中国进入了一个全新的时代。

牧野之战

姬昌被纣王放回去后，开始偷偷积德行善，收买人心。在他的励精图治下，周开始强大起来。但姬昌还是不太满意，他手下贤人虽多，但缺少带兵打仗的帅才，所以他很留心寻找这方面的人才。

有一天姬昌想出门打猎，让人占卜。占卜的人告诉他："今天打猎所得的不是什么野兽，而是霸王的助手。"姬昌很高兴，就出发了。走了不久，他遇到了一个钓鱼的老头，和他聊了一会，觉得这个人就是他一直苦苦寻求的军事人才，高兴地说："我的爷爷曾经对我说，一定会有圣人来帮助我振兴周，你就是那个人。我爷爷、太公盼望你很久了！"那个人名叫吕尚，姓姜，姬昌称他为"太公望"，所以民间又称他姜太公。

太公望帮助姬昌训练军队，研究战术，很快就把周军训练得非常强大，一连灭了好几个反对周的诸侯国。姬昌的威望也越来越高，他和纣王不一样，他的德行是一般人难以比拟的。人们都觉得他处事公平，诸侯之间发生纠纷都来找他决断。有一次虞国和芮国发生了纠纷，就一起去周国。刚走进周国的边界，他们看到耕种的农民把和别人接壤的耕地让给对方，民间的风俗也是尊敬老人。两个国家的人还没见到姬昌就觉得很羞愧，说："我们争的是周人觉得可耻的东西，我们还跑去干吗？只是自取其辱而已。"说完就回去了。诸侯们听说这事后都认为姬昌是上天任命的君王。

姬昌没有等到讨伐纣王就去世了，周武王继承了他的位子。周武王继续重用太公望、周公旦、召公奭和毕公高等贤臣，把周国治理得更加强大。9年后，周武王到孟津检阅军队，前来会合的诸侯有800人之多。大军浩浩荡荡地开赴孟津，渡河的时候有条白鱼从水中跳进周武王的座船里。他们认为这是吉兆，就把那条鱼拿来祭祀上天。到达孟津后，诸侯们都说："可以讨伐纣王了。"周武王说："你们还不知道天命，现在还不是讨伐他的时候。"之后不久就回去了。

两年后，纣王越来越暴虐了，杀害了比干，将箕子囚禁了起来，连商朝的太师和少师都跑来归顺了周。周武王觉得时机已经成熟，遍告各位诸侯说："殷朝有大罪，不能不讨伐它。"于是率领战车300乘，虎贲武士3000人，步兵4.5万人，宣布讨伐纣王。不久再次在孟津和800诸侯会师，以周武王为首的诸侯们休整了几天后就誓师出征。

周军兵力强大，沿途商朝守军望风而降，很快就打到商朝首都朝歌附近的牧野。胜利就在前方，为了鼓舞士气，周武王再次誓师。当时各地诸侯派来的军队很多，光战车就有4000乘，在牧野摆开阵势，随时准备发动进攻。

正在花天酒地的纣王听说周军已经打到城下了，赶紧发动70万人出城

牧野之战示意图
牧野之战是周灭商的决定性战役，以周的胜利而告终。

迎战。纣王军队数量远远超过周军，但周武王一点也不害怕，他从容地命令太公望率领军队出击，最精悍的士兵直冲纣王所在的中军。纣王军队虽然数量惊人，但大多都是奴隶，还有很多是从东夷抓来的战俘，根本不想为纣王卖命，反而想周武王获胜。开战没多久，那些人就掉过头来进攻纣王，军中顿时大乱。周武王抓住战机，率领军队发起总攻，将纣王杀得大败，商朝军队纷纷倒戈。纣王没办法，只好一个人逃走。这就是著名的"牧野之战"。

纣王走投无路，最后在鹿台自焚而死。周武王手持大白旗指挥诸侯攻入朝歌，诸侯们纷纷跟从。商朝百姓早就忍受不住纣王的暴虐了，周军的到来让他们高兴不已，纷纷跑出来迎接周军，参拜周武王。周武王进城后派出使者四处传告，宣布周军是来解救百姓的，让他们不要惊慌。走进王宫后，人们把纣王的尸体拖了出来，周武王象征性地射了3箭，表示已亲手除掉了这个祸害。射完后下车，又用剑砍了几下。最后用黄斧头砍下了纣王的脑袋，把它悬挂在大白旗之上。纣王的两个宠妃上吊自杀，周武王为了表示对她们的惩罚，也射了她们尸体3箭，用黑斧头砍下她们的脑袋，挂在小白旗之上，然后回到军中。

牧野之战是中国历史上一次以少胜多的经典战例，战后周武王建立了西周。

管仲与齐桓公

管仲年轻的时候和鲍叔牙是好朋友，鲍叔牙知道他是个贤才。管仲很穷，所以经常拿鲍叔牙的钱来花，但鲍叔牙对他一直很好，没有怪罪他。

齐国发生内乱，国君齐襄公被杀。他有两个弟弟，一个叫公子纠，一个叫公子小白。管仲是公子纠的老师，他害怕公子小白提前回国，这样公子纠就不能当上国君了。于是管仲带领手下人半路伏击公子小白。公子小白中了管仲的埋伏，知道大事不妙，一面组织抵抗，一面想办法逃走。管仲在混乱之中发现公子小白想逃走，赶紧拉弓搭箭，瞄准公子小白便射，一箭射在了公子小白的胸上，只见公子小白大叫一声，口吐鲜血倒下。管仲以为射死了公子小白，就放心地回去了。

管仲像

谁知道那一箭正好射在公子小白的衣带上，公子小白急中生智，赶紧咬破舌尖，将血吐出，装成被射死的样子。管仲离开后，他赶紧加快速度赶回齐国，抢先即位，成了历史上有名的齐桓公。

齐桓公即位后，马上下令杀死公子纠，并将管仲捉拿归案，押回齐国准备处死。齐桓公的老师鲍叔牙深知管仲是治国奇才，杀之可惜。于是在齐桓公面前恳请免管仲一死。齐桓公大怒："你忘了当初管仲射我那箭了？要是那箭再准一点，今天站在这里的人就不是我了！我和管仲有深仇大恨，非要扒了他的皮不可！"鲍叔牙再三强调管仲当时是忠心护主，并不是和齐桓公有什么私仇，为人君者器量不应该如此狭窄，况且管仲是治国奇才，除非不想称霸，否则一定得重用管仲。再说管仲以必死之身而被赦免，必然能对齐桓公感恩戴德，拼死为齐国霸业效力。

齐桓公不愧为一代人杰，气消了后经过仔细考虑，决定不杀管仲，反而要拜管仲为相国，掌握齐国行政大权，协助自己治理齐国。

管仲本来以为自己已经死到临头，谁知道不但不会被处死，反而被提拔成为一人之下，万人之上的相国。他对齐桓公的不杀之恩感激不尽，又万分钦佩齐桓公的器量。于是，管仲一上任就改革齐国的朝政，提出修好近邻、先内后外、待时而动的治国求霸的政策。先在国内发展经济，齐国靠海，管仲在齐国大力发展煮盐业，很快就让齐国富了起来。另外管仲还规定可以用兵器和盔甲赎罪，为国家发展军备开辟了道路。他还开了当时诸侯大国有三军的先例，而且不准人民迁移，以保证军队兵员的来源。此外，由于同一部队的士兵都是来自一个地方，可以说大家互相都认识，这样在战斗中可以互相帮助，提高部队的战斗力和士气。就这样，管仲为齐国建立了一支能征善战的军队。

虽然齐国国力强大了，但齐桓公并没有急于攻打他国，而是等待时机，以"尊王攘夷"为口号，名义上以周天子为共主，在道义上占了主动。另外，针对中原各国害怕少数民族入侵的心理，齐国联合了许多中原国家，北征山戎，南攻楚国。在此过程中，齐国作为盟主，取得了霸主的地位。一时间，天下唯齐国独尊。齐国成为春秋时期第一个称霸的国家，齐桓公也被称为"春秋五霸"之首。

齐桓公自己心里也很清楚，他能取得这种成就和管仲的努力是分不开的。他在有生之年都非常尊敬管仲，称管仲为"仲父"，就是仅次于父亲的意思。

管仲当了40余年齐国的相国，齐国在他为相期间发展成为当时最强大、最富有的国家。管仲不光自己能治国，他还举荐了许多贤才，例如宁戚、隰朋、宾须无等。齐桓公就是在这些贤才的帮助下，花了20多年的时间，励精图治，最终成就霸业的。其中管仲无疑是功劳最大的一个。

管仲死后，齐桓公没有听取管仲临死前的警告，任命小人执政，最终引起内乱，他的儿子们纷纷争位，以致齐桓公死后，遗体都没人去管。国内为争位夺权爆发战争，最后战乱被宋国平定，齐国虽然仍然保持着大国的地位，但国力已经完全衰落，就此永远退出了争霸的舞台。

楚庄王一鸣惊人

楚国本来是南方的一个小国，爵位也仅仅是子爵。但楚国历代国君励精图治，灭掉了周围很多国家，逐渐发展成为大国。后来根本不把周天子放在眼里，干脆自称为王，成为春秋时期举足轻重的强国。

楚庄王是楚国历史上最有名的君主，可他刚即位的时候没有人看出他会有什么出息。楚庄王即位后过了3年花天酒地的生活，也不处理政事，成天躲在后宫里鬼混。大臣们都很痛心，纷纷进谏。楚庄王被他们搞得很烦，干脆下了道命令："敢进谏的人杀无赦！"很多人都吓得不敢多说话了，但还是有不怕死的。

大夫伍举入宫进谏。当时楚庄王左手抱着郑国美女，右手抱着越国美女，坐在乐器中间，听着淫靡的音乐，开心得不得了。伍举说："我想请大王猜个谜语。"楚庄王来了兴趣，急忙问是什么谜语。伍举说："楚国有一只大鸟，一连3年不飞也不叫。请问这是什么鸟？"楚庄王说："3年不飞，但一飞就能冲天；3年不鸣叫，却能一鸣惊人。你下去吧，我知道了。"可几个月过去了，楚庄王反而比以前更堕落了。大夫苏从看不下去了，跑去进谏。楚庄王板着脸说："你不知道我的禁令吗？"苏从说："如果我的死能换来大王的醒悟，这是我的荣幸！"楚庄王很感动，于是改掉了以前的坏毛病，开始上朝听政。他把小人抓起来，杀掉了好几百人，又提拔了几百个贤臣。由于伍举和苏从当初劝谏过他，他知道这两人一定忠心，所以把朝政交给他们。很快楚国就恢复了以前的国力，百姓们都很高兴。

楚庄王把精力都放在了处理国事上面，之前楚国多次被晋国打败，军队士气低落。楚庄王抓紧训练军队，并发动对外战争，取得了一系列胜利。不久他讨伐陆浑戎，路过洛阳的时候在当地阅兵。洛阳是东周的首都，楚国在此阅兵是一种示威。挂名的周天子吓坏了，急忙派王孙满前去慰劳。楚庄王笑嘻嘻地问东周九鼎的大小轻重。九鼎是天子的象征，他这么问表示了自己的野心。王孙满是个很聪明的人，他告诉楚庄王："国家强盛关键在于道德而不是鼎。"楚庄王说："你别阻碍我看九鼎。把楚国的鱼钩的尖头搜集起来就足够铸造九鼎了。"王孙满说："你怎么忘了。当年在舜和禹统治时期，远方的部落前来归附，献上了9块铜，禹用那些铜铸造了9个鼎，从此就作为传国之宝。夏桀没有德行，九鼎就搬到了殷商，让商朝延续了600年之久。纣王暴虐，九鼎就归了周。只要有道德，鼎即使很小也必然重；如果没有道德，再大的鼎也会很轻。当年周成王占卜的时候，占卜到周能传30世，延续700年，这是天命。现在周虽然衰落了，但天命没有改变。所以鼎的轻重不是你能问的。"楚庄王顿时语塞，于是就带兵回去了。

陈国发生内乱，楚庄王前去平乱，杀死了作乱的大臣。叛乱平定后楚庄王却把陈国灭掉，纳入了自己的地盘。这种不讲道义的行为引起了申叔时的反感，大家都庆贺，但他却没有表示。楚庄王问他为什么不庆贺，他说："俗话说牵着牛过别人家的田地，田地的主人就把牛拿走了。践踏别人的庄稼固然不对，但为了惩罚却把人家的牛拿走，这不是太过分了吗？大王因为陈国爆发内乱而率领诸侯讨伐，以道义为名却贪图人家的土地，以后还怎么号令天下？"楚庄王听了觉得很惭愧，就恢复了陈国。

　　一年后，郑国背叛楚国而和晋国结盟。楚庄王出兵讨伐，打了整整3个月才攻下郑国都城。郑国国君打着赤膊，牵着一头羊出城投降。（赤膊是表示没有防卫，牵着羊是表示自己就像羊一样任其宰割，表示投降的诚意。）他请求不要灭掉郑国，并保证忠于楚国。大臣都建议楚庄王不要听他的，楚庄王却说："郑国国君能够让自己受委屈，居于人下。这种人一定能取信于民，怎么能灭亡他呢？"楚庄王于是下令退兵三十里，和郑国结盟。刚

图例
▲ 代表西周时灭国顺序
▲ 代表春秋时灭国顺序
▲ 代表战国时灭国顺序
● 代表楚人始封地丹阳
● 代表楚国都城——郢都
○ 代表地名

注(1)楚国在西周灭国1个，在春秋灭国48个，在战国灭国13个，总计灭国62个。
注(2)越国一说灭于公元前333年，一说灭于公元前306年。另有秦灭越之说。
注(3)今人对楚国始封地丹阳的地望，有6个说法，图中分别列出了这6个地方。
注(4)郢都先后多次迁徙，图中所列的数字，代表其迁徙次序。其中钜阳（今安徽太和县东北）仅《史记》曾有记载。

楚灭诸国示意图

订盟约不久，晋国来救援的军队就到了，双方大战了一场，晋军大败。这是几十年来楚国第一次战胜晋国，从此树立了自己的霸主地位。

不久楚国出使齐国的使者在经过宋国的时候被杀，楚庄王下令攻打宋国以报仇。宋国人据城死守，足足守了 5 个月之久。城里的粮食都吃光了，老百姓都只能互相交换孩子，吃别人的小孩，把骨头收集起来当柴烧。但就是这样，宋国人还是坚决不投降。宋国大臣华元看不下去了，冒着生命危险出城向楚庄王求情，汇报了实情。楚庄王感叹道："你真是个君子！"于是退兵解围，和宋国结盟。

楚庄王经过多年战争，确立了楚国霸主的地位。

大学者孔子

孔子的父亲是鲁国的一个小贵族，孔子刚生下来父亲就去世了。孔子小时候就喜欢模仿祭祀的游戏，是个很聪明的小孩。孔子出身并不高贵，当初鲁国大贵族季氏招待士族，孔子也去了，季氏的家臣阳虎骂他："季氏招待士族，你跑来干吗？"孔子只好退下。

孔子虽然很穷，但他担任任何职务都能干得很好。南宫敬叔向国君推荐了孔子，让他去出使周。孔子到了东周后，在那里学到了很多知识，尤其和老子的交情更是留下一段佳话。孔子回到鲁国后继续收学生，学生数量越来越多。

孔子 30 岁那年，齐景公和晏婴来鲁国访问，齐景公问孔子："当年秦穆公的国家那么小，地方又偏僻，为何还能称霸？"孔子说："秦国虽然小，但志向大；地方偏僻，但行为端正。百里奚不过一个奴隶，秦穆公和他谈了三天就把国家交给他管理。像这样尊重人才，称王都没问题，称霸还算小的。"齐景公非常佩服这个年轻人的见解。

孔子最欣赏西周初期的礼仪制度，他一生的梦想就是恢复周公时期的礼仪，用"礼"来教化人心，从而实现天下太平，结束当时的战乱。

当时鲁国的大权是掌握在季、孟、叔三家大夫的手里，国君实际上没有实权。在孔子 35 岁那年，国君鲁昭公被三家大夫赶跑，孔子一怒之下跑到齐国，求见齐景公。他向齐景公谈了自己的政治主张，齐景公很敬佩孔子的才学，想用他。但齐国相国晏婴认为他的主张不切实际，齐景公就没有用他。孔子只好回到鲁国教书，他的学生越来越多，其中还有许多贵族子弟，他的名气也越来越大。

后来，孔子被任命为司空（相当于工程部长）、司寇（相当于司法部长），孔子在任期间把鲁国治理得很好。鲁国的强大引起齐国的不安，于是齐国给鲁定公送去 80 名歌女，从此鲁定公开始不理政事。孔子很失望，带着学生出走，开始周游列国。

孔子希望能有个国家接受他的政治主张，可是当时的大国忙着兼并战争，小国又面临被吞并的危险，没有人理会孔子的主张。他先后到过很多国家，他们大多对孔子很客气，但没有哪个肯重用他。

孔子在周游列国的过程中还多次遇到危险。他首先到的卫国，卫国国君一开始对他很客气，招待得也很好。但后来开始不信任他了，还派人监视孔子。孔子害怕被害，就逃往陈国。在路过匡地的时候，因为他长得很像当地人痛恨的阳虎，被他们当成阳虎而围困了 5 天之久。好不容易解了围，孔子想去晋国。结果途中听说晋国内乱，只好返回卫国。谁知道因为拜见卫国国君夫人南子，引起了许多猜疑，孔子只好又去了宋国。在那里他得罪了宋国司马桓魋，差点被杀害。后来他多次往返于陈国和蔡国之间，有一次楚王派人请他，陈、蔡二国害怕他到楚国后对他们不利，竟发兵将孔子师徒围困起来，孔子因此断了粮，差点饿死。好不容易才等到楚国派兵来解了围。

孔子为了实现自己的理想，克服了种种困难，甚至不惜冒生命危险。但由

孔子像

13

于他的政治主张不切实际，在外面奔波了七八年，还是没能让别人接受。在他68岁的那一年，他的一个学生冉有当了季康子的家臣，受到重用，出兵打败了齐国的军队。冉有劝说季康子将孔子迎回国，季康子就用很高的礼节请孔子回到了鲁国。

这时孔子岁数也很大了，他被鲁国人称为"国老"，很受尊敬。鲁国国君和季康子经常就一些国事来咨询孔子，但始终不重用他。孔子很失望，只好在家整理古代的文献资料，著书立说。孔子整理了《诗经》《尚书》《春秋》等多部文献，为保存我国历史资料做出了巨大贡献。这些书后来成为儒家的经典著作，是每个读书人必须研读的书目。

孔子还教育了许多优秀的学生，据说他的门徒多达3000人，出色的有72人。孔子晚年的时候，他最喜欢的学生颜回早逝、子路战死，极大地打击了孔子的精神。很快，在公元前479年，孔子走完了他的人生历程。

孔子死后，他的弟子们继续传播他的学说，形成了中国历史上最重要、影响也是最大的思想流派——儒家学派。孔子作为儒家学派的创始人，被公认为我国伟大的思想家、教育家。

勾践卧薪尝胆

吴王阖闾虽然最后没有灭掉楚国，但已经向世人展示了吴军强大的实力。正好这个时候越王死了，阖闾就趁越国有难而发兵攻击。没想到新继任的勾践更厉害，他找了一批死士，让他们排成3行，一行一行地走到吴军阵前，大呼3声后拔剑自刎。吴国人都吓傻了，不知道发生了什么事。勾践趁机发起进攻，大败吴军，阖闾也受了伤，回国后不久就死了。他临死的时候告诫儿子夫差："你不要忘了越国的杀父之仇啊！"

两年后，勾践听说夫差日夜练兵，准备找越国报仇。他想先发制人，范蠡劝他不要先动兵，但勾践没听进去，仍然兴兵伐吴。夫差早就等着这一天，把平时精心训练的士兵全部派出去应战，将越军杀得大败。勾践带了残兵败将逃走，躲在了会稽山。夫差发兵把会稽山围了个水泄不通。

勾践对范蠡说:"我没有听你的话,结果落到这个下场。"范蠡说:"只能给夫差送厚礼了,如果还不行的话,就只好去当人质了。"勾践同意了,于是命令文种去和吴国谈判。文种卑躬屈膝地对夫差说:"勾践让我来告诉大王,他愿意当你的臣子,他的妻子就是你的妾。"夫差想答应他,伍子胥说:"上天把越国赐给了吴国,不要答应他。"第一次谈判失败了,文种回到了越国。勾践想杀死妻子儿女,带领剩余的将士和吴军同归于尽。文种阻止了他,说:"吴国的太宰伯嚭很贪心,可以想办法向他行贿,这样还有一线希望。"于是勾践就送了很多美女珠宝给伯嚭。伯嚭收下礼物后让夫差再次接见了文种,文种再次请求吴王接受越国的投降,不要灭掉越国,伯嚭也在一旁帮越国说好话,伍子胥却说:"今天不灭越国,以后肯定后悔。勾践是个贤明的国君,范蠡和文种是能臣,如果让他们回去的话,一定会作乱的。"夫差听不进去,撤兵回国,将勾践带到了吴国。

3年后,勾践好不容易才回到越国,下决心报仇。他怕舒适的生活消磨自己的意志,就在房间里挂上苦胆,不管什么时候都要尝尝,对自己说:"你忘了会稽山的耻辱了吗?"勾践为了恢复生产,亲自下地劳动,让夫人织布,吃穿都很简单。并四处招揽贤人,救济国内的穷人。老百姓在他的带动下也都憋足了一口气,努力劳动,想早日让越国强大起来,好报大仇。

几年后,越国已经强大了起来,勾践想兴兵伐吴。大夫逢同劝谏道:"越国好不容易才强大起来,吴国肯定会害怕,害怕的话就会有防备。我们应该先对吴国示弱,让它放松警惕。现在吴国正在和齐国、晋国打仗,又得罪了楚国和我们越国,肯定会骄傲起来。我觉得最好和齐、楚、晋交好,再和吴国搞好关系,吴国一定会轻敌。到时候三个国家讨伐它,我们再乘虚而入,就能轻松战胜它了。"勾践同意了。

两年后,吴国想讨伐齐国,伍子胥不同意,但夫差不听他的,还是去打了齐国。夫差打了胜仗后在伍子胥面前炫耀,伍子胥说:"又不是什么好事。"夫差大怒。文种想试探吴国的态度,就向他们借粮,夫差想给他们,伍子胥不同意,但夫差还是给了。伯嚭经常在夫差面前说伍子胥的坏话,夫差开始的时候没有听伯嚭的话,但不久听说伍子胥在出使齐国的时候让齐国人照顾自己的儿子,大怒道:"伍子胥果然欺骗了我!"命人赐剑给伍子胥,让他自杀。伍子胥大笑道:"我让你父亲称霸,你也是我立的,当年你想分吴国的一半土地给我,我不要。现在反而听信谗言要杀我!"他对使者说:"把我的眼睛挖出来放在都城东门上,我要看着越兵打进来!"说完后就自杀了。

不久夫差带领全国精兵进军中原,勾践趁机进攻吴国,大败吴军。夫差赶紧回军,好不容易才和越国签订了和约。4年后,越国再次讨伐吴国,吴国最终被灭掉了。夫差自杀了,临死的时候把脸遮住,说:"我没有脸面去见伍子胥。"勾践终于得报大仇,成为一时的霸主。

吴越战争示意图

商鞅变法

商鞅本名公孙鞅，是卫国国君的远亲。他少年时期就喜欢刑名之学，后来当了魏国相国公叔座的门客。公叔座知道他很有才干，但一直没有机会提拔他。后来公叔座生病，魏惠王来探病，说："你的病如果有个三长两短的话，魏国怎么办啊？"公叔座说："我的门客公孙鞅虽然年轻，但是个奇才，希望大王能把国家托付给他。"魏惠王没有说话。要走的时候，公叔座把周围的人赶走，悄悄对魏惠王说："大王即使不用公孙鞅，那也得把他杀了，不要让他离开魏国。"魏惠王答应了。公叔座把公孙鞅叫来，对他说："今天大王问谁能当相国，我推荐了你，但大王没有理我。我就对他说如果不用你的话就要把你杀了，他答应了，所以你得快走，不然就来不及了。"公孙鞅说："大王不能听你的话来任用我，又怎么会听你的话来杀我呢？"所以他不走。魏惠王对周围人说："公叔座病得太厉害了，真让人难过。他居然要我把国家托付给公孙鞅，这不是糊涂了吗？"

公叔座死后，公孙鞅听说秦孝公在求贤，就离开魏国到了秦国。他通过景监的关系见到了秦孝公。秦孝公和公孙鞅谈话，说了很久，秦孝公有几次差点睡着了。公孙鞅走后，秦孝公骂景监："你推荐的人是什么东西啊？怎么能用呢！"景监责备公孙鞅，公孙鞅说："我对他说成为帝王的方法，他听不进去。"几天后他再见秦孝公，这次秦孝公觉得比上次还无聊。公孙鞅对景监说："我对他说成为王的方法，还是不行，请让我再试一次。"第三次秦孝公的兴趣来了，但没有接受他的意见。公孙鞅又对景监说："我对他说称霸的方法，看他的样子好像听得进去，请让我见最后一次。"最后一次秦孝公兴趣大增，听着听着就凑到公孙鞅面前了，一连听他说了好几天。景监问道："你是怎么让国君如此感兴趣的？"公孙鞅说："我让他用帝王之道去建立尧舜禹的功业，他说：'太遥远的事了，我可等不了那么久。我觉得贤君应该是在有生之年就能看到成果，怎么能等个几十上百年来成为帝王呢？'所以我就用强国的方法来教导他，他就高兴了。"

秦孝公开始重用公孙鞅，公孙鞅想变法，但怕天下人议论自己，于是和秦国大臣辩论，最后得到了秦孝公的支持，被任命为左庶长，主持变法。他规定民间禁止私斗，一切赏罚和爵位都以军功为标准，奖励生产，如果因为懒惰或者经商而导致贫穷的，一律被罚为奴隶，没有立功的人即使很富有也不能用豪华的东西。

这些法令制定后没有马上公布，公孙鞅怕百姓不相信他，所以他在南门树起三丈长的木头，宣布谁能把它搬到北门就赏赐十金。大家都觉得很奇怪，因而没有人去搬。公孙鞅以为赏赐太少，于是就把赏金改成五十金。这时有个人站出来把木头搬走了，公孙鞅马上给了他五十金，表明自己说话算话。不久他就公布了新法令。

刚开始改革的时候，大家纷纷反对，很多人都说新法令不好。不久太子也犯了法，公孙鞅说："法令之所以得不到贯彻，都是上面的人没有好好遵守。"他就要罚太子，当然，太子是不能被施刑的。所以太子的两个师傅就代替太子受刑，一个被打了一顿，另一个在脸上刺了字。从此秦国人都不敢犯法了。10年后，全国上下都觉得新法令好得很。秦国治安大有好转，士兵的战斗力也提高了很多。当初那些说新法令不好的人现在却夸奖起来。公孙鞅说："这些人都不是好人。"并下令把他们迁到边境去，从此没有人敢议论新法令了。

公孙鞅很快被升为掌握兵权的大良造，开始带兵打仗，多次击败魏国，迫使魏国把都城迁到大梁。魏惠王叹息道："我真后悔没有听公叔座的话！"公孙鞅回来后，被秦孝公封在了商这个地方，从此人们就叫他商鞅了。

商鞅的改革得罪了不少秦国的权贵，有人劝他最好全身而退，免得被人陷害，但他没有听从。不久秦孝公死了，太子继位。那些反对商鞅的人就说他的坏话，诬陷他谋反。太子派人去抓商鞅，商鞅被迫逃亡。逃到关下的时候，他想在客店住宿，老板不认识他，说："商鞅的法令规定，到客店留宿没有证件的客人要受惩罚。"商鞅叹息道："我现在算是知道我的法令不好的地方了。"他好不容易逃到魏国，但魏国不肯接受他。商鞅想逃到别的国家去，魏国人说："商鞅是秦国的通缉犯，秦国那么强，我们不能得罪秦国。"他们把商鞅送回了秦国。商鞅最后被秦国人车裂而死，但他实行的法令保留了下来，秦国国力日益增强。

胡服骑射的赵武灵王

战国七雄里面，赵国算是一个比较弱小的国家，总是受到邻国的欺负，由于经常陷入和邻国的战争，赵国国力衰落得很快，就连中山那样的三流小国它都打不过。赵武灵王即位后，被秦国和魏国打得大败，不得不割地赔款，而林胡和楼烦等部落趁火打劫，频频派兵掠夺赵国边境，赵国连还手之力都没有。赵武灵王对这种情况感到很不满意，他决心要改变赵国的地位。

当时中原各国打仗普遍使用步兵和战车，其中战车是作战的主要手段，战车虽然威力比较大，但是非常笨重，地形稍微坎坷点就无法行驶，而北方的胡人以骑兵为主，行动灵活方便。中原人习惯穿宽袖子的长袍，行动起来非常不方便，而胡人习惯穿窄袖子的短衣，脚蹬皮靴，不管打仗还是平时做事都非常方便。赵武灵王决定模仿胡人在赵国进行改革。

他对一名叫楼缓的大臣说："我们赵国被燕国、齐国、秦国、韩国、东胡、林胡和中山等国包围着，如果我们再不奋发图强的话，迟早会被别人灭掉。我想仿效胡人，学习他们骑马射箭的本领，并改穿他们的衣服，这样打仗的时候就方便多了，你看怎么样？"楼缓很赞成他的意见。

消息传出去后大家纷纷反对，于是赵武灵王找另一个大臣肥义商量："现在大家都反对我改革，可要是不改革我们迟早会亡国，你觉得我该怎么办？"

肥义说："要干大事就不能犹豫，犹豫的话是干不了大事的。我听说舜去有苗部落的地方时，就和他们一起跳舞，而大禹去习惯赤身裸体的部落的时候也什么都不穿，他们都不顾及别人的看法，大王您还怕什么呢？"

赵武灵王说："我是决定要改革的，就是怕天下人笑话我。但是愚蠢的人笑话我又算得了什么？就算天下人都耻笑我，我也必定会通过改革征服中山和胡人的！"

赵武灵王知道公子成是反对得最激烈的人，于是找公子成谈话。苦口婆心地劝说了好久，才打动了公子成，并赐给他一套胡服。大臣们见公子成都穿上胡服了，只好都服从命令。开始的时候还觉得怪怪的，后来习惯之后觉得胡服确实比以前的衣服方便不少。为了训练骑兵，赵武灵王首先攻占了原阳（今内蒙古呼和浩特东南黑水河一带），那里地势平坦，有广阔的草原，非常适合养马和训练骑兵。于是，原阳便成了赵武灵王胡服骑射的试点地区。

很快，通过胡服骑射的改革，赵国训练出了一支强大的骑兵部队，公元前305年，赵武灵王亲自带兵攻打中山，获得了胜利。后来又接连打败了林胡和楼烦，把俘虏到的楼烦骑兵编入赵国军队。同时，为了防备胡人的入侵，他修筑了赵国的长城。赵国的领土扩张了不少，成为当时能和秦国并称的强大国家。

赵武灵王因为长期带兵打仗，国内的事就交给了太子打理。公元前299年，赵武灵王干脆将王位传给太子赵何，也就是赵惠文王，他自己则自称为赵主父，就是国王父亲的意思。赵主父觉得秦国是赵国最大的威胁，于是打算袭击秦国。

赵主父是个有勇有谋的人，他为了刺探秦国的情报，将自己打扮成一个普通的使臣，混入赵国出使秦国的使团里，想观察秦国的地形和秦王的为人。到了秦国首都咸阳后，他见到了秦王，以使臣的身份向秦王递交了国书。

秦王不知道他就是赵主父，只是觉得这个人相貌雄伟，看上去不像是个大臣。过了几天，赵主父带着人不告而别，秦王非常怀疑，派人去追赶，等追到边境的时候才知道赵主父已经离开好几天了。秦国当时还留下了一个赵国人，秦王把他叫来一问才知道，原来那个使臣就是赵主父。

赵主父通过出使秦国，发现秦国确实不太容易攻打，现在攻打秦国的时机还没有成熟。他决定先攻打别的地方，等势力巩固了再做打算。于是他继续带兵四处打仗，又给赵国夺得了不少地盘。不久，他将中山国给灭掉了。

赵主父很喜欢小儿子赵何的母亲，于是他把太子赵章废掉，立赵何为太子。赵何即位后，赵主父又觉得赵章很可怜，于是想把赵国分成两份，两兄弟一人一份。正在这个时候，赵章叛变了。政变很快就被镇压，赵章却捡了一条命。为了逃脱追杀，他跑到赵主父那里寻求保护。赵主父本来就很同情他，便收留了他。追杀赵章的人却不给赵主父面子，攻破了赵主父居住的沙丘宫，将赵章拖出来杀掉了。那些人怕赵主父报复他们，于是把沙丘宫团团围住，并下令："宫里的人最后出来的杀头。"里面的人争先恐后地跑了出来。赵主父没办法出去，只好一个人待在里面。待久了粮食都吃光了，只好掏麻雀窝里的小麻雀来吃。赵主父足足被困了 3 个月之久，最后活活饿死在沙丘宫里。一代伟大君王就这样窝囊地死去了。

赵武灵王胡服骑射复原图

屈原自沉汨罗江

屈原是楚国贵族，担任了左徒一职。他博学多才，懂得很多知识，又善于和人交流，在朝内能参与国事，在朝外又能和各国搞好关系，楚怀王很信任他。

上官大夫和屈原是同事，很妒忌他的才华。楚怀王让屈原起草新法令，屈原打好了草稿，还没有最后定稿。上官大夫想把稿子据为己有，但屈原不给，上官大夫就对楚怀王说："是大王让屈原制定法令，但大家都不知道。每次颁布新法令，屈原都把它看成是自己的功劳，说没有他就不行。"楚怀王很生气，从此就疏远了屈原。

屈原被楚怀王的糊涂和奸臣们的狡诈气坏了，他非常伤心，写下了流传千古的《离骚》。屈原被罢黜后不久，秦国想讨伐齐国，但齐国和楚国是姻亲，秦王就让张仪出使楚国，想拆散齐楚两国的关系。张仪对楚怀王说："秦国很讨厌齐国，楚国如果能和齐国断交，秦国愿意献上六百里土地。"楚怀王一时贪心，就答应了，派人和齐国绝了交，并让人去秦国接收土地。张仪见目的已经达到，就对使者说："我和楚王说的是六里地，不是六百里啊。"楚国使者大怒而归,告诉了楚怀王。楚怀王生气了,发兵攻打秦国。可是又不是秦国的对手,不光死伤8万人,连汉中也被秦国抢走了。楚怀王还不服气,征发全国士兵再次对秦国发动进攻,在蓝田展开大战。魏国听说后就派兵攻打楚国,想占点便宜,楚国军队只好回国两线作战。而齐国正在生楚国的气,根本不肯发兵援救,楚国陷入了前所未有的巨大危机之中。

第二年,秦国愿意把强占来的土地归还一部分给楚国,楚怀王说:"我不想要土地,只要能得到张仪就行了。"张仪对秦王说:"张仪一个人就能代替汉中全部土地,这是好事,我要去楚国。"不久他就来到了楚国,事先他送给奸臣靳尚很多礼物,并威逼利诱楚怀王的宠妃郑袖,让他们为自己求情。楚怀王受了他们蒙蔽,就把张仪放走了。这个时候屈原正在齐国出使,回来后问楚王为何不杀张仪,楚怀王这才后悔,不过张仪早就逃走了。

不久秦王请楚怀王去秦国聚会,楚怀王打算去,屈原劝谏道:"秦国是虎狼之国,从来不讲信义,所以请不要去。"公子子兰却说:"不要拒绝秦国的好意。"楚怀王就去了。结果被秦国扣留了下来,最后死在秦国。楚国太子即位,就是楚顷襄王,公子子兰为令尹。楚国人都责怪公子子兰让楚怀王去秦国,导致他死在外面。

屈原像

屈原对国家的衰败感到万分痛心,即使被流放,他的心也始终停留在楚国身上。他是多么希望国王能够醒悟过来,带领楚国人民奋发图强,洗雪国耻啊!他写了很多爱国诗篇抒发自己的感情,但终究得不到统治者的肯定,不能引起他们的重视。他觉得,历代君王不管是否贤明,都希望能够得到忠诚而能干的大臣的辅佐。但不是每个人都能分清楚谁忠谁不忠,楚怀王就是不知道如何分辨,所以被郑袖等人欺骗,最后竟然客死异乡。当君王的如果不能明辨是非的话,灾祸可就大了。

公子子兰听到这种言论后大怒，于是让上官大夫在楚顷襄王面前说屈原坏话，最后把他流放了。

屈原已经对这个国家完全失望了，他到了汨罗江边，披着头发边走边吟诗，抒发心里的郁闷和悲愤。一个渔夫看见他这样，就问他："你不是三闾大夫吗？怎么到这里来了？"屈原说："全世界的人都混浊了，而我还是清澈的；所有人都喝醉了，只有我还保持清醒，所以我就被流放到这里了。"渔夫说："所谓圣人，就是能够不拘泥于事物，能随着世道的变化而变化的人。既然全世界都污浊了，那为什么不能随着它变化呢？大家都喝醉了，为何不跟着他们一起喝酒吃肉呢？为什么非要坚守自己的操守搞到最后被流放呢？"屈原说："我听说刚洗了头的人在戴帽子的时候一定会先把上面的灰尘弄干净，而刚洗了澡的人在穿衣服的时候也会把衣服抖几下，谁又能让自己洁净的身体去接触那些脏东西呢？我宁可投身到这滔滔江水中葬身鱼腹，也不愿意让我的高洁品行受世俗的玷污。"

不久楚国被秦所灭，屈原写了一篇《怀沙》，然后抱着一块大石头跳进汨罗江自杀身亡。

荆轲刺秦王

燕国太子丹在秦国当人质的时候受尽侮辱，回国后秦国又多次欺负燕国。太子丹很愤怒，但又打不过秦国，于是决定派刺客刺杀秦王。

太子丹听说田光很有才能，就去请教他，田光向太子丹推荐了荆轲。太子丹把田光送到门口的时候特地嘱咐他："今天说的事关系重大，希望先生不要泄露出去。"田光答应了。

荆轲是卫国人，喜欢读书习武，但剑术并不高明。他到燕国后和高渐离交好，两人经常一起饮酒作乐。别人都看不起荆轲，只有田光看出他是个人才，对他很好。田光找到荆轲，请他帮助太子丹刺杀秦王。荆轲正在犹豫，田光说："我听说长者的行为是不会让人产生疑心的，而太子丹多次嘱咐我不要把消息泄露出去，这是他对我不信任的表现。让别人不信任自

荆轲刺秦王画像图

己是不对的。"他想用自己的死来激励荆轲，对他说："希望你去见太子，告诉他我已经死了，不会把秘密泄露出去。"说完自刎而死。

荆轲去见太子，告诉他田光已经死了，还把田光的话告诉了太子丹。太子丹痛哭道："我之所以告诫田先生不要说出去，是考虑到事情实在太重要了。现在田先生以死明志，不是我的本意啊！"太子丹把荆轲留在家里，对他非常好。并拜荆轲为上卿，给他最好的房子居住，还每天都去拜访他，经常送珍贵的礼物给他。荆轲要什么就给什么，太子丹从来没有怨言。

过了很久，荆轲还是没有出发的意思。这时候王翦已经灭掉了赵国，移兵燕国边境。太子丹害怕了，找到荆轲说："秦兵马上就要打进来了，虽然我很想长期由你辅佐，但已经不行了。"荆轲说："即使太子不说我也要讲了。让我去刺杀秦王，如果不带上足够的礼物的话，秦王是不会接近我的。我听说樊於期被秦王悬赏千金取他的人头，如果能让我带上他的首级和督亢的地图的话，秦王肯定会召见我的。到时候我就能动手了。"太子丹说："樊於期走投无路才来投奔我，我怎么忍心杀他呢？希望你改变主意。"

荆轲知道太子丹不忍心，于是私下去找樊於期，对他说："你全家都被秦王杀害了，现在秦王又高价通缉你，你怎么办？"樊於期仰天长叹道："我恨透了秦王，但不知道怎么报仇！"荆轲说："如果能取得你的人头献给秦王的话，他一定会见我，到时候就能刺杀他了。"樊於期说："只要能报仇，我的命算什么！"说完便自刎了。

太子丹听到樊於期的死讯后伏尸大哭，但也没有办法了，于是把他的头砍了下来装在盒子里。又找了把锋利的匕首，在上面涂好毒药。然后派勇士秦舞阳充当荆轲的副手，一起出使秦国。

太子丹在易水边为荆轲送行，高渐离击筑，荆轲放声唱道："风萧萧兮易水寒，壮士一去兮不复还！"大家都流下了眼泪，荆轲唱完后掉头就走，再也没有回头。

秦王听说荆轲带来了督亢的地图和樊於期的人头，高兴坏了，亲自接见荆轲和秦舞阳。荆轲捧着装人头的盒子，秦舞阳捧着装地图的盒子，两人依次上殿拜见。秦舞阳非常紧张，脸都白了，人们都很奇怪。荆轲说："他没见过世面，见大王如此威严，就害怕了。大王稍等一会好了。"秦王说："你把秦舞阳的东西也拿上来吧。"荆轲在秦王面前将卷起来的地图一点点地展开，展开完毕之后，藏在地图里的匕首就露了出来。荆轲左手抓住秦王的袖子，右手抓起匕首就往秦王身上刺去。秦王大惊，顿时跳了起来，扯断了袖子逃跑，正想拔剑，但剑太长了，一时拔不出来。荆轲追了上去，秦王情急之下只好绕着柱子跑。大臣们都呆了，不知道该怎么办。这时御医夏无且急中生智，将药囊扔向荆轲，荆轲用匕首抵挡了一下。秦王抓住了机会，从后面把剑拔了出来，一剑向荆轲砍去，砍断了他的左腿。荆轲失去了行动力，只好把匕首扔向秦王，可惜没有击中，击在柱子上了。荆轲知道自己完了，背靠着柱子笑道："之所以没有马上杀了你，是想挟持你和燕国结盟，以报答太子的厚恩！"左右冲上来将荆轲剁成了肉泥。秦王呆了很久，好容易才缓过劲来。

荆轲刺杀秦王失败，导致秦国对燕国展开了血腥的报复行动，很快就把燕国灭了。

秦始皇统一六国

秦始皇13岁那年登基，当时秦国已经非常强大，统一天下只是时间问题而已。但秦始皇还是遇到了几次危机，一次是弟弟长安君谋反，一次是

阿房宫图卷　清　袁江

阿房宫是秦始皇为自己修建的庞大宫殿群，此图为后人想象所绘，依山殿阁，傍水楼台，山水相连，花木并茂，并有龙舟、游艇、宫人等点缀。

嫪毐作乱。秦始皇消灭了叛乱势力后，独掌了大权。他觉得外国人对本国不忠心，嫪毐、吕不韦等人就是外国人，而且召来的门客多数也是外国人，所以下了一道命令，限期让外国人搬走。李斯向秦始皇上书，说明了外国人对秦国的好处和贡献，这才让他取消了这道命令。

大梁人尉缭来见秦始皇，对他说："其他国家和秦国比也就是郡县而已，但我怕诸侯们联合起来对付秦国，这样就麻烦了。希望大王不要爱惜财物，多多贿赂那些国家的权臣，破坏各国之间的关系。这样不过花 30 万金，但天下就可以统一了。"秦始皇非常高兴，对尉缭非常好，任命他为秦国尉，而让李斯负责具体执行事宜。

当时最弱的国家是韩国，而且离秦国也最近，所以秦国没费什么劲就把它灭掉了。攻打赵国的时候花了一些功夫，毕竟赵国有名将李牧。秦始皇派人给赵国权臣郭开送去很多财物，让他说李牧的坏话。很快李牧就被赵王杀害了，这样秦国就轻松地打败了赵军，灭掉了赵国。当年秦始皇在赵国的时候受人欺负，打下邯郸城后，就把当初欺负他的人全部坑杀。赵国公子嘉率领残部逃到代，自称代王，苟延残喘。

荆轲刺杀行动失败后，秦军大举进攻燕国，迫使燕王把太子丹的人头献给秦国，这才缓解了秦军的攻势。一年后，王翦的儿子王贲攻打魏国。但魏国都城大梁很坚固，一时攻不下来。于是王贲就将河水引到城墙这里，很快就把城墙冲垮了，迫使魏国投降。这样，三晋之地全部归秦国所有。

当时王翦已经告老还乡，秦国就派李信为大将，率兵20万攻打楚国。但楚将项燕足智多谋，设下埋伏将李信打败。秦始皇知道国内的大将中没有人比得上王翦，于是强迫他出山。王翦声称要灭楚国一定要给他60万人，秦始皇灭楚心切，同意了。王翦率领大军打败了项燕，很快就灭掉了楚国。而项燕保护昌平君逃到荆地，立昌平君为荆王，继续抗秦。

一年后，王翦和蒙武率军打败楚国残余势力，昌平君战死，项燕也自杀了。南方平定后，秦国又对北方用兵。王贲率领大军攻打燕国，早已筋疲力尽的燕国根本无法抵挡，很快就灭亡了，燕王也当了俘虏。王贲一鼓作气向代地发动进攻，俘虏了代王。而在南方，王翦顺手把越国也灭掉了。

现在只剩下一个齐国了。齐国相国收了秦国很多贿赂，一直怂恿齐王不要救援别的国家，只和秦国搞好关系。所以别的国家向齐王求援的时候，齐王一律置之不理，以为这样就能保住自己的王位了。其他五国都被灭掉后，齐王也害怕了，但他还妄想秦国会放过他。可才过了一年时间，秦国大将王贲就率领几十万大军前来攻打齐国了。这下齐王慌了，赶紧调兵遣将在西面防守。而秦国军队则从南面进攻，早已缺乏训练的齐军根本抵挡不住，很快溃散，齐国也被秦国灭掉了。自此，六国全部被秦国灭掉，中国终于被秦国统一。

秦始皇对自己的功绩沾沾自喜，认为从古至今没有人比得上他，所以觉得"王"这个称号配不上自己，他命令大臣给他想个更好的称号出来。有的大臣认为古代有天皇、地皇和泰皇三种称号，而泰皇最为尊贵，所以建议秦始皇采用这个称号。秦始皇却觉得泰皇这个词不好，他想古代最好的君王是三皇五帝，那么干脆就叫"皇帝"好了。于是他自称皇帝，由于他是第一个皇帝，所以就叫"始皇帝"，从此人们就管他叫秦始皇了。

秦始皇废除了分封制，把天下分为三十六郡，奠定了郡县制的基础。他还统一了度量衡和文字，为中国文明的进步和国家统一做出了贡献。但秦始皇喜欢追求享乐，把人民大批征发起来为他修长城和阿房宫，还发动了对匈奴的战争，搞得民不聊生。而且秦国法律非常严酷，老百姓很快就忍受不了了，纷纷起来反抗。秦朝传到二世就灭亡了。

陈胜吴广起义

陈胜出身贫苦，少年时期他和别人一起给人家当雇工。中间休息的时候，陈胜把工具放在田垄上，叹息了很久，对伙伴们说："以后谁要是富贵的话，别忘了大家啊。"大家笑话他道："都是给别人干活的苦力，哪来的富贵？"陈胜叹口气道："唉，小麻雀哪里知道天鹅的志向呢？"

秦二世登基后不久，征发了一批百姓去渔阳戍守，陈胜和吴广二人担任其中900人的队长。但在走到大泽乡的时候赶上天降暴雨，把道路都淹没了，根本没法走。他们只好停了下来，算算时间发现已经误期了。秦朝法律规定，误期者不管什么原因一律斩首。陈胜和吴广就偷偷商量："现在逃跑也是死，起来反抗也是死。反正都是死，我们起来反抗怎么样？"陈胜说："天下被秦压迫得已经够惨了。我听说二世是小儿子，本来不该继位的，应该继位的是太子扶苏，他因为多次进谏而被派到外地带兵去了。扶苏本来没罪，却被二世杀害。因为扶苏很贤明，百姓们都为他感到不平，还不知道他已经死了。项燕当年当楚国将军的时候立了不少功，对部下很好，现在楚国人还很怀念他。有人说他死了，也有说他逃了。现在如果我们假称是扶苏和项燕起兵的话，响应的人一定不少。"吴广觉得他说得很对，于是去占卜。占卜的人知道他们的意思，说："你们的事一定能成功，但是你们向鬼神占卜了吗？"陈胜和吴广听到这话都明白了，也很高兴，说："这是教我们先用鬼神来吓唬大家啊。"于是用朱砂在帛上写下"陈胜王"的字样，把它放在鱼肚子里。士兵把那鱼买回去，剖开肚子后发现了帛，都觉得很奇怪。吴广又跑到旁边的祠堂里点上篝火，学狐狸叫，边叫边说："大楚兴，陈胜王。"大家都很害怕。第二天起床后大家都对着陈胜指指点点。

吴广和士兵的关系都很好，一天，统领他们的军官喝醉了。吴广对军官说要逃跑，想激怒他们来打自己，以激怒士兵。军官果然打了他，打了之后还要拔剑杀他，吴广抢过剑来把军官杀了，陈胜也把另外一个军官给杀了。两人把大家召集起来，陈胜对他们说："大家遇到这场雨，都已经误期了，误期要杀头的。即使不被杀头，去边境戍守的人里十个要死六七个。壮士要么不死，死就要留下大名声，难道王侯将相都是天生的吗？"大家都吼道："愿意听从吩咐！"于是陈胜、吴广诈称扶苏和项燕，命令属下将

陈胜、吴广起义示意图

右胳膊露出来作为标记，并自称大楚。还搭了个祭台，用军官的头来祭祀。陈胜自称将军，吴广自称都尉，率领大家将大泽乡攻了下来，接着又打下了别的城池。陈胜命令葛婴率领部分军队攻打别的地方，很快又打下了很多城池。等打到陈这个地方的时候，陈胜已经拥有六七百辆战车，一千多骑兵和几万步兵了。攻打陈的时候，守将不在，很容易就攻了下来。几天后，陈胜召集地方上有威望的人开会，他们建议："将军披坚执锐，讨伐无道，诛灭暴虐的秦朝，重新建立楚国的基业，功劳之大，可以称王。"于是陈胜就自立为王，国号"张楚"。

当时各个郡县忍受不了秦国虐待的人民纷纷杀死长官，响应陈胜。陈胜命令吴广为代理楚王，率领部将攻打荥阳，又命武臣、张耳和陈馀攻打赵地，当时天下大乱，各地纷纷起义，但还是陈胜的势力最大。

秦朝统治者很快派出大将章邯带兵镇压，陈胜的部队吃了不少败仗，不久吴广就被部将杀死。陈胜也王位不保，但他并没有吸取教训，反而让自己陷入更加孤立的境地。他称王后不久，当初和他一起被雇佣的人就跑到陈来找他，以为他会履行当初的誓言。那人跑到宫门那大喊："我要见陈胜！"看门的人想绑他，他急忙解释，看门人就放过他了，不过不肯为他通报。陈胜出来的时候，那人就站在路边叫他。陈胜听见后让他上车，一起进了宫。那人没见过世面，看到宫殿这么豪华，不由赞叹道："哎呀，陈胜当王可真舒服呀！"那人出来后见人就夸耀，还把陈胜当年的事拿出来说。有人对陈胜说："那人根本不懂规矩，要是让他一直胡说下去，会损害大王的威名的。"陈胜就把那人杀了。从此他的故人们纷纷离去，身边再也没有亲信了。以致后来他被自己的车夫杀死，起义最终失败。但别的起义军却逐渐强大起来，最终推翻了秦朝的统治。

鸿门宴

当年楚怀王和诸将议定了一个协议，谁打下咸阳就封他在关中为王。最后刘邦完成了这个使命，将秦朝灭掉。刘邦怕别人抢走功劳，就派了一支部队驻扎在函谷关，不许别人进入。

　　项羽打败章邯后，也向咸阳进发，但在函谷关被阻拦了下来。他听说刘邦已经进入咸阳，顿时大怒，发兵攻破函谷关，大摇大摆地进了关，把军队驻扎在戏这个地方。当时刘邦驻扎在霸上，只有10万人，而项羽有40万人，实力差距很大。刘邦的左司马曹无伤害怕了，偷偷派人告诉项羽："刘邦想在关中称王，任命原秦王子婴为相，已经把珠宝全部占为己有了。"项羽发怒，下令说："明天犒赏士兵，准备大败刘邦军队！"项羽的谋臣范增说："刘邦在山东的时候，贪财好色，入关以后却一点财物都没有拿，也没有抢夺美女，可见这个人志向不小。我让人看过了，他有天子的福分，所以千万不要错过杀他的机会。"

　　项羽的叔父项伯是刘邦谋士张良的好朋友，他怕张良有事，赶紧跑去通知张良，要他逃跑。张良是个讲义气的人，他不但不跑，还把这事告诉了刘邦。张良问："谁让你把守函谷关的？"刘邦说："他们说把诸侯挡在外面我就能在关中称王了。"张良问："大王的士兵打得过项羽吗？"刘邦想了很久，说："打不过。现在怎么办？"张良说："那去对项伯说吧，让他帮你说好话。"于是刘邦连夜找到项伯，向他解释了一番。项伯答应帮他说好话，但要刘邦明天一早去项羽军营请罪，刘邦答应了。项伯回去对项羽解释了一番，项羽答应不杀刘邦。

　　第二天早上，刘邦带了100多个骑兵来见项羽。走到鸿门的时候，项羽出来迎接，刘邦谢罪道："我和将军一起出兵诛灭秦朝，将军在河北作战，我在河南作战，不小心就先入关灭掉了秦朝。现在有小人说我坏话，才让将军和我之间产生了裂痕。"项羽相信了他的话，说："是你的左司马曹无伤说的，不然我怎么会这样做？"项羽邀请刘邦一起喝酒。入席后范增多次对项羽使眼色，并悄悄举起玉佩示意要杀刘邦，项羽装作没看见。范增离席，把项庄找来，对他说："大王不忍心杀刘邦。等会你进去劝酒，请求表演舞剑，然后趁机杀死刘邦。不然的话我们以后都要当他的俘虏了。"项庄进去要求舞剑助兴，项羽答应了。于是项庄拔剑起舞，眼睛却一直看着刘邦。项伯见势头不对，也起来和项庄对舞，用身体挡住刘邦，项庄没办法下手。张良见情况不对，出来找樊哙。樊哙问道："事情怎么样了？"张良说："现在事态紧急，项庄正在舞剑，随时都有可能伤害大

鸿门宴遗址

位于今陕西临潼东。鸿门宴上，项羽的妇人之仁，放掉了刘邦这个夺取天下的最大的竞争对手，最后自己吞下了失败的苦果。

王。"樊哙说："现在是关键时候，我先进去，生死都要和大王在一起。"樊哙带着剑要闯进去，卫士不让他进，樊哙就用盾牌撞开卫士冲了进去。他怒睁双目瞪着项羽，头发都竖了起来，眼角都裂开了。项羽大惊，按剑问道："你是谁？"樊哙说："我是刘邦的马夫樊哙。"项羽夸道："真是个壮士，赐酒！"左右把酒端了上来。樊哙拜谢，站着把酒喝光了。项羽又喊道："赐给他一条猪前腿！"左右拿上了一个未煮熟的猪腿。樊哙把盾放在地上，把猪腿放在上面，用剑切开来吃了。项羽问道："壮士，还能再喝吗？"樊哙说："我死都不怕，酒算什么？当年秦王杀人不眨眼，伤害别人唯恐不够残忍，所以天下都背叛了他。当初怀王和大家约好了谁先进咸阳谁就为王。现在刘邦先进咸阳，但他什么东西都不敢动，就等着大王来接收。派人守在函谷关是为了防备盗贼。这么大的功劳不但没有赏赐，大王反而听信谗言要杀了他。这是继承了秦王的暴虐，我私下觉得大王这样是不对的。"项羽没有回答，只是让他坐下，樊哙就在张良身边坐下了。过了一会刘邦借上厕所为名走了出去，樊哙也跟了出去。

刘邦出去后，樊哙劝他赶紧离开，刘邦说："刚刚出来的时候没有告辞，怎么办？"樊哙说："都什么时候了，现在人家是刀，我们是鱼肉，还告什么辞！"于是刘邦就走了，临走时让张良向项羽告辞，并把带来的礼物托张良转交。张良回来对项羽说："刘邦不胜酒力，不能告辞就走了。他让我给大王献上一双白璧，送范增一双玉斗。"项羽接过白璧放在桌子上，范增把玉斗放在地上用剑砍得粉碎，气呼呼地说："唉，你这个小子不值得和你讨论大事。以后夺取你天下的人一定是刘邦，我们都要当俘虏了！"刘邦回去后的第一件事就是把曹无伤杀了。

汉 书

霸王乌江自刎

公元前202年，刘邦率军将项羽围困在垓下，项羽的粮草很快就要吃光了。刘邦为了瓦解楚军的斗志，命令士兵大声唱楚地的民歌。项羽听到后，惊奇地说："难道楚地已经被刘邦夺走了吗？不然怎么会有那么多楚人啊？"于是叫爱妾虞姬陪他喝酒，项羽愁上心头，泪如雨下，周围的侍从都忍不住哭了。

项羽决定马上突围，他率领800多个骑兵，当天晚上就杀出重围向南逃去。天亮后汉军才发现项羽跑了，于是派灌婴率领5000骑兵追赶。项羽带领手下慌不择路地乱跑，很多人都走散了，等渡过淮水后，身边只剩下100多人。项羽迷失了方向，于是向一个正在耕地的老头问路。那老头骗他说向左拐，项羽听信了他的话向左走了。谁知道左边是一片沼泽地，结果他们只好回头。时间就这样被耽搁了，最后他们被汉军追上了。

项羽率领部下边杀边退，走到东城的时候，身边只剩下28个人了。而汉军有数千追兵，项羽知道自己跑不掉了，对部下说："我起兵以来到现在已经8年

虞姬像

34

霸王别姬　年画
这是杨柳青年画中表现项羽兵败、痛别虞姬的场面，可见"霸王别姬"的故事在民间流传之广。

了，前前后后打了 70 多次仗，从来没有输过，所以才能称霸天下。现在落到这步田地，不是我打仗不行，是上天要亡我。今天肯定是要战死了，我愿意为各位痛快地打一仗，杀掉敌人的将领并把他们的旗帜砍倒，然后才能战死。我要让你们知道，不是我打仗无能，而是上天要灭亡我啊！"他把部下分成 4 队，摆成圆形阵势，面朝外面。汉军把他们围了好几层。项羽对手下的骑兵们说："我现在就为你们斩杀敌人的一个将领！"于是下令4 队人从 4 个方向冲下山，约定在山的东面集合。项羽大声呼喊着冲下山，汉军纷纷败退。项羽很快就杀入敌阵砍死一个将领。当时杨喜是一个郎骑，他死死追赶项羽，项羽回过头来冲他大吼一声，杨喜和他的马都被吓住了，赶紧掉头逃命，一口气跑了好几里才敢停下来。项羽带着人马赶往山的东面和另外 3 队骑兵会合。汉军不知道项羽在哪一队里面，只好分出人马把他们围了起来。项羽冲进敌阵，又杀死了一个都尉和百八十个士兵。然后把人马集合起来，发现只损失了两个骑兵。他问手下："怎么样？"骑兵都佩服地说："确实像大王您说的那样。"

项羽接着往东跑，来到乌江岸边。乌江的亭长把船靠在岸边等着他，对项羽说："江东虽然地方小，但方圆也有千里，人口有几十万。希望大王赶快渡过去。现在只有我有船，汉军就算来了他们也过不去。这样大王还可以在江东称王，以后还可以回来争夺天下。"项羽仰天大笑："这是上天要灭亡我，渡过去又有什么用？再说当初我起兵的时候从江东带了8000子弟兵过来，现在只剩我一个人回去。就算江东的父老乡亲他们可怜我而让我做他们的王，我还有什么脸面去见他们？即使他们不说什么，我项羽难道心里不会有愧吗？！"接着他又说道："我知道您是个厚道的长者。这匹马我骑了5年了，骑着它所向无敌，曾经一天能跑1000里路。我不忍心杀它，就把它送给您吧！"

项羽命令手下都把马放了，手持短兵器徒步冲向敌群。26个部下都战死了，项羽一个人杀了几百个敌人，自己也受了十几处伤。正在这时候，他回头看见汉军骑兵司马吕马童，对他说："你不是我以前认识的人吗？"吕马童面朝项羽，对王翳说："这就是项羽大王。"项羽说道："我听说汉王刘邦用一千斤黄金和一万户的封地来买我的人头，我就让你去得这笔赏赐吧。"于是拔剑自刎了。王翳上前割了他的头，其他人都疯狂地冲上去抢夺项羽的尸体，为了抢到尸体还相互残杀了几十个人。最后杨喜、吕马童、郎中吕胜和杨武各抢到项羽的一截肢体。所以刘邦把那笔赏赐分成五部分，分别赏赐给了他们5个人，5个人都因此被封为列侯。

刘邦以鲁公的称号将项羽埋葬在谷城。项羽的亲戚一个都不杀掉，并且封项伯等4个人为列侯，赐他们刘姓。

就这样，曾经称霸天下的西楚霸王项羽终于走完了他的人生里程。

周亚夫的细柳营

周亚夫是太尉周勃的儿子，周勃死后，大儿子周胜之继承了父亲的爵位，并娶公主为妻。因为和公主感情不太好，再加上犯了杀人罪，他死后封国和爵位就被废除了。过了一年时间，汉文帝觉得周勃立了那么大的功劳，他的后代没有爵位说不过去，于是选择周勃儿子中比较贤能的周亚夫为列侯。

公元前158年，匈奴大举入侵，汉文帝派了3个将军驻守重要关口。宗正刘礼率军驻扎在霸上，祝兹侯徐厉驻扎在棘门，而周亚夫则驻扎在细柳。

有一天汉文帝决定去慰问他们，他先到霸上，霸上的军队见到皇帝来了，高兴都还来不及，纷纷跑出来迎接，皇帝的车马在营地里走来走去，根本没有人敢阻拦。刘礼还亲自下马迎送。

汉文帝又去了棘门，得到了同样的待遇。

可到了细柳就不一样了。哨兵远远看见有大队人马向细柳开过来，马上把情况通知下去。军官们都身着重重的铠甲，士兵拿着锋利的武器，拉弓搭箭，弓弦拉得满满的，随时都可以射出去。为汉文帝开路的前驱部队先到，在细柳大营门口被守门的军官拦住不让

周亚夫像

进。前驱部队的将领说："天子马上就要到了！"军官说："在军队里面只听从将军的军令，将军没有下令，说什么都没用。即使皇上下诏书也不能放你们进去！"前驱部队的人一个个气得脸都紫了。不久，汉文帝的大队人马到了，仍然不让进。汉文帝也没有办法，只好派了一个使者拿着表示身份的符节去给周亚夫下诏令，告诉他，皇帝想进去慰劳军队。周亚夫这才下令打开大门让他们进来。车马刚进大门，守门的士兵告诉他们："将军有令，军营里车马不得奔驰。"汉文帝只好让车慢慢前进。好不容易走到周亚夫所在的中营，周亚夫这时候全副武装，并没有跪下磕头，只是对汉文帝作了一个揖，他解释道："穿着盔甲的人不能下拜，所以我只能向皇上行军礼。"汉文帝很感动，扶着车前的横木弯了下腰，作为答礼，并派人去各军营宣诏："皇帝前来慰问将士们。"事情办完后汉文帝就回去了。

出了细柳大营的军门后，大家都愤愤不平，认为周亚夫竟然对皇帝如此的不尊敬，实在令人匪夷所思。汉文帝却赞叹道："这才是真正的将军啊！刚才霸上和棘门的人和周亚夫比就像小孩子玩游戏一样，如果匈奴前来偷袭的话，他们肯定会吃败仗而被俘虏的。至于周亚夫，如果想偷袭他，你们认为能办到吗？"汉文帝对周亚夫赞不绝口，就这个话题说了好久。

不久，匈奴撤走了，汉文帝就把那3支军队撤了回来，并拜周亚夫为

中尉（负责京城治安的军事长官）。

汉文帝临死的时候告诫太子："如果有紧急情况发生，周亚夫是可以真正统率军队的人，让他应付准错不了。"汉景帝牢牢记住了这话，即位后任命周亚夫为车骑将军。

又过了几年，吴国、楚国等7个诸侯国联合发动叛乱。汉景帝认为将重任交给周亚夫的时机已经到了，于是将他从中尉提拔成太尉，前去剿灭叛军。周亚夫向皇帝上书，认为叛军现在士气正旺，不能和他们直接交锋，所以先让他们占领梁国，然后再找机会切断他们的粮道，这样就可以轻松获胜。汉景帝同意了他的请求。

周亚夫立刻率军出发，走到霸上的时候，一个叫赵涉的人拦住了他，向他献计，建议攻打洛阳，从偏路进攻叛军，杀他们一个出其不意。周亚夫听从了他的建议。

当时叛军正在攻打梁国，梁国快支持不住了，请求救援。周亚夫却按兵不动。梁王派人向周亚夫求救，周亚夫仍然不理会。梁王和汉景帝是亲兄弟，感情非常深厚，他向汉景帝上书，汉景帝心痛弟弟，生怕他有个三长两短，于是下令周亚夫前去支援，但周亚夫还是坚守不出。他派人切断了叛军的粮道，叛军吃不饱肚子，想撤兵，但后路又被周亚夫堵住了。叛军多次挑战，周亚夫就是不理会。有一次周亚夫军中突然惊乱了起来，自相残杀，都闹到周亚夫的帐下了。但周亚夫不为所动，仍然睡大觉。士兵们见主帅如此镇定，过了一会就平息下来了。叛军假装攻打汉军的东南，而周亚夫看出这是声东击西之计，于是派人去西北防守，叛军果然派遣精锐部队前来攻打西北，由于早有防备，叛军攻了很久都攻不下来。叛军粮食吃光了，只好撤退。周亚夫抓住这个机会，率军追赶，将叛军打得大败。不久，叛军首领吴王被杀，叛乱很快就平息了。

罢黜百家，独尊儒术

汉武帝统治时期，汉朝非常强大，黄老学说那一套休养生息的理论已经不能满足汉武帝的欲望了。为了巩固统治，皇帝迫切需要一种新的思想来控制人民，维护国家稳定。在这种背景下，董仲舒登上了历史舞台。

董仲舒从小就对《春秋》很有兴趣，汉景帝的时候他被任命为博士。他研究学问非常专心，以至于他家的后花园都很多年都没有去看过。他的日常生活和一举一动都按照礼法的要求去做，所以很多学者都把他当作老师来尊敬。

汉武帝即位后，征召了100多名学者为贤良文学，参加对策。其中董仲舒前后3次上书议论朝政，提倡用儒家思想统治天下，而排斥其他的思想。他的

董仲舒像

建议引起了汉武帝的重视。对策结束后他被任命为江都相，侍奉易王。易王是汉武帝的哥哥，向来很骄横，又喜欢武力，而董仲舒辅佐他期间用礼法和仁义的道理纠正他的错误，所以易王非常尊重他。

董仲舒认为上天和人之间是有感应的，所以他在治理国家期间，用《春秋》上论述灾害的变化来推论天地阴阳之间的道理，从来没有失败过。后来辽东高庙和长陵高园的宫殿失火，董仲舒在家里用天人感应的道理推论其中的原因，刚打好草稿，就被前来拜访的主父偃瞧见了。他偷看了草稿后非常妒忌，把草稿偷走上奏给皇帝。汉武帝把儒生们召来让他们讨论。董仲舒的学生吕步舒不知道那是董仲舒的稿子，贸然发表意见说那上面的说法实在是太愚蠢了。结果查出来是董仲舒写的，于是把董仲舒抓起来审讯，并判了死罪。汉武帝觉得董仲舒这么有才的人杀了太可惜了，于是下诏书把他赦免了。董仲舒逃过一死后，从此再也不敢随便讨论灾害怪异的原因了。

董仲舒是个很廉洁正直的人，当时有个叫公孙弘的人也是个学者，但他对《春秋》的研究不如董仲舒。不过公孙弘办事比较圆滑，能迎合世俗，当了公卿一类的大官。董仲舒认为他是靠阿谀奉承才爬到高位的，很看不起他。公孙弘本来就很妒忌董仲舒，再加上董仲舒看不起他，所

以两人关系很差。汉武帝的另一个哥哥胶西王也是个骄横跋扈的人,经常倚仗权势迫害那些太守一级的政府官员,汉武帝对他很头痛,但也拿哥哥没有办法。公孙弘对汉武帝说:"要教育胶西王,只有董仲舒才能办到。"他认为董仲舒的性格和胶西王肯定合不来,一定会受到羞辱。

结果董仲舒到了胶西王那儿后,胶西王知道他是个很伟大的学者,于是对他特别好,非常尊重他。但董仲舒知道胶西王本性难改,他怕时间长了还是会获罪,就称病辞职了。董仲舒一共辅佐过两个骄横的诸侯王,都得到了他们的敬重,他始终先端正自己再领导下属,所以他治理的地方都井井有条。董仲舒回到老家后,也从来不过问家里的产业,而是把全部精力都投入到写书和研究学问上。

虽然董仲舒已经辞官,但汉武帝并没有忘记他。每当朝廷有什么重大的争议,汉武帝都会派人和廷尉张汤一起去咨询他的意见,从他的回答中得出有益的结论。汉武帝刚即位的时候,窦婴和田蚡都很推崇儒家思想。到了董仲舒出对策的时候,就把孔子摆到很高的位置,而罢黜其他诸子百家的思想。另外还确立专门管理学校教育的官员,让地方上推荐秀才和孝廉等等,这些措施都是董仲舒提出来的。董仲舒死后,他的儿孙都通过学习当了大官。

刘向认为董仲舒是难得的辅佐帝王的人才,就连伊尹和姜子牙都不能超过他,至于管仲和晏婴等人根本就不能和他比。而刘向的儿子则认为他父亲的话有问题,他认为伊尹和姜子牙是圣人,能和他们相比的只有孔子。董仲舒处在学术非常支离破碎的时代,他能够发愤钻研学问,成为当时学者的首领,确实已经很了不起了,但和孔子的得意门生子游与子夏等人比还有点差距,更不用说和管仲等人比了。不过他还是把董仲舒看成是一位伟大的学者。

朱云折槛

西汉的时候出现了许多敢于进谏的直臣,其中最出名的就是朱云。

朱云年轻的时候喜欢结交游侠,经常让朋友们替自己报仇。但是他40

岁的时候突然改掉了那些习惯，开始跟随博士白子友学习《易经》，后来又向前将军萧望之学习《论语》。

当时，西汉皇帝是汉元帝，贡禹是御史大夫。华阴县的县丞向皇帝推荐朱云，说他这个人忠心正直，而且有勇有谋，请皇帝试用他做御史大夫。皇帝召集大臣商议此事，太子太傅匡衡认为华阴县丞只是一个小官，居然敢推荐平民担任大臣，再说朱云以前经常触犯法律，虽然后来他改邪归正，但并没有什么突出的表现，而贡禹清正廉洁，很适合担任御史大夫，没有必要撤换他。华阴县丞胡乱称赞朱云，匡衡怀疑他不怀好意，建议追查一下华阴县丞。结果华阴县丞因此而获罪。

当时少府五鹿充宗很得汉元帝的宠爱，五鹿充宗是专门研究梁丘注的《易经》的，汉元帝也很喜欢这个版本。他想考察一下梁丘注和其他版本的异同，于是下令让五鹿充宗和《易经》的其他学派辩论，其他学派的学者都借口生病而不敢参加辩论。有人推荐朱云，于是汉元帝就把他召了进来。结果朱云把五鹿充宗驳得哑口无言，朱云也因此获得了博士的官职。

不久，朱云就担任了杜陵的县令，但因为故意放走人犯而差点被抓起来，幸好赶上了大赦才被赦免。他被推举为方正，担任了槐里县令。当时中书令石显掌握朝政，他和五鹿充宗是一伙的，所以人们都很怕他们，只有朱云的好朋友、御史中丞陈咸年轻而坚持正义，不和他们同流合污。朱云多次上书弹劾丞相韦玄成贪生怕死，只知道保住自己的位子。有关部门调查朱云，怀疑他指使属下杀人。元帝向韦玄成询问朱云治理地方政绩如何，韦玄成趁机泼他污水，说他残暴不仁。陈咸听到了这话，告诉了朱云。朱云准备向皇帝上书申诉，陈咸替朱云修改了奏章，让他要求让御史中丞审理，也就是让自己来审理。结果这事被交给丞相审理了，丞相的手下调查说朱云确实指使属下杀人，朱云只好逃到长安和陈咸商议。韦玄成知道后，把这事上奏元帝。元帝把朱云和陈咸抓了起来，但没有杀他们，只是罚他们担任修城墙的苦工。两人就这样被禁锢着，一直到元帝死，都没有被起用。

汉成帝即位后，张禹以皇帝老师的资格当了丞相，非常受宠。朱云上

折槛图轴 南宋

书求见皇帝，当时大臣们也都在。朱云说："现在的大臣上不能辅佐皇上，下不能安抚百姓，都是吃饱饭不干事的人。我请求陛下赐给我宝剑，我要杀一个奸臣来杀一儆百！"汉成帝问："你到底要杀谁呀？"朱云说："我要杀奸臣张禹！"汉成帝勃然大怒："你一个芝麻大小的官居然敢诽谤上司，在朝廷上侮辱我的老师，罪该万死！"御史拉朱云下去，朱云抓住殿上的门槛，死也不下去。御史拼命地拖他，他死抓住不放，结果把门槛都拉断了。朱云大叫："我能够在阴间跟从关龙逢和比干（都是因进谏而被杀的著名忠臣），就已经心满意足了，我只是担心我们大汉江山啊！"御史好不容易才把他拉下去。左将军辛庆忌站出来向皇帝叩头，说："朱云是出了名的狂妄直率。如果他说的是对的，那就不能杀他；如果他是错的，也应该宽容对待，我愿意以死担保！"辛庆忌说完后一直叩头，把头都叩破了。汉成帝火气也消下去了，就饶了朱云。后来有人建议把门槛给修好，汉成帝说："算了，别修了，就放在那儿，来纪念和勉励忠直的臣子吧。"

经过这场风波后，朱云离开了官场，他把家搬到了乡下。后来薛宣担任了丞相，朱云去拜见他。薛宣很恭敬地接待了他，留他在家里住宿，并对朱云说："您在乡下也没什么事做，干脆就留在我家里，可以经常看到天下的奇人异士。"朱云说："你是想把我当成你的下属吗？"薛宣从此以后再也不敢提这事。

朱云一直活到了 70 多岁，在家里去世。他病重之后就不再请医生也不吃药，临终时嘱咐直接穿身上的衣服入殓，棺材只要够他躺进去就行了，而墓穴够把棺材放进去就够了。他死后家里人按照他的嘱咐只造一个一丈五左右的小坟，把他埋在平陵的东郭之外。

王莽篡位

王莽是汉元帝的皇后王政君的侄子，王家的势力在西汉末年达到顶峰，几乎个个子弟都封侯拜相，整个朝政大权都掌握在王家人手中。王皇后对自己的兄弟们很好，所以他们骄横腐化，一个比一个堕落，成天只知道争权夺利，吃喝玩乐。而王莽的父亲死得早，还没有被封侯，所以王莽比较贫穷，他不和堂兄弟们攀比富贵，而是一门心思投入研读儒家经典上。虽然他家是外戚，但王莽在求学的时候非常勤奋，穿着和普通的学生没什么区别。王莽很孝顺母亲，平时在家里他尽心尽力地侍奉母亲和守寡的嫂嫂，把侄子当亲生儿子来抚养。同时，王莽还喜欢结交豪杰，所以朋友很多。王莽对叔叔伯伯们也十分尊敬，因此口碑非常好。后来他的伯父、掌握朝政大权的大将军王凤病了，王莽天天在他床前伺候，亲自给伯父尝药，忙得连脸都顾不上洗，一连几个月连衣服都顾不上换。王凤很受感动，在临死的时候把王莽托付给太后和皇帝，让他们好好照顾这个孝顺的年轻人。于是王莽被任命为黄门郎，不久升为射声校尉。

几年后，王莽的叔叔王商上书，请求将自己的封地分出一部分来赐给王莽。另外还有一批很有名望的人也替王莽说好话。不久，王莽被封为新都侯，有1500户的食邑，后来又把他提拔为骑都尉兼光禄大夫侍中，王莽侍奉皇帝更加殷勤周到了，官当得越大，他就越谦虚谨慎。他把自己的财物都分给别人，自己没有留下一点多余的。社会上很多人都称赞他，他的名气也越来越大了。

其实王莽是个沽名钓誉的人，当时太后的外甥淳于长才能卓越，地位在王莽之上。王莽很妒忌他，于是暗中搜集淳于长的罪过，然后通过大司马王根上报给了皇帝，淳于长被处死。王根后来请求退休，将大司马一职交给王莽，王莽就任大司马后更加注重自己的名声，把自己得到的赏赐和收入全部用来招待士人，让他们为自己吹嘘。有一次他母亲生病，王公大

王莽像

臣都派自己的夫人前来探望，王莽的妻子出来迎接。当时那些贵妇穿的都是绫罗绸缎，而王莽的夫人却穿着麻布衣服，裙子还拖不到地，那些人还以为她是王莽家的下人，后来一问才知道这就是王莽的妻子。消息传出去后，人们纷纷赞扬王莽廉洁奉公。

汉成帝去世后，汉哀帝继承了皇位。太后命令王莽把大司马的职位让给哀帝的外戚。王莽只好上书请求退休，但哀帝制止了他，王莽也就没有把大司马的职位交出来。

汉哀帝死后，由于没有继承人，王莽立9岁的平帝为新皇帝，自己独掌了朝政大权，并找借口把成帝和哀帝的皇后都逼死了。后来更是发展到顺王莽者昌，逆王莽者亡的地步。他每次想做什么事的时候，先会暗示党羽去启奏，然后自己再痛哭流涕地反对，这样既迷惑了太后，又让别人误以为他是真的淡泊名利。

汉平帝去世后，没有儿子，本来还有几十个合适人选的，但王莽嫌他们年龄太大，不好控制，就借口兄弟之间不能相互继位，选了个才两岁的孺子婴为继承人。有人建议让王莽代理皇帝，但太后没有同意，那些马屁精好说歹说才让太后下了谕旨。

王莽一上台就宣布改革，把全国的土地都划为国家所有，称为"王田"，严禁土地买卖；奴婢称"私属"，严禁买卖；土地多的人要把土地分给土地少的人；废除旧钱，改用大钱。这些措施看上去好像挺不错的，实际上土地和奴婢买卖根本不可能禁止，很多有土地没权势的百姓只能眼睁睁地看着土地被别人抢走。最后大家实在忍不住了，发动了起义，王莽也落得个死无全尸的下场。

后汉书

昆阳大战

王莽的统治不得人心，终于爆发了起义，全国出现了无数支农民起义军，其中势力最大的是绿林军。绿林军推举西汉皇室的支裔刘玄为首领，称为更始帝，而后来的汉光武帝刘秀只是这支起义军中一个普通的将领。

绿林军声势浩大，接连打败前来镇压的王莽部队，王莽决定孤注一掷。他从全国各地征召了一大批军队开赴战场。这支部队由王寻和王邑率领，共有43万人之多，是秦汉以来最庞大的军队，王莽想借人数上的优势一举消灭起义军。

刘秀当时正带着士兵巡逻，看到这支军队后赶紧按原路撤退，在昆阳城安顿下来。大家都被这么庞大的军队给吓住了，纷纷建议撤到后方。刘秀说："现在我们兵少粮也少，如果合力抵抗的话，也许还有一点胜算，要是大家分散开的话，力量就更小了，很容易被消灭。况且昆阳是我们的门户，如果昆阳失守，后方也守不住。现在我们不齐心协力抵抗敌人，难道还要跑回去保护自己的妻子儿女还有金银财宝吗？"

汉光武帝刘秀像

45

那些将军都怒了："刘将军怎么能这样说话！"刘秀也不和他们争辩，笑着走开了。过了一会，去打探消息的人回来了，告诉他们王莽的军队已经抵达城北，密密麻麻全是人，根本看不到边。那些将军非常尴尬，只好商量着把刘秀请回来重新商讨对策。刘秀让他们死守城池，自己率领十几个骑兵从昆阳南门冲出，去外地调集救兵。刘秀赶到定陵等地，调动当地的军队前去救援。当地的将领都贪恋财物，向刘秀建议留下一部分人马防守。刘秀说："如果能打败敌人，到时候得到的财宝是现在的千万倍。如果吃了败仗，命都没了，还要财物做什么？"那些人这才听从他的话，把所有军队都调往昆阳。

当时昆阳的形势非常危急，王莽的大军将它围了个水泄不通，设下了数十道防线，树起十多丈高的楼车，站在上面观察昆阳城内的情况。负责守城的主将王凤实在抵挡不住了，被迫向王寻投降，但好大喜功的王寻等人拒绝了他们投降的请求，认为攻下该城指日可待，用不着接受投降。

刘秀好不容易才召集齐军队，自己率领一千多人打前锋，大军跟随其后。刘秀在离敌人四五里的地方摆下阵势。王寻等人派了几千人前来迎战，刘秀身先士卒，冲入敌阵，砍下几十个敌人的脑袋。将士都高兴地说："刘将军平时见到小股敌人都害怕，今天却这么英勇，实在让人感到奇怪。让我们也去助刘将军一臂之力吧！"刘秀再次发动进攻，王莽的部队抵挡不住，纷纷后撤，起义军乘机发动攻击，杀死成百上千的敌人。王寻派来的几千人被杀得大败。起义军初战告捷，士气大振，于是继续进军。

当时刘秀并不知道他的哥哥已经攻下了宛城，但他故意派人装成宛城的使者带着假报宛城已经被攻下的书信前去通知昆阳的守军，然后让那人故意把书信弄丢。王莽的士兵捡到书信后交给了王寻他们，王莽的士兵们听说宛城被攻了下来，士气更加低落。刘秀亲自率领敢死队，从城西向王莽部队发动突袭，敢死队员们士气高涨，无一不是以一当百，王莽的部队抵挡不住，阵势大乱，中军被冲垮，王寻也在乱军之中被杀死。这个时候昆阳的守军也杀出城来，王莽的部队被内外夹击，更是心惊胆战，纷纷溃逃。士兵们相互践踏，被自己人踩死的士兵不计其数。正好当天又下起了暴雨，电闪雷鸣，那些被拉来助威的猛兽也吓得撒腿乱跑。渡河的时候，河水暴涨，士兵们又抢着渡河，被推下水淹死的士兵数以万计，尸体把河水都堵住了。王邑等人只好丢下军队，骑上快马拼命逃跑，好不容易才捡回了一条小命。被王莽部队丢弃的军用物资不计其数，起义军搬了几个月都没能搬完，只好一把火把剩下的都烧掉了。

昆阳大战彻底歼灭了王莽军的主力，王莽最后的希望也破灭了。而刘秀则在这一仗中脱颖而出，成为起义军中最有名望的将领，这为他扫平天下，建立东汉王朝奠定了基础。

痛失天下的赤眉军

王莽篡位后，统治非常黑暗，各地官僚往往腐败透顶。当时在琅琊海曲县有个姓吕的人在县衙里当小吏，犯了点小过失，县官就把他杀了。他母亲非常怨恨县官，暗中召集各方豪杰，计划报仇。吕家一向很富裕，吕母拿出全部家产购买酒肉和刀剑，凡是年轻人来买酒的，一律赊给他们，如果有贫穷的，还借衣服给他们穿，前前后后不知道有多少人受了她的恩惠。几年后，钱财快用光了，那些年轻人纷纷找上门来要偿还。吕母哭着说："我之所以要厚待你们，不是想要什么好处。大家都知道，县官冤杀了我的儿子，我想为他报仇。你们能不能帮我这个忙呢？"那些年轻人很同情她，加上平时又受了她不少恩惠，就同意了。一共聚集了百余人，号称"猛虎"，推举吕母为首领，逃到海上招兵买马，很快就召集了数千人。吕母自称将军，带兵攻破了海曲城，杀死了县官，然后带领众人又回到了海上。

几年后，有个叫樊崇的人在琅琊起义，当时正在闹饥荒，大家纷纷站出来当强盗。他们都认为樊崇作战勇敢，于是都去投奔，只一年工夫就聚集起了1万多人。樊崇的同乡也聚集了几万人的部队，和樊崇联合在一起，成为一支不可小视的军事力量，而且在和王莽军队的作战中取得了一些胜利。但是这支军队纪律性很差，也不知道建立根据地，只会一路抢掠，逐渐成为了流寇。后来人马多了，才开始有了口头约定，不许随便乱杀人。王莽派了10多万人前去讨伐，樊崇害怕自己的部队和敌人混淆起来，下令部下都把眉毛涂成红色，从此号称赤眉军。赤眉军轻松战胜了前来讨伐的地图标注文字：
尤来、大枪、五幡
铜马
渔阳
铜马、高湖、重连
蒲阳山
尤来、大枪、五幡
元氏
邺县
铜
河
五校、檔乡
隆虑山
泰山
赤
元盐
河
大肜、青楼
五幡
射犬
濮阳
莒县
铜马、五幡
新安
淮阳
眉
弘农
直阳
陆浑关
颍川
乌氏
北地
华阴
昆阳
安定
武关
高陵
南阳
郁夷
长安
春陵
平林兵
平林
绿林山
蓝口
下江兵
新市兵
新市
绿
林
江
淮
水
水

图 例
🔻 绿林赤眉起义地点
▨ 绿林（公元17～22年）活动地区
▨ 赤眉（公元18～24年）活动地区
▨ 铜马等起义军活动地区
⇒ 绿林进军路线
⇒ 赤眉进军路线
✕ 重要战场

绿林、赤眉、铜马起义示意图

官兵，还没来得及整顿军纪，就又投入到了新的战斗中。在攻打东海的时候，赤眉军收编了吕母的部队，但并没有攻下东海郡，反而吃了败仗，于是带兵离开，又开始了流寇生涯。

这个时候更始帝在洛阳即位，派人劝降赤眉军，樊崇带领手下20多人前往洛阳归降，被封为列侯。但他们并没有封地，而留在原地的士兵又纷纷逃散，于是只好赶回去，带兵四处抢掠，一连打了好几个胜仗。但是他们还是不懂得巩固地盘、保障后勤补给的重要性，虽然取得一系列战斗上的胜利，但士兵已经相当疲惫，厌战情绪很浓，逃跑的人越来越多。这个时候，樊崇决定攻打更始帝，两支农民起义军开始了内讧。

樊崇等人认为，天下是刘家的天下，所以他们要找个姓刘的人出来当他们的首领，于是在部队中找了个西汉皇室的远亲——一个叫刘盆子的放牛娃出来，拥立他为皇帝。政治上有了名分后，赤眉军士气大振，很快就攻下了长安，俘虏了更始帝。这个时候的赤眉军声势浩大，拥有雄兵数十万，成为当时军事力量最强大的一支势力。可以说不出意外的话，天下已经是赤眉军的天下了。

但是胜利冲昏了赤眉军将领们的头脑，他们攻下长安后，天天聚在一起饮酒作乐，还吹嘘各自的功劳，稍有不满就拔出剑砍柱子，内部矛盾很大。周围的官吏送贡品来，士兵们不但不迎接保护，反而私自抢掠，还抢老百姓的东西，于是很快就失去了百姓对他们的支持。一次在宫里设宴庆祝节日，因为一件小事而引发大乱，官兵们互相残杀，死了上百人才平息下来。挂名皇帝刘盆子一点办法也没有，只能和几个近臣躲在宫里哭泣。

刘盆子的哥哥很有见识，他看到赤眉军如此没有纪律，知道他们一定会失败，就让刘盆子归还帝位。第二年正月初一，他们向樊崇提出要退位让贤，樊崇等人死活不愿意，最后向刘盆子承认了错误，保证以后不会再骚扰百姓，刘盆子这才留了下来。

好景不长，安宁了不到一个月的时间，赤眉军旧病复发，又开始出城烧杀抢掠，百姓们只好纷纷逃散，城里的军粮得不到补充，很快就吃光了。赤眉军没有办法，放弃了长安城，把抢掠来的财宝装上车，一把火把宫殿烧个精光，向西逃窜。此时的赤眉军兵强马壮，号称百万之众，前后又打了不少胜仗，把刘秀的爱将邓禹也打败了。

不久，赤眉军又回到了长安，以此为根据地与刘秀争夺天下。由于赤眉军没有屯积军粮的习惯，没粮食只能去抢，正好当时长安附近闹饥荒，没有饿死的人都结成营寨，死守着不让赤眉军攻下。结果赤眉军很难补充到粮食，只好向东转移，这时候还剩 20 多万人。

第二年，赤眉军被冯异打得大败，刘秀也乘机率兵堵住了赤眉军的退路。被打得晕头转向的赤眉军这下慌了神，只好向刘秀投降。刘秀答应饶他们不死，于是赤眉军向刘秀放下了武器。

刘秀认为，赤眉军的将领们虽然到处抢掠，干了不少坏事，但还是有三个长处：第一是他们没有抛弃糟糠之妻；第二是他们能够拥立皇室后代为帝；第三是别人失败的时候往往都是砍下君主的脑袋为自己邀功，而他们却没有这样做，显得比别人有仁义。所以刘秀不但不杀他们，反而还赏给他们住宅田地。

不久，樊崇等人因为谋反被杀，而刘盆子一直受到刘秀的优待，得以善终。原本可以纵横天下的赤眉军就这样败在了自己的手上。

大奸臣董卓

董卓年轻的时候曾经游历过羌人居住的地区，和羌人的首领们交往甚密，后来他回家后，羌人来找他，他很慷慨地把家里的耕牛杀掉用来招待。羌人很感动，回去后送了上千头牲畜给他，从此董卓慷慨豪侠的名声就传了出去。后来他当了官，武艺高强，能够左右开弓，羌人很怕他。

汉桓帝末年，董卓担任军司马，参与讨伐叛乱羌人的战争，在战斗中立了功，朝廷升了他的官，还赏赐他9000匹布。他说："虽然立功的是我自己，但赏赐应该归将士们。"于是把赏赐的布全部分给了部下，自己一点都没有留，得到了军心。

汉灵帝末年，朝廷征调他为少府，他没有应征，朝廷因为不能控制他而感到担心。汉灵帝生病的时候下诏书升他为并州牧，并让他把军队交给皇甫嵩。董卓找理由推脱了，把军队带到河东一带，静观形势的变化。

十常侍之乱后，董卓进入了洛阳。他只带了3000人来，兵力太少，怕控制不了局势。于是隔几天就悄悄地把军队开到城外，第二天又大张旗鼓地把军队开进来，让别人以为他的援兵来了，把洛阳人都瞒了过去。不久他把何进和何苗的军队划到自己部下，又收买吕布杀死丁原，吞并了丁原的部队，这样，董卓的军事实力强盛了起来，开始具备左右朝政的实力了。他先让朝廷免去司空刘弘的职务，自己取而代之，然后把少帝废掉，立了汉献帝。又诬陷何太后逼迫汉灵帝的母亲，犯了悖逆之罪，把何太后迁到永安宫，随后就把她杀了。

董卓自任太尉，控制了军政大权。为了收买人心，他主张为当年的党人平反，将当初受害者们的子孙提拔起来。然后以朝廷名义晋升他为相国，允许佩剑穿鞋子上殿，封他的母亲为池阳君，董卓家族势力兴盛起来。

当时洛阳城内富豪很多，董卓放纵士兵到处抢劫，随便进出别人家里抢走财物和奸淫妇女，称之为"搜牢"，大家对董卓非常失望。安葬何太后的时候，董卓把汉灵帝的陵墓打开，把里面陪葬的宝物抢了个精光。他公然奸淫公主，把宫女抢到自己家里做姬妾。还任意使用残酷的刑罚，手下人只要犯一点小错就被处死，大臣们朝不保夕。董卓有一次派军队到阳城去，当时人们在社庙那里集会，董卓下令把那些人全部处死，然后驾上他们的车马，把抢来的妇女装在车上，人头挂在车辕上，一路高歌而还。董卓废除并销毁了五铢钱，改铸小钱，把洛阳的铜器都搜集起来熔化掉做铸钱的材料，结果搞得货币贬值，民不聊生。

黄巾军的余党郭太等人拥兵十几万，攻破了河东郡，董卓派牛辅率兵镇压，却没有击退对方。而袁绍等地方军阀又联合起来兴兵讨伐他，董卓害怕了，想把都城迁到长安去，他把反对他的人杀掉，然后将汉献帝迁到了长安。

长安当年被赤眉军烧了个干净，一直没有恢复过来，那里只留下了汉高祖的庙和京兆尹的府衙，董卓临时把汉献帝安排在那里住下，后来才迁到未央宫。董卓把洛阳几百万人全部迁到长安居住，迁移过程中，他手下的军队任意践踏百姓，再加上饥饿和路上经常遇到强盗抢劫，一路全是尸体。离开洛阳后，董卓把皇宫、宗庙、官府和民房一把火烧掉，200里内都没有了人家。他又让吕布去挖掘历代皇帝的陵墓和大臣的坟，把里面的金银财宝挖出来归为己有。

当时，长沙太守孙坚率领人马讨伐董卓，董卓派部将徐荣和李蒙前去抵挡，击败了孙坚，将俘虏的士兵用布包裹起来，倒插在地上，然后往上面浇热油，活活把人烫死。

董卓在长安城东建造堡垒供自己居住，还在郿县建造了一座坞堡，城墙高厚各7丈，称为"万岁坞"，就是1万年也攻不破的意思。他在里面储

王司徒巧使连环记　年画

此为《三国演义》中对王允计除董卓的故事的描绘。在《三国演义》中，罗贯中设计了一个名叫"貂蝉"的美女，她深明大义，周旋于董卓和吕布之间，最终促使吕布倒向王允，刺杀了董卓。

存了可以吃30年的粮食，自认为万无一失，说："大事如果能够成就，我就是天下的主人；即使不能成功，我也能在这里守一辈子。"他曾经前往郿坞，百官前去送行。他摆下宴席，然后把几百个被他诱降的在北地造反的人拉进来，当着百官的面把他们处死。先割下他们的舌头，然后砍掉手脚，挖掉眼睛，最后用锅来煮。那些人还没有断气，又把他们送到宴席上给大家轮流看。在场的人都吓得浑身发抖，连筷子都拿不住，只有董卓若无其事地又吃又喝。他手下的人言语稍微触犯了他，就会马上被杀。

董卓坏事已经干得差不多了，所谓多行不义必自毙，很快，他身边的人就把他杀掉了。

蔡文姬归汉

蔡文姬的父亲是东汉著名学者蔡邕，蔡邕的学问在当时是第一流的，但他和朝中的权贵不太合得来，所以他在汉灵帝统治时期就辞官归隐了。

董卓上台后，听说蔡邕很有学问，就征召他出来做官，蔡邕知道董卓不会有好下场，于是称病推辞。董卓很生气，大骂："我的威严能够让人灭族，蔡邕如此不给我面子，我让他立刻大祸临头！"严令当地官员推举蔡邕到他府上做官。蔡邕见实在躲不过去，只好应征。董卓任命他为代理祭酒，见他确实很有才学，就很敬重他。后来任命蔡邕为侍御史，后又升任侍书御史和尚书。3天之内换了3个官署，也就是说，蔡邕接连被提拔了3次。

董卓的爪牙们想让董卓和姜太公并列，也被称为尚父。董卓为这事向蔡邕请教。蔡邕说："姜太公辅佐周天子，灭掉了商朝，所以才有如此特别的名号。您现在的功劳和威望固然很高，但和他相比还有一定差距，应该等到关东平定下来，天子从长安迁回到洛阳，到那时候再说。"于是这事就搁了下来。

董卓被杀后，蔡邕到王允家做客，蔡邕无意中谈起这事，叹息不已。王允很生气，斥责他："董卓是国贼，差点颠覆了我们汉朝！你作为国家的大臣，不但不恨他，反而还对他的死表示遗憾，念念不忘他对你的私人恩情，你不是也和他一样犯了谋反之罪吗？"于是把蔡邕抓了起来，送到廷尉那治罪。蔡邕上书谢罪，请求刺面砍脚，把他的命留下好把《汉史》写完。由于蔡邕名望很高，朝中很多人都想办法营救他，但都没有用。太尉找到王允说："蔡邕是个奇才，他对汉朝的史实很熟悉，所以应该让他写完《汉史》。况且他一向以忠孝闻名，给他定罪也缺少证据，杀了他只怕会失去人心。"王允说："当初汉武帝不杀司马迁，结果让他写出诽谤的史书，一直流传到现在。现在国家正值危急关头，绝对不能让这种臣子在年轻的皇帝面前记录史实。这样既不利于对皇上品德的培养，也会让我们被他的史书讽刺。"太尉退出来后对别人说："王允可能活不久了。完美的人是国家的代表，经典的著作是国家的典籍守则，毁灭纲纪、废除经典的人难道还能长久活着吗？"结果蔡邕还是被杀了。蔡邕死后，王允也很后悔，但已经来不及了。

蔡邕有个女儿名叫蔡文姬，蔡邕很喜欢她，从小就教她读书写字。蔡文姬是个很聪明的人，很快就成为一个博学多才、琴棋书画无一不精的才女。后来她嫁给了河东人卫仲道，可惜丈夫没多久就死了，没有留下孩子，只好回到家里。蔡邕被杀后，蔡文姬流落民间，此时正值天下大乱，蔡文姬不幸被匈奴骑兵俘虏，被献给了南匈奴的左贤王。左贤王很喜欢她，和她生了两个孩子。蔡文姬在胡地生活了12年，已经习惯了胡地的生活。这个时候，曹操已基本平定北方，想起了她。曹操和蔡邕交情不错，为蔡邕没有儿子而感到难过。他听说蔡文姬流落胡地，就派使者去南匈奴，用金银珠宝把蔡文姬赎了回来。曹操见她一个人孤苦伶仃，于是把她嫁给了陈留人董祀。

董祀在做屯田都尉的时候犯了法，要被处死。蔡文姬很着急，跑去找曹操求情。当时曹操正在宴请宾客，各路王公大臣和使节齐聚一堂，曹操听说蔡文姬来找他，就对众人说："蔡邕的女儿现在在外边，我让大家见见她吧。"于是请蔡文姬进来。蔡文姬蓬乱着头发走进来，向曹操叩头请罪，声音非常悲哀，在场的多数人都认识蔡邕，见到这个情形都很动容。曹操说："我确实很同情你，但是处刑的文书已经发出去了，怎么办呢？"蔡文姬说："您马厩里那么多快马，为什么非要怜惜一匹马的腿，而不怜惜一个快要死的人呢？"曹操被她的话打动了，于是派人把文书追了回来，放了董祀。当时天气已经有点冷了，曹操见蔡文姬衣着单薄，就赐给她头巾鞋子还有袜子。曹操问她："听说您家里以前收藏了许多古书，现在还在吗？"蔡文姬回答："我父亲曾经留给我4000多卷书，但因为战乱，现在已经没有一本保存下来了。我现在能够背诵下来的，只有400多篇了。"曹操说："那我现在派10个人去您那里把它们记下来。"蔡文姬推辞道："我听说男女有别，按照礼法不应该当面传授给他们。我只要求您给我纸和笔，我自己就能默写出来。至于要写草书还是楷书，就由您决定吧。"后来她把那些文章都默写了出来，没有一点遗漏错误。

蔡文姬最大的贡献就是保留了那些历史文献，她还写过追思故乡及儿女的《胡笳十八拍》，使她成为历史上有名的才女。

三国志

魏武帝曹操

曹操的父亲是宦官的养子，所以他家里虽然很富裕，官也做得很大，但一般人还是看不起他们家。曹操从小就聪明机智，但并不注意自己的行为，当时的人基本上都觉得他没有什么过人之处。当然，也有个别人看重他，名士桥玄就认为他是个能够安定天下的人。曹操20岁的时候被推荐为孝廉，进入了政坛。黄巾起义爆发后，曹操加入了镇压起义的队伍，在战斗中立了不少功劳。他不畏权贵，敢于和恶势力做斗争。

董卓作乱的时候，地方上很多掌握兵权的人联合起来组成反董卓同盟，向董卓开战。曹操也参加了，但他威望不够，盟主的位子让给了家门显赫的袁绍坐。董卓把都城迁到长安后，同盟军谁都不敢追击，只有曹操带领人马西进。在战斗中，曹操负了伤，和敌人打了个平手。

同盟解散后，曹操将河内作为自己的根据地，在那里招兵买马，打败了黑山贼，壮大了自己的实力。没过多久，曹操率领部队打败了青州的黄巾军，收降了30多万士兵，将其发展成一支极其强大的武装力量，称为青州兵。

汉献帝因为战乱而被迫四处逃难，曹操抓住这个机会将汉献帝接到了自己控制的许都，从此取得了"挟天子以令诸侯"的政治优势。吕布打败了刘备，刘备来投奔曹操。别人劝曹操将刘备杀掉，曹操拒绝了。没过多

魏武帝曹操像

久，曹操征讨张绣，张绣投降后又反叛，曹操猝不及防，吃了败仗，大儿子曹昂和侄子曹安民都战死了，曹操也被箭射伤，好不容易才逃走。曹操对部将说："我错就错在接受张绣投降的时候没有问他要人质。我现在知道失败原因了，你们等着瞧，我以后不会再有类似的失败了。"

曹操很重视人才。当年他举荐魏种为孝廉，一直认为魏种对他是很忠心的。兖州叛乱的时候，他说："只有魏种不会背弃我。"谁知道魏种早就跑了。曹操觉得很没面子，发怒道："魏种，除非你跑到胡、越这种我去不了的地方，否则我绝对不会放过你！"后来魏种为曹操俘虏，曹操却说："我只是考虑到他是个人才啊。"吩咐给魏种松绑，并继续任用了他。

袁绍打败公孙瓒后，又向曹操发动了进攻。当时曹操的实力远逊于袁绍，但是他善于用兵，充分发挥了自己的优势，使用奇谋妙计奇袭袁绍军粮仓，一举歼灭了袁绍军的主力。最后将袁绍势力消灭，基本统一了北方。

曹操决心统一全国，于是发动了南征。他先消灭了刘表的势力，然后又将矛头对准了江东的孙权。曹操被胜利冲昏了头脑，在赤壁被孙权和刘备的联军打败，从此失去了统一全国的好机会。不得已，只好退兵。

曹操用人不拘一格，他下令只要是人才，不管出身贵贱、品行如何，都可以举荐。所以他手下人才济济，在三国里面，曹操手下的人才是最多的。那些人帮助曹操整顿内政，发展军事，使曹操成为三国中最强大的势力。

马超发动叛乱时，曹操率军亲征，和马超隔着潼关对峙。曹操自己牵制住马超，暗中派徐晃等人偷渡黄河，占据了河西一带。曹操从潼关渡河，还没有渡过去，马超就发动了攻击。曹操好不容易才渡过黄河。马超派使者求和，曹操不同意；马超又派人挑战，曹操也没有搭理他。后来马超坚持要曹操割地，曹操假装答应了。当时马超和韩遂结成了联盟，韩遂来见曹操的时候，曹操故意和他聊了很久，但并没有说打仗的事。马超生性多疑，他问韩遂："你们都说了些什么？"韩遂回答："没有说什么。"马超根本不相信，对韩遂产生了疑心。曹操继续使用反间计，他给韩遂写信，故意涂改了很多地方。马超果然中计，对韩遂更加不信任了，两人之间出现了裂痕。曹操和马超约定日子决战，他先派轻装步兵作战，打了很久之后才出动精锐骑兵夹击，把马超杀得大败。当初敌人经常增兵，曹操每次听说敌人有援兵到来的时候，都面露喜色。打败马超后，人们问他原因，他说："关中地区地势险要，如果敌人占据险要地形分散防守的话，那没有一两年的时间是平定不了的。现在他们集中起来，正好让我一举歼灭。而且他们兵虽然多，但谁也不服谁，军队没有一个主帅，那一仗就能打败他们了。所以当时我很高兴。"

曹操权力越来越大，后来强迫汉献帝封他为魏王。但是曹操本人没有篡位的想法，他想让自己的儿子称帝。曹操在66岁那年去世，遗嘱上吩咐不要给他陪葬金银珠宝。曹丕建魏后，将曹操追封为魏武帝。

曹操在群雄并起的时候，能够运用计谋，将自己从弱小变为强大，能够广泛吸纳人才，不记旧仇，最终完成大业，算得上是盖世英杰。

"曲有误，周郎顾"

《三国演义》里面把周瑜描写成一个虽有才能，但却嫉贤妒能，是个心胸狭窄之人。这是小说家为了烘托诸葛亮而故意贬低周瑜。实际上周瑜是东吴最优秀的将领之一，他足智多谋，而且心胸开阔，在东吴的威信非常高。小说是做了艺术上的虚构，和史实并不吻合。

周瑜长得高大健壮，面容俊美，他和孙坚的儿子孙策同岁，两人从小就是好朋友。孙策起兵后，周瑜召集了一支军队前去投奔，孙策很高兴，认为周瑜来投奔自己，让自己如虎添翼。周瑜跟随孙策打了很多胜仗，这时孙策已经拥有了一支几万人的部队，他让周瑜去镇守丹阳。回到吴郡后，孙策拨给他2000士兵和50名骑兵，当时周瑜年仅24岁，被人称为"周郎"。吴军得到了乔公的两个女儿，长得都非常漂亮，孙策娶了姐姐，妹妹嫁给了周瑜，她们就是历史上有名的大乔和小乔。

几年后，孙策去世，他弟弟孙权接管了江东的事务。周瑜率领军队前来吊丧，从此留在吴郡，以中护军的身份和长史张昭一起掌管军政大事。8年后，孙权征讨江夏，周瑜担任了前部大都督。

公元208年九月，曹操率军南下，荆州牧刘琮率领部下投降，曹操接收了荆州的人马，水陆两军达到数十万之多，东吴的士兵无不害怕。孙权召集部下讨论计策，大家都说："曹操和豺狼虎豹一样，但是他借着丞相的名义挟持天子征讨四方，动不动就以朝廷的名义发号施令，现在如果我们抗拒的话，就是和朝廷作对，显得名不正言不顺。而且可以用来对付曹操的无非是长江天险，但现在曹操占领了荆州，刘表的水军和几千艘战船都为他所用，曹操让战船顺流而下，再加上他的步兵，水陆并进，这样长江天险由我们双方共有，而兵力差距是显而易见的。所以我们觉得最好还是投降吧。"周瑜反对说："不对。曹操虽然名义上是汉朝的丞相，实际上是汉朝的奸贼。将军神武雄才，又有父亲和兄长的威名作为凭借，控制了江东的地盘，方圆数千里，手下精兵无数，英雄豪杰也乐意为您效力，本来就应该纵横天下，为汉室除去污秽。现在曹操自己跑来送死，怎么还能去投降呢？请允许我分析，假设现在北方已经完全安定下来了，曹操没有了后顾之忧，能够和我们打持久战，但他真的可以在水上和我们决一死战吗？要知道现在北方并没有完全平定，马超和韩遂还在函谷关以西，是曹操的心腹大患。而且舍弃车马，改用战船，和在水边长大的江东人打水仗，本来就不是中原士兵的长处。还有，现在是冬天，战马缺少草料，再说中原地区的士兵来到这里，肯定会因为不服水土而病倒很多人。上面列举的都是用兵者最忌讳的，但曹操却冒险行动，所以将军活捉曹操应该就在今天了。我请求让我率领精兵3万，进驻夏口，保证打败曹操。"孙权回答道："曹操那个老贼早就想废掉汉朝皇帝自立了，只是顾忌袁绍、袁术、吕布、刘表和我而已。现在那些人都被消灭，只剩我一个人了，我和老贼势不两立。周瑜主张和曹操作战，很符合我的意思，是上天把周瑜赐给我了啊！"

这个时候刘备已经被曹操打败，打算南渡长江，在当阳和鲁肃相遇，双方一拍即合，于是刘备进驻夏口，派诸葛亮拜见孙权。孙权派遣周瑜、程普，让他们和刘备联合迎敌，与曹军在赤壁对峙。当时曹军已经发生了瘟疫，所以初次交战就失败了。曹操把兵驻扎在北岸，两军隔江相望。黄盖献上火攻计，周瑜采纳了他的意见。周瑜选了几十艘大船，装满灌满油脂的柴草，让黄盖诈降曹操，最后一把火把曹军的战船烧个精光，取得了赤壁之战的胜利。

周瑜和程普乘胜追击，进军南郡，和曹仁对峙，两军还没有交战，周瑜就派甘宁去占领夷陵。曹仁分出部分人马去围攻甘宁，甘宁向周瑜告急，周瑜采纳吕蒙的计策，留下凌统守卫，自己带兵去救援。周瑜解除曹军对甘宁的包围后，再回来和曹仁约定了决战的时间。当天周瑜亲自督战，被流箭射中右肋，伤势不轻，回到了大营。曹仁听说周瑜卧床不起，就发动攻击，周瑜强打起精神，到军营巡视，鼓舞士气，最后迫使曹仁退兵。

后来孙权任命周瑜担任偏将军，让他驻守江陵。刘备以左将军的身份兼任荆州牧，驻守公安。刘备去拜见孙权的时候，周瑜暗中上书说："刘备是枭雄，而且手下有关羽、张飞这样的大将，一定不会长久屈居人下，不是您可以任用的人。我觉得最好把刘备安置在吴郡，给他提供豪华的住宅，多给他美女和玩物，让他在娱乐中丧失雄心。同时，把关羽、张飞分开，让像我这样的人统率他们，这样大事可定。现在分给他们许多土地，让这3个人聚在一起，就好像蛟龙得到了云雨，不会长久留在水塘中的。"孙权没有采纳他的建议，结果事态的发展果然和周瑜预料的一样。

不久，周瑜就病死了，孙权非常悲痛，穿上丧服为周瑜举哀，又亲自去迎接周瑜的灵柩。

周瑜年轻的时候对音乐很有兴趣，曾经做过一番细致的研究，即使在他喝了酒之后，如果演奏的音乐有错误，他也一定能听出来，知道后就一定回头来看，当时人称"曲有误，周郎顾"。

后来周瑜的侄子去世后，全琮推荐周瑜侄孙周护担任将领。孙权说："以前能打败曹操，吞并荆州，这全是周瑜的功劳，我从来没有忘记过。我早就想任用周护，但听说周护性情凶狠，用他恰恰是害了他，于是改变了主意。我对周瑜的思念，难道还有终止的时候吗？"

大意失荆州

关羽是中国历史上最受人崇敬的武将，后人把他的地位提到了"武圣人"的高度，和"文圣人"孔子并驾齐驱。原因不光是关羽武艺高强，最重要的是关羽讲义气，懂仁义，有勇有谋，可以说是最符合儒家理想人物形象的武将。再加上民间传说和小说的渲染，关羽的地位一天比一天高。历史上的关羽当然不会那么完美，但总的来说，关羽还是一个优秀的将领。

关羽跟随刘备南征北战多年，战功赫赫，虽然刘备力量弱小，总是失败，但关羽从来没有背弃过刘备。后来刘备好不容易得到荆州作为根据地，就派关羽驻守，而他本人则带着诸葛亮等人到益州去了。

孙权多次向刘备索要荆州，都被关羽拒绝了，孙权很生气，但为了共同对付曹操，只好先忍耐着。

后来关羽率兵进攻樊城的曹仁，曹操派于禁前去救援，关羽水淹七军，斩了庞德，于禁投降。此战过后，关羽声势大振，许多县城都脱离曹操政权，转而接受了关羽的号令，曹操怕得差点用迁都这个办法来躲避关羽的锋芒。当时司马懿等人建议派人离间关羽和孙权之间的关系，让孙权去对付关羽，曹操同意了。

之前孙权派遣使者为自己的儿子向关羽的女儿求婚，这本来是巩固蜀、吴两国关系的好机会，但一向高傲的关羽本来就很看不起孙权，所以不但不同意联姻，反而把使者辱骂了一番。孙权因为这件事很恨关羽。南郡太守糜芳、将军傅士仁平时经常被关羽辱骂和轻视，也很怨恨他。关羽出兵以来，两人负责供应物资，但并不尽力，关羽很生气，扬言回去后一定要狠狠教训他们。两人很害怕，正好孙权秘密和糜芳、傅士仁联络，于是他们就投降了孙权。

本来东吴这边由亲蜀派的鲁肃执政的时候，双方关系还可以，但鲁肃死后，对蜀强硬的吕蒙接替了他的位置。吕蒙一心想为东吴夺回荆州，等到关羽进攻曹仁的时候，他对孙权上书说："关羽外出作战，却留下很多士兵防守荆州，一定是害怕我从后面偷袭，我请求您允许我以治病为名率领部分人马回建业，关羽知道后一定会撤走防守的军队，全力向襄阳进攻。这样我军主力沿江而上，趁他后方空虚发动袭击，就能攻下南郡，关羽也会被俘。"孙权同意了。于是吕蒙自称病重，孙权下令让他回去。关羽果然中计，撤掉了南郡的部队。关羽打败于禁后，人马增加了不少，借口缺粮，把孙权屯积在湘关的军粮占为己有。孙权知道后立刻采取行动，派遣吕蒙进军。吕蒙到达浔阳后，把精兵都埋伏在大船里，然后招募一些老百姓摇橹，命令士兵化装成商人，日夜兼程，把关羽布置在江边的士兵全部活捉，而关羽对自己的情况一无所知。这样吕蒙很快就到达了南郡，接受了傅士仁和糜芳的投降。随后吕蒙进入江陵，俘虏了关羽和将士们的家属，并安抚他们，还下令不准骚扰百姓。他有个亲兵从百姓家里拿了一个斗笠来遮盖公家的铠甲，吕蒙认为他违犯了军令，流着眼泪把他杀了。吕蒙还经常派人去慰问当地的老人，很快就得到了当地的民心。关羽返回途中，多次派人和吕蒙联系，吕蒙每次都热情款待，并让使者随意参观。那些士兵的家属都托使者带信，使者回去后，关羽手下的将士收到家里的信，知道家里一切平安，都无心再战。此时孙权带兵到了江陵，关羽见大势已去，只好逃往麦城，再走到漳乡。然而手下的士兵军心已散，抛弃关羽四散而逃，多数投降了孙权。孙权派遣朱然和潘璋堵住关羽的退路，俘虏了关羽父子，收复了荆州。

关羽父子被俘后，孙权劝他们投降，但关羽宁死不降，反而破口大骂，于是都被斩首，一代名将就此死于非命。吕蒙为东吴立下大功，但好景不长，吕蒙旧病复发，很快就病死了。

关羽一世英雄，但最终还是因为自己的骄傲而遭受了一生中最惨痛的失败。

夷陵大战

曹丕称帝的消息传到蜀汉地区的时候，人们都传说汉献帝已经被杀害了，刘备还专门为汉献帝举行了丧礼。大臣们认为汉献帝既然死了，刘备作为汉室宗亲，就应该继承皇位，于是刘备就自立为帝。

当时关羽被东吴所杀，荆州也被东吴抢了回去，这两件事让刘备非常痛心。他即位后第一件事就是宣布讨伐东吴，为关羽报仇。赵云进谏，认为当前最大的敌人是魏国，再说谋朝篡位的也是魏国，当务之急应该是联合东吴一起讨伐魏国，等灭掉魏国后，东吴自然就会屈服。

但刘备被怒火烧昏了头脑，根本听不进任何反对意见。他通知张飞前往江州会师，自己留下诸葛亮辅佐太子，准备出兵。还没等他出兵，坏消息就传来了：张飞被部将暗害，凶手投奔东吴去了。蜀汉一连损失两员大将，实力被削弱了不少，但这件事更加激怒了刘备，他攻打东吴的决心已经无法动摇了。

孙权知道刘备前来讨伐的消息后也很后悔当初的举动，尤其听说这次蜀军声势浩大，心里很害怕，就派遣使者去向刘备求和，但被刘备拒绝了。

不久，刘备大军攻下巫县，一直打到了秭归。孙权只好派陆逊任大都督，率领 5 万人马前去抵抗。

刘备军队进展很快，没多久就占领了东吴大片土地，然后挥兵向东。黄权劝阻他，认为水军顺流而下虽然容易，但如果要后退就困难了。建议让自己充当先锋，在前面开路，刘备在后面接应，这样比较稳妥。但刘备急着和东吴决战，没有听进黄权的话。他命令黄权守住江北，防止魏国偷袭，自己则率领主力部队，一直进军到了夷陵。

东吴的将士纷纷找到陆逊，要求出战，但陆逊认为现在蜀军士气高涨，而且地处上游，不容易攻破，如果硬拼的话，敌众我寡，反而对自己不利。所以他要求吴军坚守不出，等蜀军疲惫的时候再找机会出击。

刘备从巫县到夷陵，一路上设了几十个大营，又用树木编成栅栏将这些大营连接起来，前前后后共有七百里长。

刘备派吴班率领几千人在平地上扎营，向东吴挑战。陆逊手下的大将都想出战，陆逊说："这里面肯定有鬼，先看看再说。"等了几天后，刘备知道陆逊不会出战，计谋失败了，于是把事先埋伏好的 8000 人撤了出来。陆逊说："先前我之所以不听你们的话去打吴班，就是揣摩着这里面一定有问题。"

吴蜀夷陵之战示意图

当时孙桓和刘备的前锋部队交战，被刘备包围了起来，向陆逊求救，陆逊不让出兵，部下都说："孙桓是主公的族人，怎么能不救？"陆逊说："孙桓很得军心，加上他现在所在的城池很牢固，粮草也充实，所以不用担心。等我的计谋实现后，不用去救他，他自己就能解围了。"

就这样，吴蜀双方在夷陵相持了半年之久，一天，陆逊突然召集部下，宣布要进攻蜀军。部下又反对了："要打刘备就该在他刚来的时候打，现在他进入我们国界五六百里，相持了七八个月，他把要害都牢牢地守住了，去攻打的话必然不会有好处。"陆逊说："刘备是个狡猾的家伙，而且身经百战，他的部队刚来的时候，士气正旺，所以不能打他。现在都待了那么久了还占不到我们的便宜，士气早已低落下来，他的阴谋诡计也使不出来了。所以要歼灭他们，就是现在了。"于是陆逊先派了一支部队去进攻刘备的一个军营，结果吃了败仗回来。大家都说："这分明就是去送死嘛。"陆逊却笑道："我已经知道打败他们的方法了。"

陆逊下令每个士兵都拿一束柴草，采用火攻进攻刘备军队，刘备的大营都是被栅栏连接起来的，一点就着，很快火势就蔓延开来。陆逊趁机率领大军猛攻，连破蜀军营寨40多个。刘备逃到马鞍山，把士兵摆开，让他

63

们围绕在周围保护自己。陆逊督促士兵进攻，蜀军死伤数以万计。刘备只好连夜逃跑，吴军紧追不舍，最后驿站的人把遗留下来的铠甲堆在路口，把路堵住，然后放火，这才堵住了追兵。刘备狼狈不堪地逃到了白帝城，他的船只武器还有水军陆军的物资损失殆尽，江上漂满了蜀军的尸体。刘备又羞又怒，说："我居然被陆逊这种人羞辱，莫非是天意？"

这时孙桓的包围圈也被解除了，他对陆逊说："以前你不来救我，我心里还在埋怨你，现在才知道你有自己的方略安排啊。"

刘备吃了败仗，急怒攻心，很快就病倒了。他知道自己活不长了，就向从成都赶来的诸葛亮托孤："您的才能是曹丕的 10 倍，一定可以安定国家，最终完成统一大业。如果刘禅可以让您辅佐，那就辅佐他，如果他没有才干，您就取而代之吧。"诸葛亮含着眼泪表示一定辅佐刘禅完成统一大业。不久，刘备就死在了白帝城。

夷陵大战将蜀国的实力大大耗损，刘备好不容易建立起来的勇猛善战的军队几乎全军覆没，尤其一大批蜀国年轻优秀的将领在这场战役中丧生，给蜀国造成了无可挽回的损失。从此以后，蜀国失去了问鼎中原的可能性，成为三国中最弱小的国家。

诸葛亮病死五丈原

诸葛亮接受刘备托孤后，把收复中原作为自己毕生追求的目标，他多次率军北伐，但是由于粮草始终无法保证及时供应，所以每次都无奈退兵。

诸葛亮第五次北伐的时候，遇上魏国大将司马懿率兵拦击。诸葛亮以木牛运粮，但还是不能保证军粮的供应，最后被迫撤军，魏将张郃紧追不舍，被诸葛亮事先布置的伏兵射死。

3 年后，诸葛亮经过精心准备，率领 10 万大军进行他一生中最后一次的北伐。诸葛亮率军从斜谷出兵，用流马运输粮草。很快，蜀军就占领了五丈原，在那里和司马懿的部队对峙。诸葛亮做了长期战争的准备，他派出部分士兵修筑堡垒，严密防守，另一部分士兵和当地百姓一起开垦耕种，和百姓相处得很好，保证了兵粮的供应。

诸葛亮还联合孙权一起伐魏，孙权兵分三路向魏国进军，魏明帝清楚诸葛亮才是心腹大患，司马懿不是他的对手。于是他一边派兵阻击孙权，一边对司马懿下了死命令，只准防守，绝对禁止和诸葛亮交战，想以此把诸葛亮拖垮。

很快，魏军击退了孙权的进攻，诸葛亮接到这个消息后非常失望，于是决定和司马懿决战，以求速战速决，毕竟拖下去对自己不利。但是司马懿一直坚守，诸葛亮派人挑衅了许多次，但他就是不出战。

诸葛亮很着急，他觉得只有激怒司马懿，才能让他出战。诸葛亮派人给司马懿送去一套妇女的服饰，意思就是说你既然这么贪生怕死，那就回去做个女人好了。司马懿手下的将领见主帅受到这么大的侮辱，一个个气得都要去和蜀军拼命。司马懿知道这

诸葛亮像

是诸葛亮的激将法，他并没有生气，对将士们说："既然大家都要和蜀军开战，那我就给皇上上个奏章请求同意吧。"

过了几天，魏明帝派人前来下诏，严禁出战，众将这才没有了话说。

蜀军知道这个消息后都很失望，只有诸葛亮明白其中的意思，他说："司马懿根本就不想出战，他上奏章给皇帝是做给别人看的。不然哪儿有大将在外面带兵，连是否出战都要千里迢迢向皇帝请示的道理？"

司马懿也有忍不住想出战的时候，魏明帝也担心这一点，于是派辛毗为大将军军师，让他拿着符节在军队中监督不准出战。有一次魏军实在忍不住了，人马都整顿好，准备杀出去了，辛毗一个人拿着符节站在大营门口拦住他们，魏军只好灰溜溜地回去了。诸葛亮听说有个人拿着符节站在大营门口拦住了魏军，不由叹息道："那个人肯定就是辛毗！"

司马懿知道诸葛亮身体不好，一直在偷偷打听他的情况。有一次诸葛

亮派人向魏军下战书，司马懿很有礼貌地招待了使者。在聊天的时候，司马懿装作漫不经心地问道："你们丞相现在一定很忙吧？最近身体还好吗？胃口如何？"那个使者觉得他问的都是些客套话，也就老老实实地回答道："丞相的确很忙，什么事不管大小他都亲自处理，起早贪黑地工作，每天都搞得很累。最近胃口不太好了，吃得很少。"

使者回去后，司马懿很得意地对身边人说："你们看，诸葛亮把什么事都揽在自己身上，把自己弄得那么累，吃得又少，休息得也不好，看来他支持不了多久了。"

事情的发展和司马懿想象的一样，诸葛亮由于操劳过度，于当年八月病倒了。

刘禅听说诸葛亮生病的消息后，很是关心，派使者前去探望。使者向诸葛亮转达了刘禅的慰问后，又交流了一下国家大事，之后就走了。几天后他回来，看到诸葛亮的病情反而加重了，伤心地哭了起来。诸葛亮听到哭声，醒过来一看是朝廷使者，于是说："我知道你回来是什么意思，我看你要问的人，就是蒋琬吧。"使者问道："是啊，皇上派我来问，丞相万一有个什么闪失，由谁来接替您。那么蒋琬之后，又该是谁继任呢？"诸葛亮说："我看费祎很合适。"使者还想问下去，诸葛亮闭上眼睛不回答了。过了几天，年仅54岁的诸葛亮积劳成疾，在军营中去世了。

按照诸葛亮生前的嘱咐，蜀军没有泄露他去世的消息，而是暗中组织撤退。他们把诸葛亮的尸体用布裹着放在车里，然后有条不紊地撤军。

行书前《出师表》帖 南宋 岳飞

诸葛亮出师一表，天下闻名，千古传颂，被评为表中杰作。历朝历代忠臣烈士、迁客骚人书之不倦，或寄托性情，或激励明志。岳飞此帖，传为行军至南阳，秋夜深深，秋雨绵绵，遥想徽钦二帝远因于北国，一时忠心触动，挥泪如雨，写就诸葛武侯出师表，墨气淋漓，豪情毕现。

魏军打探到诸葛亮去世的消息后报告给了司马懿，司马懿立刻带领人马杀了过去。结果刚过五丈原，蜀军的旗帜就转了方向，向司马懿杀来。司马懿以为这又是诸葛亮引诱他出战的计谋，赶紧撤退。蜀军见魏军撤走，这才把全部人马撤了回去。

司马懿后来巡察诸葛亮扎营的遗址，不禁赞叹道："诸葛亮真是天下奇才啊！"就这样，一代奇才诸葛亮在五丈原走完了他的人生旅程，为历史留下了千古遗憾。

诸葛亮在遗嘱中说要把自己葬在定军山，挖个仅仅能放下棺材的坟墓就可以了，就穿死时的衣服下葬，不要用殉葬品。当初他向刘禅上表说："在成都，我家有800棵桑树，15顷田，供应我的后代吃饭穿衣是绰绰有余的。我做官的时候，没有别的开支，吃的穿的都由官府供给，所以我不再经营产业，也不增加一点点财富。我死的时候不让家里有多余的财物，怕辜负陛下的恩德。"他死的时候，情况正和他说的一样。刘禅对诸葛亮的死感到非常伤心，朝中大臣也都抱头痛哭。诸葛亮的儿子诸葛瞻娶了公主为妻，后来和长子诸葛尚一起战死在绵竹，继承了诸葛家忠义的传统。

邓艾灭蜀

邓艾少年时期就失去了父亲，以替人养牛为生。邓艾12岁的时候在碑文中看到"文为士范，行为士则"的话，于是就把自己的名字改作范，因为家族里有人也叫范，就改名为艾。他有口吃的毛病，所以不能担任重要的官职，充当了不用多说话的稻田守丛草吏。他每次看见高山大湖，都指指点点哪些地方可以设立军营，当时的人大多都笑话他。司马懿觉得他很有才能，于是征召了他，不久升任他为尚书郎。

当时朝廷打算开拓田地，储备粮食，派邓艾巡查东南。邓艾认为那里的土地虽然很肥沃，但缺少水源，所以应该在当地兴修水利，开凿河道，这样既能灌溉农田，又可以开通把粮食运往京城的水路。他为此专门写了本《济河论》，阐述了他的治河思想。司马懿觉得他说得很好，于是全部照办。河渠开通后，每次东南一带发生战争，都可以很方便地出动大军顺流直下，既有充足的粮食又可运大军，这都是邓艾的功劳。

邓艾后来参与了对蜀国的战争，在战争中得到了锻炼，因为抗击蜀军入侵有功，被封为讨冠将军，赐爵关内侯，调任城阳太守。此后多次立下战功，为灭亡蜀国积累了经验，也锻炼了胆识。

后来姜维伐魏，朝廷任命邓艾为安西将军。当时朝中的谏官们多数认为姜维兵力已经耗尽，没有能力再进攻。邓艾说："我们刚打了败仗，对方有乘胜进攻的气势，而我们现在很虚弱，这是其一；敌人军队上下之间都很熟悉，兵器也锋利，而我们刚换了将领，补充了新兵，损坏的兵器还没有修复好，这是其二；敌人用船行军，而我们步行，劳累安逸程度不同，这是其三；我们有很多重要地方需要分兵把守，兵力被分散了，而敌人把兵力都集中在一起，这是其四；姜维从南安和陇西出兵，可以补充羌人的粮食，而且祁山那里有上千顷成熟的麦子，这是吸引他们来的钓饵，这是其五。所以敌人一定会继续进攻的。"不久，姜维果然向祁山进军，听说邓艾已经有了防备，两军在段谷激战，姜维大败，退了回去。两年后，司马昭下令讨蜀，让邓艾牵制姜维。姜维在剑阁死守，钟会攻了很久也没有攻下。邓艾建议从阴平出发，走小路经过德阳再到涪县，那里离成都很近，在那里出奇兵向成都进攻，剑阁的守军必会赶来援救，钟会就可以轻松突破剑阁了。如果守军不去援救，那么那支奇兵就可以直接把成都攻下，现在偷袭空虚的地方，是肯定可以打败蜀军的。

当年十月，邓艾从阴平出发，走了700多里的不毛之地，逢山开路，遇水架桥。当地山高路险，军队走得很慢，粮食也吃光了，已经到了非常危险的关头。翻越山崖时，邓艾毅然用毛毯裹着自己，从山上滚了下去，士兵们也都攀缘树木下了山，最后成功到达了平原地带。邓艾不费吹灰之力攻下了江油。诸葛亮的儿子诸葛瞻从涪县回到绵竹，摆好阵势等邓艾来进攻。邓艾命令儿子邓忠攻右边，师纂攻左边，结果出师不利，退回来和邓艾说："无法击破敌人。"邓艾大怒："生死存亡在此一战，有什么是不可能打败的？"邓艾让他们回去再攻，把蜀军杀得大败，诸葛瞻战死。刘禅见大势已去，只好投降。

邓艾灭掉了蜀国，心里非常得意，他对蜀国人说："其实姜维也算是英雄了，可惜遇上了我，所以才失败。"

邓艾居功自傲，对朝廷的诏命有点不太重视，被人弹劾，加上钟会妒忌邓艾抢了他的功劳，联合师纂等人告发了邓艾，于是朝廷下诏把邓艾关在囚车里送到京城去。

邓艾被囚禁后，钟会到了成都，掌握了当地的大权。他在姜维的唆使下发动了叛乱，结果失败被杀。邓艾的手下趁乱追上邓艾的囚车把他放了出来，而卫瓘派田续等人继续征讨，并在绵竹把邓艾、邓忠父子杀了，邓艾在洛阳的儿子也都被杀。邓艾直到晋武帝时期才得以平反。

司马昭之心，路人皆知

司马懿杀了曹爽，两年后他也病死了，由大儿子司马师继承了他的职位。司马师比司马懿更加专横，魏国进入了一个顺司马者昌，逆司马者亡的时期。曹芳很讨厌司马师的骄横，准备剥夺司马兄弟的兵权，但还没等他动手，司马师就把他废掉了，另立曹丕的孙子曹髦为帝。

魏国地方上有些将领不服司马氏的统治，司马师废掉曹芳后，扬州刺史文钦和镇东将军毌丘俭起兵讨伐司马师。司马师亲自带兵镇压，把他们打败，战斗中司马师受了伤，在回师的路上死了。

司马昭接替了哥哥的职位，做了大将军，他比他哥哥还要厉害，把曹髦欺负得火冒三丈。当时曹髦年仅20岁，年轻气盛，早就看不惯司马昭的专横了。有一天他又受了司马昭的气，回到宫里把3个大臣找来，对他们说："现在司马昭篡位的心思，连过路人都知道了！我可不能在这等着他来收拾我，我得先发制人！"

3个大臣都清楚司马昭不是好惹的，再说曹髦又没有实权，和司马昭作对是没有胜算的，他们都劝曹髦要好好忍耐。但曹髦哪里忍得下这口气，他从怀里掏出预先就写好的讨伐司马昭的诏书，扔在地上，对他们说："我已经下了决心了，就算是死也不怕，再说还不一定是死呢！"说完就进宫禀报太后。

谁知道那三个大臣里有两个贪生怕死的，怕闯出祸来牵连到自己身上，于是偷偷溜出去向司马昭告了密。司马昭老奸巨猾，他不先动手，而是做好准备，等着曹髦掉进早已挖好的陷阱里。

曹髦集合了宫内的禁卫军和一些太监，拼凑成一支军队，从宫里杀了出来，曹髦拿着一把宝剑冲在最前面。

司马昭的亲信贾充带了一队士兵前来抵挡，双方交战，曹髦大喝一声，从人群中杀出，直扑贾充而去。贾充手下的士兵见皇帝亲自上阵，都很害怕，有的人都准备逃跑了。

贾充手下有个叫成济的人见情况不妙，于是问贾充："现在形势紧急，您看怎么办？"

贾充大喝道："司马公平时养你们是干吗用的？这还用问！"

成济这下胆子大了，于是冲了出来，举起长矛朝曹髦刺去。曹髦没想到会有人来杀自己，一时措手不及，被成济刺中，从车上掉下来死了。曹髦手下的人见皇帝死了，军心涣散，纷纷逃散了。

消息传到司马昭那里后，司马昭没想到他的手下居然把皇帝杀死了，也有点惊慌，赶紧到朝堂上召集大臣开会商量如何处置这件事。司马昭流着泪问大臣们该怎么办才好。陈泰告诉司马昭："只有砍掉贾充的头，才能向天下人谢罪！"贾充是司马昭最信任的人，他怎么舍得贾充杀掉呢？于是他再问："那有没有别的办法呢？"陈泰义正词严地说："照我说，只有比这更重的，而没有更轻的处理方式了！"司马昭一听，心里很不舒服，就不说话了。

后来司马昭以太后的名义下了道诏书，给曹髦安上许多莫须有的罪名，把他废为平民，顺便就把杀害曹髦的事给遮掩了过去。

但是当时的人还是有很大的意见，都责怪司马昭不惩办凶手，司马昭虽然专横跋扈，但是人言可畏，加上做贼心虚，也不敢拖延下去。但他又舍不得杀掉贾充，于是就把罪名全部推到成济身上，给他定了个大逆不道的罪名，满门抄斩。倒霉鬼成济在官府去抓他时，知道司马昭拿他当了替死鬼，心里非常气愤，于是爬到房顶上大骂，把这件事的内情全部抖搂了出来，让司马昭非常难堪。

后来司马昭在曹操的后代中找了一个 15 岁的少年，让他接替皇位，就是魏元帝。司马昭不是不想篡位，只是觉得时机还未成熟。后来他灭掉蜀汉后，还没来得及篡位就死了。他儿子司马炎继承了他老爹的位子和遗志，把挂名的魏元帝废掉，自立为帝，建立了西晋王朝。

晋 书

八王之乱

晋武帝认为自己能轻松夺得魏国的天下，是因为魏国对亲族诸侯控制得很严，导致中央孤立，朝中出了什么事，诸侯也没有实力挽回局面。所以他登基后，把自己家的亲戚都封为诸侯王，给了他们极大的权力。这些王爷大多野心勃勃，加上后来即位的晋惠帝又是一个白痴，所以诸侯个个

汝南（今河南东南）	长沙（今湖南）
楚（今湖北中部）	成都（今四川）
赵（今河北西南）	河间（今河北东南）
齐（山东省）	东海（今山东南部）

西晋时期八王封国示意图

蠢蠢欲动。

晋惠帝的皇后贾南风看到汝南王司马亮是一个潜在的对手，就勾结楚王司马玮发动政变将其杀害。而贾南风见司马玮已经失去了利用价值，就把他也给除掉了。贾南风独掌大权后，得意忘形，很快又把她的眼中钉太子废掉了。这个时候，赵王司马伦乘机发动了政变，起兵杀掉了贾南风，控制了朝政。

司马伦一心想当皇帝，他先把反对他的人全部杀掉，然后指使亲信说看到司马懿的神灵要司马伦继承皇位，就这样强迫晋惠帝禅让，并把晋惠帝尊为太上皇，派人严密看守。

司马伦篡夺了皇位，激怒了远在外地的几个诸侯王，首先起兵发难的就是齐王司马冏，不久长沙王司马乂、成都王司马颖和河间王司马颙也起兵响应。诸侯王兵力强大，而且名正言顺，所以得到各地的支持。很快，京城里的大臣鼓动士兵杀了孙秀，逼迫司马伦退位，并把晋惠帝接了回来。论功行赏的时候，齐王功劳最大，所以待遇也最好，他见晋惠帝没有继承人，而最有希望继承皇位的成都王司马颖和自己关系不好，所以就立了一个小孩为太子，以便于自己控制。齐王想剪除诸侯们的势力，河间王司马颙联合成都王司马颖和长沙王司马乂再次举兵，讨伐司马冏，联军很快就打到了洛阳。长沙王司马乂深知挟持晋惠帝的重要性，他率先找到晋惠帝，然后和司马冏在洛阳城内展开大战，激战了数日，司马冏大败被斩，司马乂掌握了朝政大权。

成都王司马颖和河间王司马颙对司马乂的专权不满，他们又联合起来对付司马乂。司马乂始终紧紧控制晋惠帝，边打边退。大将张方攻进洛阳城，大肆抢掠，死者成千上万。司马乂见张方的残暴引起了人们的不满，就杀了个回马枪。张方的部下见皇帝的车驾来了，纷纷逃散，司马乂胜利返回洛阳，赶走了张方。司马乂一直挟持着皇帝，而且对皇帝毕恭毕敬，所以他很得民心，但是和司马乂共事的东海王司马越害怕张方，于是暗中发动政变将司马乂抓了起来，并送到张方那里，司马乂最后被张方用火活活烤死。

司马颙和司马颖请求废除司马伦立的太子，司马颙因为自己是长辈，没有继位的希望，于是干脆做个顺水人情，上表请求把司马颖立为皇太弟。司马颖当上皇太弟后，专横跋扈，而且信任佞臣，腐化堕落，很快就丧失了民心。一直隐藏实力的东海王司马越趁机起兵声讨，把晋惠帝抢到手中，然后挟持他前往司马颖的根据地邺城。

司马颖听说皇帝在敌人军中，于是下令："除了皇帝之外，别的人见一个杀一个！"部下们一直杀到晋惠帝跟前，一阵乱箭射去，晋惠帝身边的人纷纷倒地，连晋惠帝脸上也中了三箭。当时嵇康的儿子嵇绍担任侍中，一直跟随惠帝左右，他死死守在惠帝身边，用身体给惠帝挡箭，最后被乱箭射死，血溅了晋惠帝一身。司马颖的部将石超将晋惠帝俘虏，带到自己营中。后来别人见晋惠帝身上全是血，想给他洗掉，晋惠帝阻止道："这是嵇侍中的碧血，不要洗掉！"可见白痴也清楚谁是忠臣谁是奸臣。晋惠帝被司马颖挟持着逃到洛阳，当时在洛阳的是张方，张方打算把都城迁到长安去，但怕晋惠帝不肯去，于是干脆带人去抢，把皇帝带走后，顺便把洛阳皇宫里的金银珠宝也搜了个精光。

迁都长安后，司马颙废掉了司马颖，另立豫章王司马炽为皇太弟，他自己则完全控制了大权。结果又引起了别人不满，王浚等人公推司马越为盟主，讨伐司马颙，经过近一年的战争，终于攻下了长安，将晋惠帝迎回了洛阳。就这样，可怜的晋惠帝被这些野心勃勃的亲戚们抢来抢去，受尽了惊吓，吃够了苦头。司马越掌握了大权，没过多久，他就把挂名的晋惠帝给毒死了。司马越虽然最终获得了胜利，但西晋王朝在这次动乱中完全衰落下来，很快就灭亡了。

"王与马，共天下"

西晋末年，北方少数民族趁西晋王朝内乱衰落而大举入侵，很快就灭掉了西晋王朝。西晋王室成员多数死于八王之乱和少数民族铁蹄之下，只有个别人因为远离中原而保住了小命，琅琊王司马睿就是这些幸运者当中的一个。

司马睿是晋朝王室中亲属关系比较疏远的一个，所以一直不太得志，很晚才被封为琅琊王。司马睿和名士王导关系一直很好，王导见天下大乱，知道北方肯定守不住，于是全力拥戴司马睿，决心在南方复兴晋室。

后来司马睿被派去镇守建康，王导也跟随在他左右。司马睿虽然贵为皇族，但在民间，人们还是把司马家族看作地位不高的姓氏。他到建康一个多月了，还是没有人去朝见他，尤其当地的大姓，根本不把他当一回事。王导因为这事而深感焦虑。

王导有个堂兄名叫王敦，是当时很有名望的人，他受到王导的邀请前来朝见司马睿。王导对他说："琅琊王虽然品

王导像

行仁德，但名望还不够高。你在这里已经很有名了，应该想个办法来扭转这个局面。"王敦同意了。

三月禊节的时候，江南一带的风俗是都要到江边求福消灾，司马睿也亲自前去观看。王导让他坐上华丽的轿子，仪仗队在前面声势浩大地开道，王敦、王导和北方来的名士们都骑马在周围扈从。纪瞻、顾荣等人都是当地名望极高的名士，他们看见王敦等那么有名望的人都对司马睿恭恭敬敬的，心里非常吃惊，当时就不由自主地跪在路边向司马睿行礼。王导乘机又出了个主意，他对司马睿说："从前凡是能够统治天下的，没有一个不是尊老敬贤的人，他们都询问当地的风俗，虚心坦诚地招揽天下的贤才豪杰。更何况现在天下大乱，国家分裂，我们的建国大业才刚刚起步，现在最重要的事情是得到民心。顾荣和贺循他们两个是当地名门之首，应该把他们吸引过来以便收买人心。他们两个如果来了的话，别人就没有不来的了。"于是司马睿就派王导亲自登门拜访顾荣和贺循，他们两个本来就很惊叹司马睿的威势了，再加上王导前来邀请，就欣然前去朝见司马睿。当地其他名士听说连他们俩都去朝见司马睿了，也纷纷前来尊奉，司马睿的地位就

这样确定了下来。

洛阳被匈奴攻了下来，中原人大多都逃到江南地区避难，王导劝司马睿招揽其中的文人学士，让他们为新政权服务，使江南地区人口兴旺，社会安定。王导还劝司马睿尽量克制私欲，生活节俭，为国家安定控制自己，所以王导很受司马睿的信任，司马睿曾经称王导是自己的萧何，两人关系也越来越亲密。当时人们都很尊敬王导，称他为"仲父"。

司马睿称帝，建立东晋王朝后，任命王导为丞相、军谘祭酒。桓彝刚到江南的时候，见东晋力量弱小，深感忧虑，对周颛说："我因为中原有难，所以才逃到这里，现在这里力量如此弱小，怎么办呢？"桓彝后来见到王导，两人交谈了很久，回来对周颛说："刚才见到了仲父，我再也不担心了。"从北方过来的士人经常约在一起到新亭聚会喝酒。有一次周颛在宴会中叹气道："风景还是和以前一样，但放眼望去，江山已经变了。"在座的人都感伤得流下眼泪。只有王导很不高兴，他严肃地说："我们现在应该齐心协力为朝廷做事，早日收复中原，为什么要在这里流泪呢？"

司马睿上朝的时候，请王导到御座前和他一起坐，王导坚决不同意，他说："如果太阳下降到和万物一样的高度的话，那怎么照耀万民呢？"

后来王敦因为朝中大臣争权夺利而受排挤，起兵造反，刘隗劝司马睿把王家人全部杀掉，王导也受到牵连，大家都很为他担心。王导对东晋很忠心，他率领全家20多口人每天早上都到朝廷待罪。司马睿念王导一向忠心耿耿，特意把朝服赐还给他，并召见了他。王导跪下叩头谢罪道："逆臣贼子哪个朝代没有？没想到今天居然出现在我们王家了。"司马睿光着脚下去把王导扶起来说："茂弘（王导的字），我正要派你去地方上就任，你都说些什么呀！"而后司马睿任命他为安东将军。当年司马睿登基前，王敦认为他很贤明，怕不好控制，想改立别人为帝，是王导坚持反对才制止住。王敦叛乱后很快就控制了朝政，他对王导说："当初没有听我的话，结果差点导致我们王家灭族。"但王导仍然坚持自己是对的，王敦没办法说服他。

司马睿死后，晋明帝即位，王导被任命为辅政大臣，升任为司徒。王敦再次兴兵叛乱，但不久就生了病，王导为了制止叛乱，于是声称王敦已经病死了，率领王家子弟为王敦发丧。大家以为王敦真的死了，斗志高涨，为最后打败王敦打下了基础。

王导死后，皇帝在朝堂追悼了他三天，他的葬礼是东晋群臣中规格最高的。王导为东晋王朝的建立和巩固立下了汗马功劳，王氏家族也成为东晋王朝史上最显赫，地位最高的家族，人们把这种情况称为"王与马，共天下"。

书圣王羲之

中国最著名的书法家莫过于王羲之了，他的《兰亭集序》被誉为天下第一行书，每部书法作品都具有很高的艺术价值。王羲之把汉魏以来古朴的书法风格改变成比较美观方便的新体，摆脱了汉魏笔风，自成一家，对后世影响非常大。

王羲之出身名门，他是王导的表侄，父亲和祖父都是有名的大官。王羲之小时候语言迟钝，人们都不认为他有什么出色的地方。他13岁那年去拜访周颛，周颛见到他后很惊奇，认为他是个奇人。当时在宴会上很重视烤牛心这道菜，此菜通常是献给最尊贵的客人吃的，结果周颛没给别人吃，先切给了王羲之，从此王羲之出了名。王羲之成年后善于辩论，为人耿直，特别擅长楷书，人们评价他的书法，说他运笔的气势"翩若惊鸿，婉若游龙"。王羲之很受王导和王敦的器重，当时陈留人阮裕名气很大，在王敦手下任主簿。王敦对王羲之说："你是我们家优秀的人才，应当不比阮主簿差的。"阮裕也认为王羲之和王承、王悦三人是王家最优秀的青年才子。太尉郗鉴派人去王家选女婿，王导让来人随便相看他家的子侄。这人回去后对郗鉴说："王家的青年都不错，当他们知道我是来为您选女婿时，一个个马上做出正经的样子，只有一个人在东床上敞开衣服坦着肚子，就和没有这回事一样。"郗鉴说："这个人就是我要找的好女婿啊！"一问，才知道这个人就是王羲之，于是把女儿嫁给了他。称女婿为"东床"，当着别人的面称呼其女婿为"令坦"就是这么来的。

義之爱鹅图 清 任颐

王羲之很喜欢鹅，会稽郡有个老寡妇养了一只鹅，叫声很好听，王羲之想买下来，但没有成功。于是王羲之带了几个朋友去观赏，那个老寡妇听说王羲之要来，不知道他是冲着鹅来的，见自己家没有什么好招待的，就把那只鹅杀了，做成菜来款待他，王羲之因为这件事而叹息了好久。后来有个道士养了一群好鹅，王羲之前去观看，越看越喜欢，提出要买下来。道士说："你替我抄一部《道德经》，我就把这些鹅全部送给你。"王羲之欣然同意，抄完经书后就兴冲冲地把鹅装进笼子里提回去了。其实那些鹅的价钱和他的字比起来根本不算什么，但从这件事上可以看出王羲之是一个率真坦诚的人。有一次王羲之到他一个门客家里，看到桌子表面光滑洁净，书兴大发，于是在桌子上写满了字，一半是楷书，一半是草书。门客的父亲不懂书法，以为桌子被弄脏了，在王羲之走后把桌子上的字都给刮掉了，那个门客为此懊丧了好多天。又有一次，王羲之看到一个老妇在卖六角竹扇，叫卖了半天，一把都没卖出去，王羲之很同情她，就把扇子要过来，在每把扇子上都写了字。老妇不认识他，见扇子上被写了字，觉得被弄脏了更不好卖，于是很生气地看着他，但见他一副大官的模样，也不敢阻止他。王羲之写完后对老妇说："你只要对别人说这上面的字是王右军写的（王羲之担任过右军将军），一把可以卖100个钱。"老妇照着他的话去做了，人们一看扇子上的字果然是王羲之写的，竞相购买，不一会就把老妇的扇子抢购一空。过了几天，老妇又拿来扇子找到王羲之请他题写，这次王羲之只是笑，没有理她了。

王羲之曾经说过："我的书法和钟繇的相比，可以说是并驾齐驱，但比起

兰亭修禊图 明 文徵明
此图描绘王羲之与友人在兰亭举行曲水流觞之会的情景。

张芝,只能说仅次于他。"他在给别人的信中说道:"张芝在池塘边练字,光是洗毛笔就把池水染成了黑色,别人如果也这样用功的话,未必赶不上他。"王羲之的书法一开始的时候不如庾翼,直到晚年才达到精妙的境界。他曾经用章草体给庾亮写信,庾翼看到信上的字后十分佩服,在给王羲之的信中说道:"我以前曾收藏过张芝的10幅章草,因为战乱,过江的时候全部遗失了。我经常为这种精妙的书法绝迹而感到遗憾。见到你给我哥哥写的信,信上的书法美妙绝伦,好像当年张芝的书法又呈现在了我的眼前。"

王羲之和骠骑将军王述齐名,但王羲之看不起王述,两人关系一直不太好。王述在会稽当过官,因为母亲去世而回乡守孝,王羲之接替了王述的职务,只去吊唁了一次就没有再去了。王述很看重王羲之,吊唁期间,他只要听到吹号角的声音,就以为是王羲之来了,于是赶紧打扫庭院等着接待王羲之,结果等了几年,王羲之都没有来,王述因为这事开始怨恨王羲之。后来王述被任命为扬州刺史,临行前到会稽各地走了一圈,却没有看见王羲之,直到他要走了,王羲之才去象征性地告别了一下。以前王羲之对别人说:"王述顶多也就是个做尚书的材料,到他老了还有可能得个仆射的官职。他得到会稽内史的地位就开始飘飘然了。"后来王述升了大官,王羲之是他的下属,经常为此感到羞耻,于是派人去朝廷建议把会稽郡分出来设立一个越州,好摆脱王述,但派出的人言语失当,反而落下笑柄,王羲之一直为这件事耿耿于怀。可见即使是大师,也有心胸狭窄的时候,我们不能因为他的成就而认为他尽善尽美。

王羲之的儿子王凝之和王献之也都擅长书法，王献之造诣尤高，和父亲王羲之并称为"二王"。

桓温神武慷慨

桓温出生没多久，名士温峤见到他后赞叹道："真是个英物啊！"桓温的父亲见温峤这么赏识自己的儿子，于是就为他取名温。温峤说："以后恐怕人们都要改我的姓了。"桓温少年时就豪迈过人，相貌雄伟。名士刘惔说："桓温眼睛像紫石棱，胡子像刺猬毛，是孙权和司马懿那样的人啊！

桓温15岁那年，父亲被苏峻的部将韩晃杀害，江播也参与了此事。桓温悲愤万分，枕戈泣血，发誓以后一定要报仇。可他18岁的时候江播居然死了，江播的3个儿子在哭丧的时候还准备好了武器，预防桓温来报仇。桓温假装吊唁的宾客混进了他们家，然后杀死了那三兄弟。当时能够为父报仇是一种美德，人们不但不怪罪他杀人，反而认为他胆识过人，很有英雄气概，很佩服他，官府也没有来找他麻烦。

后来他娶了南康公主，被拜为驸马都尉。桓温和当时的权臣庾翼关系不错，曾在他面前表示有北伐的大志。庾翼就向朝廷推荐了他，说："桓温虽然年轻，但有雄才大略，不要把他当普通人看待，应该为他多储备些人才，慢慢委以重任，以后一定能成就大业。"庾翼死后，朝廷就开始培养桓温，逐渐加大了他的权力。

桓温和名士们交情很好，他门下有很多名士当幕僚。其中他最欣赏的人是谢安。有一次他去拜访谢安，正赶上谢安在梳头，见桓温来了，赶紧取来衣服和头巾。桓温说："不用这么拘礼。"那天两人一直聊到天黑，桓温才走。有一次桓温生病，谢安来探望他，走的时候桓温望着谢安的背影感叹道："我已经很久没见过这样的人了！"一副钦佩之情。

殷浩曾经和桓温齐名，两个人一直暗暗较劲。桓温有一次问殷浩："你怎么比得上我？"殷浩说："我和你周旋的时间太长，所以宁愿让你在我之上。"桓温很轻视殷浩，但殷浩并不怕他。桓温得势后对人说："小时候我

京口北固山图　明　宋懋晋

东晋征西大将军桓温曾驻守京口，并有"京口酒可饮，箕可使，兵可用"的豪言。

和殷浩一起玩竹马，我骑过的竹马扔掉，他就捡起来骑，所以他本来就在我之下。"他还说："殷浩的文章不错，让他当宰相的话，完全可以总理事务。只是现在朝廷没有用好他，没有让他发挥出自己的长处。"

后来朝廷重用殷浩，用他来抑制桓温的势力，这让桓温很气愤，所以就想以北伐为借口收回权力。桓温带了几万人马直逼首都，说自己进军完全是为了北伐。这个时候殷浩的北伐计划屡屡失败，桓温就抓住这个机会弹劾他，最后把他赶下了台，从此桓温就掌握了东晋的军政大权。

桓温也具备当时名士放荡不羁的性格，最有代表性的就是他特别喜欢赌博。桓温从小就迷恋赌博，但赌技不佳，不光输得精光，还欠了一屁股烂债。债主多次催他还钱，桓温没办法，只好去求当时的赌博高手袁耽帮忙。袁耽当时正在服丧，按理是不能赌博的，但桓温找他帮忙他马上就答应了。他带着桓温去找债主赌博，赌注是十万钱，袁耽百战百胜，一口气就赢了100万。他赌完后对周围人说："你们不认识袁耽吧？我就是！"幸好有袁耽帮忙，否则少年桓温早就被债主打死了。

桓温北伐是出于私心，一开始虽然节节胜利，但后来还是失败了。当时桓温经过金城的时候看到自己早年在那里种的柳树已经长到十围那么粗了，叹息道："木犹如此，人何以堪！"说着说着就流下了眼泪。

他对当时清谈的风气深恶痛绝，曾对那些清谈家说："我如果不多做点实事的话，你们哪里能这样逍遥地坐在这里清谈？"他务实的精神相对于那些吃饱饭没事干，只知道空谈的人而言，更值得人们钦佩。

桓温非常崇拜王敦，他平定蜀地后，宴请当地名士。桓温在宴会上表现出的英雄气概让人们大开眼界，对他赞赏不已。不过也有人说："你们是没见过王大将军啊！"桓温知道后也没有生气，他经过王敦墓的时候，赞叹道："可儿，可儿！"

王猛扪虱谈兵

北方经过长期的战乱后，氐族人建立的前秦政权逐渐强大起来，前秦主苻坚很快就基本统一了北方。苻坚能够建立强大的前秦，很大一部分功劳要归于他手下的汉族名臣王猛。

王猛本来是北海人，他少年时期家里贫困，只好以卖簸箕为生。但他相貌俊伟，博学多才，喜欢研读兵书，为人谨慎大度，不喜被日常琐事所干扰。如果不是和他非常投缘的人，他多数都是不与之交往的。当时那些轻浮的人都很轻视并且嘲笑他，他却悠然自得，一点都不介意。王猛年轻的时候曾经去邺城游览过，当时很少有人赏识他，只有徐统见到他后认为他不是常人，召他为功曹，但他没有应召，而是和老师在华阴山隐居了下来。他胸怀大志，希望能够遇到能成就帝王霸业的君主。因此他隐居起来不做官，等待时局的变化。桓温入关后，王猛穿着粗麻衣服去见他，一面高谈阔论，一面捉着身上的虱子，旁若无人。桓温看到后觉得很惊异，问道："我奉天子的命令，率精兵十万讨伐叛逆，为百姓除害，但三秦的豪杰却不来投奔我，这是为什么？"王猛回答："您不顾几千里远的距离，深入敌境，长安城已经在你们眼前了，你们却不渡过灞水，百姓没有见到你们的真心，所以不来投奔。"桓温哑口无言。桓温要撤走的时候，送给王猛车马，并许给他高官，请他一起回去。王猛回华阴山问师父的意见，师父说："你和桓温怎么能同时相处？你在这里就能得到富

王猛像

贵，为什么要走那么远？"于是王猛就没有去南方。

符坚听说王猛的名声，派人去接他。两人一见如故，谈起天下的兴亡大事，两人意见居然都不谋而合，就像当年刘备见到诸葛亮一样。符坚当了皇帝后，任命王猛为中书侍郎。当时始平一带的豪门大户横行霸道，符坚调任王猛为当地的县令。他一上任就申明法令，赏善罚恶。他曾经把一个官吏活活打死，百姓上书告他，别的官员也弹劾他，朝廷把他抓到廷尉处进行审问。符坚亲自审问他，说："为政的根本是道德教化，你上任才几天就杀了人，太残忍了！"王猛说："我听说治理安宁的国家用礼仪，治理混乱的国家用法律。陛下不嫌弃我才疏学浅，派我治理混乱的县城，我尽忠职守，为您铲除邪恶的人，现在我才杀了一个坏人，剩下的坏人数以万计，如果说我没有能铲除掉所有的坏人，我怎么敢不甘心被处死？但如果说我为政残酷，我实在不服。"符坚就赦免了他。

王猛很受符坚信任，一年之内升任多达 5 次，权力大得不得了，那

些皇亲国戚还有老臣都嫉妒他。尚书仇腾和丞相长史席宝多次说他的坏话，苻坚大怒，把那两个人贬了官，以后朝廷上下再也没有人敢说王猛坏话的了。

不久，王猛升任为丞相，国家内外大小事务一律由他掌管。他在任期间赏罚分明，执政公平，罢黜了那些光吃饭不做事的人，把贤能却又仕途坎坷之人都提拔起来，对外整顿军备，对内崇尚儒学，鼓励百姓种植桑树，教化他们懂得礼义廉耻。前秦很快就强大了起来，这都是王猛的功劳。苻坚曾对王猛说："你日夜操劳，我就像周文王得到了姜太公一样，完全可以轻松自在地休息了。"王猛说："我只求陛下不要苛责我的过失，我怎么敢和古人相比呢？"苻坚说："依我看姜太公怎么能超过你呢？"苻坚经常对太子苻宏、长乐公苻丕说："你们对待王先生，要像对待我一样。"王猛就是如此地受到推崇。

王猛因为操劳过度而生了重病，苻坚亲自到宗庙和社稷去为他祈祷，并分别派人向各路神仙祈祷。但王猛的病情始终不见好转，苻坚又大赦国内罪行在斩首以下的囚犯。王猛卧病在床还上表谢恩，并谈论时政，不少见解都非常有价值。苻坚看到王猛的上表后不禁流下了眼泪，其他人也都很伤心。王猛病情终于到了无法挽回的时候，苻坚亲自去探望，询问后事。王猛说："晋国虽然偏安于吴越一带，但确实继承了正统的王朝。亲近仁人，善待友邻是立国之宝。我死以后，希望皇上不要对晋国有所企图。鲜卑和羌族是我们的仇敌，最终会成为祸患，应该逐步剪除掉他们，这样才对国家有利。"话刚说完就去世了，年仅51岁。苻坚放声痛哭，到入殓的时候，苻坚连续3次前去哭吊，他对太子说："难道这是上天不想让我统一天下吗？为什么这么早就夺去我的王猛呢？"

谢安谈笑退敌

苻坚并没有把王猛的遗言放在心上，王猛死后，他最宠信的人就是鲜卑贵族慕容垂和羌族贵族姚苌，他把东晋看作他统一天下的唯一障碍，一心想灭掉东晋。在王猛死后的第三年，他就派慕容垂和姚苌还有苻丕带领大军进攻襄阳，襄阳守将朱序死守了将近一年，最后还是被攻破了。朱序被俘虏到了长安，苻坚认为他是个忠臣，就没有杀他，把他留在秦国当了个官。

谢安像

苻坚召集群臣开会商讨灭晋的事情，大臣们纷纷反对，苻坚说："我们现在手上有将近 100 万精兵，灭掉小小晋国根本易如反掌，所以我想讨伐晋国，大家认为怎么样？"权翼说："晋国虽然弱小，但他们的皇帝并没有犯什么错，而且手下还有谢安、桓冲这样的大臣，君臣一心，现在进攻恐怕不是时候。"另一个大臣石越也说："晋国有长江作为天然的屏障，而且百姓也会反抗我们，所以不打为妙。"苻坚听了他们的话后很不高兴，反驳道："长江天险算得了什么？我们那么多军队，每个人把马鞭投到江里，都可以把江水堵住，他们还有什么屏障可言？"但大臣们还是反对，苻坚没有办法，只好宣布退朝。

苻坚有个弟弟叫苻融，是个很贤能的人，苻坚一直很信任他，于是苻坚把他召进宫，对他说："自古以来，决定国家大事的只有一两个人，大家一起讨论是没办法争出个结果的。我看，这事就由我们两个来决定吧。"谁知道苻融也是反对出兵的，他对苻坚说："我觉得打晋国确实不是时候，再说我们连年打仗，士兵们都很疲惫了。今天反对出兵的大臣都是忠臣，所以请陛下采纳他们的意见。"苻坚没想到连苻融都反对他，很不高兴，对他说："没想到连你也说出这样丧气的话！我有百万大军，武器粮草都充足，要灭掉一个小小的晋国，哪有不胜的道理？"苻融见苻坚如此顽固，急得都快哭出来了，再三劝说苻坚，但苻坚就是不听他的话。

后来，苻坚在慕容垂的怂恿下，率领 87 万大军讨伐晋国。很快，秦军主力到达项城，水陆并行，向江南逼近。

消息传到建康后，东晋上下都慌了神，大家都指望谢安能拿个主意出来。谢安很镇定，决定自己坐镇建康指挥，派弟弟谢石担任征讨大都督，侄子谢玄担任前锋都督，率领 8 万人马前去抵抗，另外派胡彬率领 5000 水军到寿阳接应。谢玄手下有一支由北方难民组成的军队，这支军队战斗力特别强，是东晋的王牌部队，被称为"北府兵"，不过他们虽然勇猛，人数上却处于极大的劣势。谢玄心里到底还是很紧张，于是出发之前他特地到谢安家去辞行，顺便问问谢安的战略。

谁知道谢安只是淡淡一笑，说："我已经有安排了。"谢玄等了很久，但谢安始终没有说话，只好离开。谢玄回到家里总觉得不踏实，又请老朋友张玄去谢安那里探问一下。谢安见张玄来了，很高兴，拉着他去下棋，张玄始终没有机会询问。谢安带着张玄等人在外面整整玩了一天，晚上才回家。一到家他就把谢石、谢玄等人召集过来，把他们的任务和责任都交代清楚，大家见他如此镇定，心里的大石头总算落了地。

镇守荆州的桓冲听说苻坚前来入侵，他担心建康的守卫部队不够，于是派了 3000 精兵前来增援，谢安对他们说："京城这边我已经安排好了，你们还是回去加强西边的防守吧。"

那些人回去把情况一说，桓冲很担心："谢公的气度确实让人佩服，但是他不懂得打仗。敌人都快到眼前了，他还那样悠闲。兵少不说，又派些没经验的年轻人去指挥，我看这次我们要遭大难了。"

胡彬的水军人少，很快就被秦军包围了起来，苻坚认为他们已经不堪一击，于是派朱序去劝降。谁知道朱序见到谢石、谢玄后，把秦军的情况全部透露给了他们，并答应做他们的内应。晋军得到情报后，派兵打败了秦军的前锋部队。苻坚听说前锋受挫，很是吃惊，下令不许出击，并在淝水边摆下阵势，等待后方的部队。

谢石等人怕各路秦军会齐后形势更加不利，就写信给苻坚，用激将法激他，说秦军胆小，有本事就撤出一块阵地出来，然后决一死战。苻坚果然被激怒了，但他也有小算盘，他打算等晋军一渡河，就发动进攻，于是答应先撤出一块阵地，让晋军渡河。

约定好的时间一到，苻融就指挥秦军后撤。许多秦军已经厌恶了战争，又很害怕晋军，命令一下，许多人就撤开腿飞跑起来，拦都拦不住。晋军趁机抢渡淝水，而朱序在秦军后方大喊："秦军败了，秦军败了！"后面的人根本不知道前面发生了什么事，只看到前面的人拼命往后面跑，以为真的吃了败仗，于是大家都往后面跑。苻坚见形势不妙，苻融也死在了乱军之中，他害怕了，只好骑上一匹快马逃跑。晋军乘胜追击，秦军不要命地溃逃，一路上不知道因为自相践踏而踩死多少人。等苻坚逃回洛阳后，一点人数，几十万人马只剩下十几万人了。前秦从此一蹶不振，很快就被背叛的慕容垂和姚苌建立的后燕和后秦灭掉了。

谢石和谢玄取得大胜后，派人跑回建康送捷报。使者赶到谢安家里的时候，谢安正在和一个客人下棋，他看完捷报后，神情自若，把捷报放在一边。那个客人知道那是前线送来的战报，忍不住好奇心，问道："战事怎么样了？"谢安慢吞吞地说："孩子们总算把敌人打败了。"那个客人高兴得棋都不下了，赶紧告辞回去，想把好消息告诉别人。其实谢安心里也非常激动，他送走客人回来，迈过门槛时，激动得浑身发抖，把木屐上的齿都给碰断了。

宋　书

陶渊明不为五斗米折腰

　　陶渊明是东晋名臣陶侃的曾孙子，他本名陶潜，字渊明，后人称呼他为陶渊明。陶渊明年轻的时候就有很远大的抱负，曾经写过《五柳先生传》，将自己比喻成"五柳先生"，表明了自己不与恶俗同流合污，安贫乐道的思想境界。

　　陶渊明的曾祖父虽然当过大官，但传到他这一代的时候家道已经中落了，他的父母年老，家里很贫穷，陶渊明又是个不喜欢受到约束的人。他曾经担任过江州祭酒，后来因为不能忍受官职的束缚，便辞了官。州府征召他担任主簿，他没有接受。陶渊明平时亲自下地耕种，自给自足，但他的身体一直不太好，经常生病。

　　后来镇军将军刘裕征召他当镇军参军，后在建威将军刘敬宣手下担任建威参军。陶渊明对亲朋好友说："我暂且以出来做官作为我以后归隐田园的本钱，可以吗？"他的上司听到这话后，就任命他为彭泽县令。他上任后，下令在公家的田地里全部种上可以用来酿酒的粘稻，他的妻

陶渊明像

子坚决要求种更适合食用的粳稻，于是他就把 50 亩地种上粘稻，50 亩地种上粳稻。郡守派督邮到彭泽来视察，县吏告诉陶渊明应该穿上官服，束紧衣带前去拜见。陶渊明气愤地说："我不会为了每个月五斗米的俸禄而去向那种田野小人弯下我的腰！"当即扔掉官服，解下官印，辞职回家了。

回乡后，朝廷征召他为著作佐郎，陶渊明没有接受。江州刺史王弘想和陶渊明认识，但没能成功。陶渊明曾经到过庐山，王弘就让陶渊明的朋友庞通之带上酒具，在半路上邀请陶渊明喝酒。陶渊明的脚有毛病，庞通之就派了一个差役和两个仆人抬着轿子去请他来。陶渊明来到后，就很高兴地和他们在一起喝酒。不久，王弘也来了，陶渊明喝上了也没有和他过不去。在这件事之前，颜延之担任刘柳后军功曹的时候，在浔阳和陶渊明相见，两人很是默契。后来颜延之担任始安郡守，经过浔阳，天天都去拜访陶渊明，每次去了之后，一定会喝得大醉才走。走之前留下两万钱给陶渊明，陶渊明把这笔钱全部存在酒店里，以后就经常去取酒来喝。有一次九月九日重阳节的时候没有酒了，他走出去在屋子旁边的菊花丛里坐了很久，正好王弘过来送酒，他马上就喝了起来，喝醉后才走进家门。陶渊明不懂音乐，但是他家却有一张素琴，那琴上没有琴弦，每次他喝够了酒后，总要抚弄那张素琴，以此来寄托自己的心志。前来拜访的客人身份不管高低贵贱，只要有酒，他就会摆出来，如果陶渊明先喝醉的话，他会对客人说："我喝醉了，要睡觉了，你可以先走了。"陶渊明就是这么一个纯朴直率的人，郡守去探望他，正好赶上他家的酒酿好了，陶渊明就取下头上的葛布头巾，用来把酒渣过滤掉，过滤完之后又把葛布头巾戴在头上。

陶渊明只当过一些小官，他并不修身养性，也不考虑接受或者放弃某种官职，他自认为曾祖父陶侃是东晋皇帝的辅政大臣，感到羞耻的是生为后代的他身份地位却屈居人下。从他曾祖父的时候开始，东晋帝王的江山已经渐渐巩固下来，但他却不肯做官了。他所写的文章都会标上写作的年月，晋朝的时候他就写晋朝的年号，刘宋王朝建立后，他就只用甲子来标记时间了。

他在给儿子的信中谈到了自己的志趣，并用它来告诫孙子，信里是这样说的："人的生命是天地给的，人有生必然也会有死，从古到今的圣人贤

归去来兮辞诗意图　明

者，有谁能够避免的？孔子的学生子夏曾经说过：'生死由命运决定，富贵则是天意。'子夏是和孔子四个得意门生一样的人，受过孔子的亲身教诲，他发表这种言论，难道不是因为命运的好坏不能强求，寿命的长短也都是注定的吗？我已经过了50岁了，还为穷困而苦恼，因为家境贫困，只能到处漂泊。我生性刚直，人又很倔强，所以和世人多有不和，自己觉得再这样下去，一定会有祸患，于是勉强辞官归隐，却让你们遭受饥寒之苦。我常常被东汉时期孺仲妻子的话所感动，自己都盖着破棉絮，对儿子又有什么愧疚的呢？只恨邻居中没有羊仲和求仲那样的高人，而家里又没有老莱子妻子那样贤惠的人，所以即使有这样的苦心，却在一个人的时候感到很失落。

　　我年轻的时候喜欢读书，有所心得就高兴得忘记吃饭。有时看见树林里枝叶交错，听见鸟儿歌唱，也会非常高兴。我曾说过，五六月在北窗下躺着的时候，正好有凉风吹来，那简直就和伏羲时代的人一样幸福了。我意志薄弱，思想也浅薄，岁月一天天地流逝，现在回想起来，一切都是那么的渺茫。

　　自从我得了疟疾以来，身体就越来越差了。亲戚朋友们不嫌弃我，还经常拿药来帮助我，不过我想自己的性命也没多少时候了。忧愁的是你们还太小，家里这么穷，又没有佣人，砍柴打水这种活你们要做到什么时候去啊！我只能在心里念叨，没办法用言语来表达。你们虽然不是同一个母亲生的，但你们应该知道四海以内皆兄弟的话。鲍叔牙和管仲在分钱财的时候，管仲给自己多分了些，鲍叔牙并没有猜疑他；伍举在国丧期间，在郑国维护了公子纠的地位而立了功。他们这些人尚且这样，更何况你们是同一个父亲的人呢？韩元长是汉末的名士，处在大臣的位置上，80岁才去世，但他们家兄弟几个却始终都住在一起，一直到老。济北的氾稚春是西晋时期品行高洁的人，他们家7代人都没有分财产，家里所有人都没有埋怨的神色。《诗经》写道：'在高山上能高瞻远瞩，在大路上能畅行无阻。'你们千万要谨慎啊。"

陶渊明于公元427年去世，享年63岁。

裴松之注《三国志》

《三国志》是我国古代优秀史书之一，读这部书光读陈寿写的正文部分还不行，往往还要读裴松之的注解，因为陈寿写得比较简略，其中还有不少祖护魏国的地方，而裴松之的注引用了不少材料，是对《三国志》的重要补充，保存了许多三国时期的珍贵史料。

裴松之是河东人，祖父和父亲都担任过重要官职，裴松之从小就阅读了很多书籍，8岁的时候就通学了《论语》和《毛诗》。他博览群书，为人朴素，20岁的时候被拜为殿中将军，成为皇帝身边的侍卫官。

裴松之因为当时社会上人们立的碑上面的文字和事实有很大出入，上表反对这种风俗，认为这是一种弄虚作假的行为，如果放任不管的话，会给社会带来弊病。他认为："那些想立碑的人，应该命令他们向上面请示，经过朝廷允许后，才能立。这样才能防止碑文上出现不实之辞，表彰那些

《三国英雄志传》刻本
三国历史风云激荡，在后世如此深入人心，却不是陈寿和裴松之的功劳，而更应归功于元末明初的小说家罗贯中，他的小说影响盖过了正史。

真正值得赞扬的行为，让后代知道这上面没有虚假的东西，让当代的东西受到后世的崇敬。"于是以后谁要刻碑的话都得照着裴松之的意见去办。

刘裕北伐的时候，将裴松之调到外地当地方官，刘裕称帝后，特地下诏说："裴松之是国家的栋梁之材，不应该老是呆在边疆，所以现在把他召回来担任太子洗马一职，和殷景仁的待遇一样。"后来裴松之升任为零陵内史，不久被征召为国子博士。

公元 426 年，司徒徐羡之等人被刘裕诛杀，随后刘裕派遣使者巡视天下，裴松之作为使者中的一员被派到汀州出使。回来之后，他向朝廷上奏道："我听说天道是给世界以光明，君主德行的权致体现是能全面地治理天下。古代的圣王贤者因为考虑到了所有的事情，所以一个人有好的想法，社会就能富足和平。即使只在江汉一带推行了礼制，但那种良好的影响却非常深远，所以能够让后人歌颂他们伟大的功业，创造出比周朝还要好的制度。陛下的想法玄妙通达，思想盖世无双，身居天子之位，考虑着四面八方的事情，咨询传播教化的不足之处，担忧荐举贤才的道路还不够通畅，公正地询问下面老百姓的痛苦，同情他们当中的鳏夫和寡妇，陛下光辉伟大的感召，影响远及四面八方。所以全国各地的人民都恭敬地颂扬，很远的外国也感到喜悦，没有不歌唱吟诵您的丰功伟业和仁爱之心的，大家都欢欣鼓舞，时刻铭记皇恩；有的扶老携幼，在路旁述说他们的欢喜之情，实在是因为您的养育之恩传播到了各地，所以才能让他们忘乎所以。千年以来，只有这个时候才会有这种情况出现。我承蒙陛下的错爱，被选中出使，不合格地和那些显要的人物并列，缺乏才能，思想又简陋，没有宣扬圣旨的力量，也不能严肃和提倡礼教风化，举荐人才也没有章法，访求和推荐人才也显得孤陋寡闻，心里非常惭愧和惶恐，不知所措。现在上奏24条访问成果，恭敬地写好呈上。我看见您下的诏书，说官吏和民风的得失，都依照周朝的制度加以裁断，我把每件事都写成了奏章，回来后会分门别类地上奏。"裴松之很懂得出使的意义，大家都赞扬他。

后来，裴松之担任过中书侍郎，司州和冀州两州的大中正，皇帝知道他历史知识很丰富，就命他为陈寿的《三国志》作注。裴松之搜集了许多材料，为《三国志》里的事件增加了很多不同的说法。好不容易写完后递

《三国演义》故事年画——东吴招亲

交给皇帝，皇帝认为写得非常好，赞扬道："这个注是不朽的。"于是调任他为永嘉太守。他当太守的时候勤政爱民，官民都生活得很好。朝廷又让他补任为通直散骑常侍，不久又出任南琅琊太守。他年老退休后，拜为中散大夫，不久又兼任国子博士，提升为太中大夫。裴松之打算续写何承天的刘宋国史，还没有来得及动笔就去世了，享年80高龄。他写的论文和《晋纪》，还有他儿子为司马迁的《史记》作的注一起在流传后世。

《后汉书》作者之死

范晔从小就喜好学习读书，读了很多儒家经典和历史书籍，文章写得很好，能写隶书，对音乐也颇有研究。他17岁的时候州里就征召他为主簿，但他没有去。他担任过刘义康的冠军参军，后转任右军参军。入朝后补任为尚书外兵郎，出任荆州别驾从事史，不久回朝担任秘书丞，因父亲去世而辞职。服丧期满后担任檀道济的司马，檀道济北伐的时候，他不想随军，就借口脚有毛病，但皇帝没有允许，让他从水路统率船队运输武器。

彭城太妃去世，在要安葬的时候，官员都集中在东府，那天正好范晔的弟弟值日，范晔抓住这个空子和王深在他弟弟的官府里住宿，两人边喝

《世说新语》（南朝宋刘义庆著）书影
《世说新语》是以记录人物轶事为主的一部奇书，主要记载东汉至魏晋南北朝以来文人名士的言行，对后世中国文人的心理和创作有着深远的影响。在《世说新语》中就记录着一些关于范晔的轶事。

酒边聊天，还打开窗户听挽歌来取乐，刘义康知道这事后大怒，将范晔贬为宣城太守。范晔很不得志，把以前人写的几种《后汉书》收集起来，删去不合理的地方，自著了一部《后汉书》，这部书成为最经典的一部《后汉书》，范晔由此成为中国历史上有名的历史学家。

后来范晔母亲去世的时候，报信的人只是说她生病，所以范晔没有能够及时奔丧，等到他出发的时候，又带了妓女侍妾跟随，这件事被捅了出来后，刘裕因为喜欢范晔的才华，没有怪罪他。此后范晔官运亨通，很快就成为朝廷重臣。

范晔身高不超过七尺，又胖又黑，没有眉毛和胡须。他擅长弹琵琶，能够作曲，皇帝想听范晔演奏，多次委婉地表达了这个意思，但范晔都假装听不懂，始终也没有给皇帝弹奏过。后来在一次宴会

上，皇帝很高兴，他对范晔说："我想唱歌，你来伴奏吧。"范晔这才为皇帝弹奏，皇帝唱完后，范晔也就停止了弹奏。

当初，鲁国的孔熙先才华出众，他担任员外散骑侍郎，不被当时的人所了解，很久都不能晋升。以前孔熙先的父亲孔默之担任广州刺史的时候，因为贪污而送到廷尉那审理，刘义康袒护他，孔默之才没有被降罪。后来刘义康被贬，孔熙先怀着报恩的心情，想联合大臣为刘义康求情，但不知道应该先说动谁，他认为范晔有不满情绪，想拉范晔过来。但是范晔一直都看不起孔熙先，所以他找不到理由去说服范晔。

范晔的外甥谢综很受范晔的看重，孔熙先和谢综认识，于是就想尽办法和谢综接触，和谢综的关系越来越好。孔熙先以前在岭南当官的时候搜刮了不少钱财，家里很富有，他和谢综的兄弟赌博，故意输给他们。谢综

兄弟因为经常赢钱，于是不分白天黑夜地和孔熙先往来，谢综还领着孔熙先和范晔赌博。孔熙先故意装着不是范晔的对手，前前后后输了很多钱给他。范晔贪图孔熙先的钱财，又爱惜他的才华。孔熙先本来就善于交际，尽力顺从范晔，范晔和他的关系就异常友好了，甚至可以说两人是莫逆之交。孔熙先开始婉转地劝说范晔，但范晔没有理睬，他就只好多打比方来说明。范晔有在朝廷发表议论的习惯，所以虽然他门第高贵，但朝廷不肯和他联姻。孔熙先用这事激怒范晔："如果说朝廷待你很好的话，为什么不和你联姻呢？别人只把和你相处当成是和狗、猪在一起，而你却想为朝廷舍生忘死，这不是很让人困惑吗？"范晔没有说话，但他帮助孔熙先的决心已经下了。

当时范晔和沈演之都被皇帝宠信，待遇都一样，如果范晔先到的话，他一定会等沈演之来了才一起去见皇帝。有一次沈演之先到，却单独被召见了，范晔对这事很不满。范晔在担任刘义康下属的时候，刘义康一直对他很好，范晔被贬为宣城太守后，两人的关系才疏远了。谢综回来后，告诉了范晔刘义康的想法，消除了两人的不和，言归于好。范晔就开始有了背叛朝廷，依附刘义康的想法。

孔熙先对天文很有研究，他说："太祖皇帝一定是死于非命的，是骨肉相残造成的，江州应该出天子。"他认为刘义康顺应了这句话。谢综的父亲和刘义康关系也很好，谢综的弟弟又是刘义康的女婿，所以本来就和刘义康是一伙的。广州人周灵甫有家兵，孔熙先给了他60万钱，让他在广州集结人马，但周灵甫一去就没了消息。仲承祖是刘义康原来就信任的人，丹阳尹徐湛之和刘义康关系也很好，这些人都联合在一起准备造反。

后来，征北将军衡阳王刘义季、右将军南平王刘铄去封地，皇帝到武帐冈为他们送行，范晔他们准备在这一天发动叛乱，但因为安排上出了差错而没有能够发动。不久，徐湛之向皇帝告发了他们的密谋。当天夜里，皇帝召范晔和大臣们到华林东阁聚集，在休息室休息时，留在外面的谢综和孔熙先兄弟都已经被捕，而且都已经服罪。皇帝派人问范晔为什么要造反。范晔恐惧极了，不肯承认，皇帝派人告诉他，他们的密谋都已经泄露出去了，范晔知道自己怎么抵赖都没用，于是只好认罪了。

范晔被关进监狱后问徐湛之在哪里，这时候他才知道原来是徐湛之告发的。孔熙先吐露实情的时候气势不卑不亢，皇帝对此表示很惊奇，派人慰问他："以你的才干，却被湮没在集书省，确实该有异心，是我对不起你。"皇帝又责备前吏部尚书："孔熙先这样的人快 30 岁了还让他当散骑郎，哪有不造反的？"

最后，叛党被全部押赴刑场处死，范晔走在最前面，走到监狱门口的时候，他回头看谢综："今天就刑的顺序是否按职位高低来排的？"谢综说："当然是头子最先就刑了。"一路上说说笑笑没有停过。到了刑场后，范晔问："时候到了没有？"谢综说："看这样子不会太久了。"范晔吃完了送行饭，劝谢综吃点，谢综说："我不想吃饭的毛病太怪了，为什么要强迫我吃呢？"范晔的家人全都到刑场来给他送行，他的妻子和母亲都骂他，而他毫无愧色，但他的妹妹和小妾来的时候，他却悲痛得哭了。谢综说："舅舅你也太没有夏侯的气质了。"这才让范晔停止了哭泣，从容赴死。

南齐书

萧道成建立齐朝

萧道成是兰陵人，父亲萧承之追随宋文帝南征北战，一直做到右军将军一职。萧道成少年时期就喜欢习武、研究军事，一开始当了个小官，后来当过讨蛮小帅，以勤恳勇敢而著称。

刘彧统治时期，徐州刺史薛安都起兵造反，山阳太守也起兵响应，刘彧命令萧道成前去讨伐。当时萧道成刚在东边打了胜仗，还没休整好就马上南下。前锋部队刚走，薛安都部下薛索儿就渡过淮河，且手下有军队1万多人，逼近前军张永，张永向朝廷告紧。刘彧命令萧道成前去救援，萧道成攻破了釜城。薛索儿向钟离逃去，张永派王宽断掉了他的后路，而薛索儿打败了高道庆的部队，想往西跑。王宽和任农夫占据了险要死守，萧道成前去救援，薛索儿眼睁睁地看着而不敢动。几天后薛索儿把军队开到石梁，萧道成紧追不舍，前去侦察的骑兵跑回来说敌人到了，于是萧道成就带领军队扎下大营，在大营两侧埋伏了两支骑兵。不久，敌人果然来到了，还造了几辆火车前来攻打，打了好几天，萧道成派出一支轻骑兵绕到敌人西边，然后把事先埋伏

瑞兽像 南朝·齐

97

好的骑兵派到敌人后方，一声令下，几支部队合力出击，把敌人杀得大败。后来萧道成把军队屯驻在梁涧北方，晚上的时候薛索儿带领1000多人前来偷袭，营中大惊，萧道成却认为没有什么大不了的，很镇静地躺在床上，下令部下不准乱动，果然没过多久敌人就跑了。很快萧道成就平定了薛索儿这一支叛军。

萧道成先后侍奉过刘骏、刘子业等人。刘彧死后，刘昱即位，他任命萧道成为右卫将军，领卫尉一职，和褚渊等人一起执掌朝政。不久他卫尉一职被解除，另外授予侍中的职位，负责守卫建康城。刘休范起兵叛乱，萧道成率领军队迎战，很快就平定了叛乱，萧道成因此被封为散骑常侍、中领军、镇军将军、兖州刺史等多个重要官职，还晋爵为公，增加了两千户食邑。

刘昱越来越残暴，甚至发展到要杀萧道成的地步，萧道成有好几次都差点遇害，他忍无可忍，联合王敬则和杨玉夫等人刺杀了刘昱，立年仅11岁的刘准为宋顺帝。萧道成获得带领护卫50人上殿的特权，进位侍中、司空、录尚书事、骠骑大将军，其他职位不变，成为当时炙手可热的权臣，很多人都相信离他篡位的日子不远了。

荆州刺史沈攸之不服萧道成独掌朝政，于是兴兵讨伐，萧道成率领部下严守皇宫。司徒袁粲本来镇守建康城，他在城上和尚书令刘秉、前湘州刺史王蕴合谋讨伐萧道成，给沈攸之写信要他赶快带兵过来，他们愿意作为内应。结果此事被萧道成平定，袁粲和儿子袁最都被处死，刘秉父子和王蕴在逃跑途中被抓获。沈攸之在夏口被击败，和三儿子逃到华阴县，双双上吊自杀。

萧道成权力越来越大，侍中王俭劝说萧道成称帝，萧道成假惺惺地斥责道："你都说些什么啊！我现在只想老老实实为朝廷办事！"话虽然说得很凶，但脸上的表情却是很高兴的。他不断给自己加官晋爵，没过几天就将宋顺帝废为汝阴王，自己登上了帝位。

萧道成为了当皇帝也干了不少亏心事，但他当上皇帝后勤勤恳恳，又很节俭，是南朝历史上少有的对自己要求严格的皇帝。萧道成宽宏大量，喜怒不形于色，对儒家经典和史书非常熟悉，善于写文章，对隶书和草书

六朝时期建康都城示意图

也有一定的造诣，下棋也不错。他即位后，不在身上佩戴精巧的饰物，甚至还把前朝留下来的奢侈品砸碎。后宫的器物装饰本来是用铜的，他一律换成铁，以节约国家财富。卧室用普通的黄纱帐，宫女穿紫色的皮鞋，他的华盖除了金瓜锤之外，都用铁来装饰。他经常说："让我治理天下10年，我肯定能让黄金和泥土一个价钱。"他想以身作则，来改变当时奢侈糜烂的风俗，可惜他只当了4年皇帝就死了，而他的继承人们一个比一个奢侈，最后彻底败掉了萧道成建立的基业，使南齐王朝成为南朝寿命最短的朝代。

大科学家祖冲之

南齐建国时间虽然很短，但让它骄傲的是那个时代出了中国古代最伟大的科学家——祖冲之，仅仅这一个人，就足以让这个朝代永远留在人们的记忆中了。

祖冲之的祖父做过大匠卿，父亲是一名散官，地位不是很高。祖冲之年轻的时候就喜欢读书，人也很聪明，尤其精通数学知识。当时的皇帝刘骏听说了他的名声，把他安排在华林园工作，赐给他住宅、车马和衣物，后来又把他调到南徐州担任从事史，从此走上了仕途。祖冲之在官场上只是一个平凡的官员，但在科学面前，他有理由笑傲当时的任何一个人。

刘宋时期使用的历法是何承天制作的《元嘉历》，已经比古代的 11 家历法要准确精密了，可是祖冲之对它还是不满意，于是开始自己编写历法。祖冲之经过长期的观察测量计算，最后终于写成了一部新历法，叫做《大明历》。这部历法的精确程度达到了惊人的地步，它测定的一回归年（两年冬至之间的时间），跟现代科技测定的只误差了 46 秒。测定月亮公转一周的天数，居然跟现代科技测定的数据相差不到 1 秒。

这部历法虽然精妙准确，但是在祖冲之把它交给皇帝刘骏，皇帝下令群臣讨论的时候，反对的人还是很多。戴法兴就第一个跳出来反对，他摆出的理由是祖冲之擅自改变古代的历法，是离经叛道，还说后人不应该改变古人制定的历法。祖冲之用事实驳斥了戴法兴的荒唐理由，刘骏找了些懂得历法的人和祖冲之辩论。那些人对祖冲之提出了种种责难，但祖冲之用正确的数据将他们一个个都驳倒了。但即使如此，刘骏对颁布新历法还是很犹豫，一直到他死，新历法都没有颁布。

祖冲之像

刘骏死后，祖冲之被派到娄县担任县令，后来又被调回了朝廷。当时朝廷缴获了后秦姚兴时期制作的一部指南车，但只有外表，里面的机关都是空的，当这车走起来的时候，需要人坐在车里面掌握方向。指南车所谓的指南完全是骗人的，大家完全想象不出姚兴要这种没用的东西做什么用。萧道成执政后，听说祖冲之对机械方面很有研究，下令让祖冲之按照古代的方法重新制作一部真正的指南车出来。祖冲之改用铜来制造里面的机械，机巧多变，最后那车不管怎么转，始终都指向南方，这种技术是自三国时期的著名机械专家马钧以来从来没有过的。当时有一个北方人索驭麟吹牛说自己也能造指南车，萧道成让祖冲之和他各造一辆，造好后在京城的乐游苑比试，同时进行校对的试验，结果索驭麟造出的指南车误差非常大，萧道成很生气，下令把索驭麟造的车拆毁，当柴火烧掉了。

竟陵王萧子良喜欢古代的文物，祖冲之就自己制造了一件敧器送给他，对他加以劝诫。敧器就是一种礼器，可以往里面装水，如果装满了它就会倾倒过来，如果是空的它也放不正。只有装了一半水的时候它才能端正地放着。

后来齐武帝的太子看到祖冲之的历法后，觉得那历法确实精确，启奏齐武帝请求施行，但太子不久便病死了，这事情又被搁置了下来。直到祖冲之去世10年后，《大明历》才得以施行。

祖冲之不仅懂得音律，还是玩博塞（当时一种流行的游戏）的高手，在当时无人能比。诸葛亮能造出木牛流马，不用风、水这样的动力，而依靠体内的机关就能行走，于是他也想造出类似的东西来。后来他造出了千里船，在长江的新亭段试验过，一天能走100多里，是当时最快的船。他还发明了用水力推动石磨舂米磨谷子的水碓磨，试验的时候，齐武帝还亲自跑去观看。

祖冲之在数学上的造诣非常高，他曾经注解过中国古代的数学典籍《九章算术》，自己还编写了一本数学著作《缀术》。他最杰出的贡献是将圆周率推算到小数点后面第7位，是世界上第一个把圆周率精确到小数点后面第7位的科学家。西方的数学家直到1100多年后才在这方面超过了他。

祖冲之的儿子和孙子都继承了他的事业，对数学特别有研究，尤其是

《隋书·律历志》中关于祖冲之圆周率的记载

他儿子祖暅，提出了一条原理，就是说高度横截面积相等的两个立体，它们的体积也必然相等（"幂势既同，则积不容异"），祖暅用这条原理计算出了球体的体积。很可惜的是，这条原理并没有引起当时人们的重视，很快就失传了。后来直到17世纪的时候才被意大利的数学家卡瓦列里重新发现，所以西方把这条原理称为"卡瓦列里定理"，而中国一般把这条原理称为"祖暅原理"。祖暅在研究学问的时候是非常专心的，连天上打雷他都听不到。有一次他走在路上，边走边思考问题，对面走来个大官徐勉，祖暅根本没有看到他，结果一头撞到徐勉身上。这时候他还没反应过来，直到徐勉招呼他，他才像刚睡醒一样，赶紧施礼。徐勉也知道他这个人的特点，并没有怪他。祖冲之的孙子祖皓也是个数学家，很可惜的是祖皓后来死于战乱，这个科学世家从此就断绝了。

梁　书

皇帝出家

　　梁武帝萧衍前半生是靠带兵打仗发的家，是一个优秀的将军，但他当上皇帝后却一反常态，变得非常"仁慈"。他的"仁慈"很虚伪，他认为前朝皇帝大杀宗室是不对的，所以他当上皇帝后对自己家的亲戚非常纵容。他的六弟萧宏非常贪财，家里的仓库平时锁得严严实实的，有人认为里面藏的是兵器，可能想造反，于是向梁武帝告发。梁武帝听说弟弟要造反，心里也很吃惊，亲自带人前去搜查。结果打开仓库一看，里面堆满了金银财宝，多得数都数不过来。萧宏看见自己搜刮的赃物被发现，怕得要死。谁知道梁武帝却笑着对他说："老六啊，你的日子过得不错嘛。"并没有怪罪萧宏。

　　表面上，梁武帝是个很节俭的人，他经常一天只吃一顿饭，菜也很简单，平时都穿布做的衣服。但是他的节俭并没有起到什么作用，因为他的大臣和亲戚们的奢华远远抵消了他节俭的影响。而且梁武帝的节俭还成为他掩饰自己错误的借口，有个大臣给他提意见，人家说的都是实在话，但梁武帝就是用自己的节俭举例子，说自己并不是昏君，把那个大臣的话给堵回去了。

　　梁武帝崇信佛教，他在建康建造了同泰寺，每天都去那儿烧香拜佛，捐赠大批钱财给寺院，养肥了不少和尚，还美其名曰为百姓消灾积德。佛教最初的教义并没有不准吃肉的规定，传入中国后是梁武帝下令禁止佛教徒吃肉的。梁武帝崇信佛教，为了抬高佛教的地位，说周公、孔子和老子

梁武帝像

都是释迦牟尼的弟子。他宣布皈依佛教后的第15年，受了菩萨戒，从此自称"菩萨皇帝"，他还鼓励别人也去受戒，当时响应的人多达数万人。

梁武帝信佛信到最后，居然要到同泰寺舍身。舍身就是出家当和尚的意思，皇帝出家当和尚这可是破天荒的事。梁武帝当了4天和尚，国家大事堆了一大堆没人处理，大臣们好说歹说才把他劝回宫。梁武帝和尚还没当过瘾，而且当时和尚还俗需要付给寺院一笔赎身的钱，他也没付，所以没过多久他又跑到同泰寺出家了。这次大臣们再跑来请他回去的时候，他说什么都不愿意了。大臣们猜测出了他的意思，凑了一亿钱把他赎了回来。同泰寺见送来这么多钱，高兴还来不及，赶紧同意让梁武帝还俗。就这样，大臣们好不容易才把他接了回去。

梁武帝第三次出家的时候又想出了个新花样，他跑到同泰寺舍身的时候，为了表示对佛的虔诚，不光把自己给舍了，还把宫里的人和土地都舍给寺院了。结果这次为了赎他，大臣们花了比上次多一倍的钱。后来同泰寺有一座塔被火烧了，梁武帝听到这个消息后说这一定是魔干的，所谓道高一尺魔高一丈，只有造更高的塔才能镇住魔鬼，为了造塔他又被和尚骗去大把银子。

其实梁武帝信佛只是一种迷信，和真正的佛教没有什么关系。高僧达摩名气很大，梁武帝专门接见了他。梁武帝问道："我造了那么多寺院和佛像，捐了无数钱财，还渡了很多人当和尚，抄了大批佛经，我有多少功德呢？"达摩说："您一点功德都没有。"梁武帝大惊，问道："我怎么会一点功德都没有呢？"达摩解释说功德并不是看那些物质上的东西，关键是在于心中对佛的理解，但他的话梁武帝可不爱听，所以两人最后不欢而散。从这件事可以看出梁武帝信佛的最终目的还是为了自己的功德，是一种自私的信仰。

梁武帝多次舍身，每次都是大臣花钱把他赎出来，这笔花费最终还是转嫁到了老百姓头上，所以梁朝很快就衰落了下去。他最后众叛亲离，被叛将侯景囚禁起来，饥渴而死。

山中宰相陶弘景

隐士中有那么一种人，他们虽然没有官职，也不肯出来做官，但他们并不是完全和官场断绝来往，反而往往和官场有千丝万缕的联系，有的人甚至对政局具有举足轻重的影响。之所以称他们为隐士，完全是因为他们过着貌似隐居的生活，但实际上早就已经入世了。陶弘景的事迹就很能说明这一点。

陶弘景是丹阳人，他母亲曾经梦到青龙从她怀里出来，而且还有两个神仙手捧香炉来到她的房间，不久他母亲就怀孕了，生下了陶弘景。他小时候就有不同常人的想法，10 岁的时候得到了葛洪的《神仙传》，不分白天黑夜地研读，从此有了养生的志向。他对别人说："仰视青云，目睹太阳，感觉不是很遥远的事了。"长大后，陶弘景身高七尺四寸，神态仪表明朗俊秀，眼睛炯炯有神，眉毛宽广，身材修长，耳朵很大。他读书一万多卷，擅长下棋弹琴和草书隶书。

陶弘景不到 20 岁的时候，萧道成当了宰相，把他封为诸王的陪读，授予他奉朝请的官职。他虽然生活在豪门之中，但关起门来不和其他人来往，只以读书为最要紧的事，反而朝廷的礼仪和规章制度一般都要向他请教。后来陶弘景上表辞去官职，皇帝同意了，并赏给他丝帛。等到他离开的时候，朝廷百官在征虏亭为他设宴饯行，因为人很多，帐篷设得太多，车马把道路都给堵塞住了，大家都说刘宋以来还没有出现过这种盛况，朝野上下都觉得这是件很有面子的事。

从此，陶弘景就在句容的句曲山隐居了下来，他常常说："这座山下面是道教的第八洞天，名叫金坛华阳之天，周围有 150 里，从前汉代的时候有咸阳三茅君修炼成仙来掌管这座山，所以叫它茅山。"他在山里修建了一座道观，自称华阳隐君。开始跟随东阳人孙游岳学习道家的符图经法，造访了许多名山，寻找仙药，每次经过山涧峡谷的时候，他都会端坐下来或者仰卧其中，吟咏徘徊而不能停止。当时沈约担任东阳太守，他认为陶弘景情操高尚，于是便写信邀请，但陶弘景就是不去。

陶弘景为人圆通，谨慎谦虚，事情的发展曲折在他心中跟明镜一样，遇到什么事他都一目了然，说话很少有差错，即使有也会马上发现。后来宜都王被齐明帝杀害，当天晚上，陶弘景梦到宜都王前来和他告别，说了很多神奇古怪的事，醒来后他根据梦里的事写下了《梦记》这本书。

他修筑了三层楼，陶弘景自己住在最上层，徒弟们住在中间那层，来访的宾客则住在最下层，于是他就这样和外人隔绝开了，只有一个家童在他身边伺候他。他很喜欢风吹松树的声音，每次听到这种声音都感到十分高兴愉快。有的时候他一个人在泉水和石头之间游玩，看见他的人都以为他是神仙。

陶弘景喜欢著书立说，更喜欢追求奇怪的东西，他很爱惜时间，年纪越大越勤奋，尤其精通阴阳五行和风角星算还有山川地理、方图产物及医术本草等方面的学问。他写了一本《帝代年历》，还制造过一台浑天仪，说那东西是"修炼道法所需要的，并不仅仅是史官才用"。

萧衍平定建康后，开始商议禅让的事。陶弘景听说后，四处援引图书和谶语，中间很多地方都有"梁"字，让弟子献给萧衍。萧衍和陶弘景老早就有交情，等到他当了皇帝后，和陶弘景的友谊更加深厚了，两人之间的通信问候没有间断过。总是有达官贵人到陶家去拜访，所以后人才会给陶弘景取了个"山中宰相"的称号。

后来陶弘景搬到茅山积金东边的小溪边居住。他擅长辟谷和气功等养生方法，所以过了70岁还显得很年轻，像少年一样。他十分羡慕和推崇汉代张良为人处世的方法，称赞"古代的贤人没有一个能和他相比的"。有一次陶弘景做梦梦见佛祖传给他《菩提记》，并称他为胜力菩萨，他醒来后就跑到阿育王塔去发誓受戒，受了佛门五大戒。萧衍来到南徐州，对他的风采清名很钦佩，把他召到后堂，两人谈论了几天后才让他离去，且非常敬重他。之后他派人送了两把宝刀给萧衍，一把名叫"善胜"，一把名叫"威胜"，都是难得的宝贝。

陶弘景在80岁那年去世，死的时候容貌颜色都没有变，身体弯曲伸直和平时一样，皇帝下诏赠他为中散大夫，谥号贞白先生，并派皇宫里的官吏为他料理丧事。他曾经留下遗书要薄葬，他的弟子们就照他的吩咐办理了他的后事。

陈　书

陈叔宝亡国

陈叔宝是陈宣帝的长子，父亲去世后，他登上了皇位，当时他的弟弟陈叔陵发动叛乱，用刀刺杀陈叔宝，结果只是刺伤而已，陈叔陵被周围卫士拿下处死。陈叔宝还没即位就遇到这么不吉利的事情，似乎预示着他的江山是坐不稳的。

陈叔宝是个出了名的昏君。当时北周已经灭掉了北齐，而北周的皇帝周宣帝是个残暴的人，很快就酒色过度而死。北周贵族杨坚控制了朝政，后来把小皇帝废掉，自己称帝，建立了隋朝。本来南方相对安定一些，但是陈叔宝登基后只知道饮酒作乐，好不容易发展起来的经济几下子就被他折腾得低落下去。

陈叔宝从小在深宫里长大，不懂得人情世故，再加上教育不得当，导致他当上皇帝后耽于诗酒，成为一个风流天子。按说如果是在太平盛世的话，皇帝风流点倒也没什么，说不定还能在历史上留下美谈。可陈叔宝所在的时代是乱世，风流皇帝就只能给国家带来危害了。陈叔宝很喜欢女色，他最宠爱的妃子是张丽华和孔贵嫔。陈叔陵造反的时候，陈叔宝的脖子被砍伤，他养伤期间，所有妃子都见不到他，只有张丽华能在旁边侍候。所以等伤养好后，陈叔宝对她更加宠爱。他嫌宫殿太简陋，专门为张丽华建造了高达数丈、房屋多达数十间的三座大阁楼，装饰得非常奢华，里面的木料都是用檀香木做的，帘子是用珍珠编织而成，每

历代帝王图卷·陈后主像　唐　阎立本
陈后主承父祖之业，割据江南，内惑于张孔二贵妃，外惑于群小，以致国破家灭，身为臣虏，入隋后贪求爵禄，是以隋文帝叹曰："陈叔宝全无心肝！"

样器具都价值连城。这些钱从哪儿来的？还不是搜刮来的民脂民膏！陈叔宝把后宫美女都安排在这阁楼里居住，享尽人间艳福。

张丽华很聪明，能够过目不忘，为人又不安分，所以渐渐地开始干预政事。陈叔宝非常宠爱她，以至于后来处理政事的时候都把她抱在自己腿上，两人一起讨论。谁要是犯了法，只要向张丽华求情，天大的事也能化为乌有。公卿们如果不听张丽华的话，很快就会被贬斥。陈叔宝富有文学才能，很喜欢写诗作赋，所以他身边聚集了大批文人墨客，那些人根本不懂如何治国，只知道和陈叔宝一起饮酒写诗，而且写的都是些艳丽的诗赋。这些人在一起除了穷奢极欲，半点本事都没。

老百姓哪里能够经受这样的搜刮？越来越多的人流离失所，路上堆满了饿死者的尸体。有个叫傅縡的大臣实在看不下去了，上表批评陈叔宝过于奢侈，不理国事，这样下去迟早要亡国。陈叔宝读完奏章后勃然大怒，派人问傅縡："你居然敢这样骂我，你愿意认错吗？如果愿意的话我就饶了你。"傅縡说："我的心和我的脸一样，如果我的脸可以改的话，那么我的心才能改。"陈叔宝见威胁不了傅縡，干脆下令把他杀了。

陈叔宝荒淫无道，滥杀忠臣的消息传到杨坚那儿后，杨坚觉得陈朝已经很腐败了，就下令南征。他任命儿子杨广等人率领51万大军分8路南下，准备灭掉陈朝。

这个时候陈叔宝还在深宫里面和那帮宠臣喝酒取乐呢。边境上的告急书信像雪片一样传到朝廷，但陈叔宝还是饮酒写诗，还对臣下说："当年北齐来了三次，北周来了两次，都吃了败仗回去了，他们还想怎么样？"孔范附和道："长江天险阻断南北，隋军又不会飞，哪儿那么容易过来？守卫边境的人想拿功劳，所以夸大其词。我经常埋怨自己官小，要是他们能过来，我早做太尉了。"谣传说隋军的马匹死了不少，孔范大言不惭地说："哎呀，真可惜啊，那些都是我的马，怎么能死呢？"陈叔宝听了之后大笑。昏君佞臣照旧玩乐不止。

胭脂井
又名"辱井"。公元 589 年，隋大将韩擒虎率军攻入建康，陈后主与宠妃张丽华、孔贵嫔躲入古井，被隋兵活捉。

第二年冬天，隋军贺若弼和韩擒虎两路大军分别逼近建康，这个时候陈叔宝才害怕了。其实当时城里还有十几万人马，只要组织起有效的抵抗，打败隋军也不是没有可能的，但是陈叔宝手下的那批宠臣只会吟诗作赋，哪里懂得带兵打仗？几个能打仗的将军之前就被俘虏了，结果建康城很快就被隋军攻破。

陈叔宝早就吓破了胆，有个大臣劝他穿戴整齐坐在殿上等待隋军，毕竟他是一国之君，谅隋军也不会拿他怎么样。但陈叔宝哪里是有那种胆识的人？他赶紧跳下床，边跑边说："没关系，我还有办法。"结果他所谓的办法就是找到张丽华和孔贵嫔，3 个人绑在一起跳到一口枯井里面，企图蒙混过关。隋军士兵攻入皇宫后，怎么找都找不到陈叔宝等人，觉得很奇怪，抓来几个宫女宦官讯问，这才知道陈叔宝跳井了。

士兵们跑到那口井里面，发现下面确实有人，于是喊他们出来。但陈叔宝早就吓得一声都不敢吭了，那些人见他不说话，抱来几块大石头吓唬他："再不出来就扔石头了啊！"陈叔宝这才说话，士兵们扔下一根绳子，让他绑在身上，然后拉他出来。那绳子吊的东西异常沉重，士兵还以为陈叔宝是个大胖子，拉上来后才知道，原来一共有 3 个人。

梳妆亭

位于南岳衡山藏经殿附近，传为南朝陈后主宠妃张丽华梳妆之地。张妃曾拜慧思大师在藏经殿学习佛法，于是，南岳便有了一些关于她的传说及遗迹。

陈叔宝投降后，被送到隋朝首都拜见隋文帝。隋文帝对他很好，每次宴会的时候怕引起他的伤心往事，都不让乐队演奏江南地区的音乐。结果陈叔宝居然对隋文帝说："我还没有称号呢，每次和人交谈都很不方便，希望您赐给我一个官职。"隋文帝叹息道："陈叔宝这个人没有心肝！"

监视他的人向隋文帝汇报说陈叔宝每天都喝得大醉，文帝问他能喝多少，回答是和兄弟们一天能喝一石酒。隋文帝大惊，想了想又叹息道："随便他吧，不然叫他怎么过日子？"隋文帝对陈叔宝非常失望，但正因为陈叔宝的麻木不仁，才没有让隋文帝对他动杀机，最后得以善终，死时52岁。

魏　书

孝文帝改革

北魏是一个由鲜卑族建立的少数民族政权，鲜卑的风俗比起汉人来还比较落后，北魏国内汉族人民占了多数，由于风俗习惯的不同，造成很多不必要的矛盾冲突，在这种情况下，北魏孝文帝推动了改革。

北魏建立后，政治腐败，国内斗争激烈，政权统治不稳，孝文帝成年后，在祖母冯太后的帮助下推行了一系列改革措施。

他在国内实行"均田制"，把无主的荒地分给农民，鼓励农民开垦，农民只需每年向国家交纳一定的赋税，这样，既开垦了许多荒地，又提高了农民的生产积极性，缓和了社会矛盾，国家的收入也增加了。这种制度后来一直延续到唐朝中期。

孝文帝对中原文化很感兴趣，他认为北魏要发展壮大，一定要吸收中原文化，把那些落后的习俗改掉才行。但当时北魏的都城在平城（今山西大同），离中原较远，人民很难接触到中原文化，所以他决定要把都城迁到洛阳去。

他很清楚朝中的大臣肯定会反对他的意见，于是一开始他没有透露这个想法，在上朝的时候他告诉大臣，他想率军攻打南齐。

大臣们纷纷反对，其中任城王拓跋澄反对得最厉害，在朝上和孝文帝吵了起来。

孝文帝在散朝后悄悄把拓跋澄召进宫里，告诉他："其实我并不想攻打

胡人俑 北朝
武士身材魁梧，上身穿小袖、大开领服装。大开领便于脱去一侧衣袖，袒出胸臂，这是典型的少数民族风俗。

南齐，我真正的意思是觉得平城这个地方太落后，不利于改革，所以我认为应该把都城迁到洛阳去，这样才能接触到中原文化，来改掉我们国家那些落后的风俗习惯。这次我用攻打南齐这个借口，实际上是想把你们带到洛阳去，这样就直接把都城迁到那里了。"

拓跋澄恍然大悟，他本来就赞成改革，一听孝文帝的打算高兴还来不及呢，马上同意了这个主张。

公元493年，孝文帝率领30多万人马，连同朝中的文武大臣，宣布向南齐进军。大军走到洛阳的时候，正好赶上下大雨，路都被雨水淋坏了，根本没法走。可孝文帝毫不在乎，下令继续行军。

大臣们都愣了，他们本来就不想去打仗，于是一个个跪在雨水中请求孝文帝收回成命，不要去攻打南齐。孝文帝佯装生气："这次兴师动众地出来，连敌人影子都没见到就要撤军，传出去要让人笑话的！既然出来了，至少也得干点什么，干脆我们把国都迁到这里，怎么样？"

大臣们都不知道该怎么办才好，都没有说话。孝文帝又说："做大事就不能前怕狼后怕虎的，你们不说话这算怎么回事？这样吧，同意迁都的站左边，愿意打仗的站右边。"

大臣们觉得迁都虽然有点突然，但总比南下打仗要强，只好纷纷赞成迁都。就这样，北魏的都城从平城迁到了洛阳。他派拓跋澄回平城报告这个消息，通知留守在平城的大臣搬到洛阳来，后来他还亲自赶回平城，劝说那些守旧的大臣。那些大臣反对的理由很多，但都被孝文帝一一驳倒。

孝文帝还进一步改革风俗，他规定30岁以上的鲜卑大臣可以暂缓，但30岁以下的必须改说汉话，否则就革职。另外他还规定所有人必须穿汉服，禁止再穿鲜卑服装。这条规定反对的人很多，但夏天一到就没人说话了，因为洛阳靠近南方，夏天比较炎热，鲜卑衣服一般比较厚重，要是在洛阳的夏天里穿鲜卑服装，不热死才怪！孝文帝还鼓励与汉族女子通婚，他自己就带头娶了汉族女子做妃子，还让弟弟娶汉女为妻。最后，孝文帝还宣布鲜卑人一律改姓汉姓，北魏皇族本来姓拓跋，这是个鲜卑姓，从此以后改姓元，他自己的名字从拓跋宏改成元宏，另外姓步六狐的改姓陆，姓独孤的改姓刘，姓贺赖的改姓贺，等等。这样更进一步消除了鲜卑族和汉族的差异，有利于民族融合。当然，他的改革中也有一些比较极端的措施，比如规定迁入洛阳的鲜卑人死后不得归葬平城，只能葬在洛阳，这一条有悖于当时的风俗和社会道德，给改革增添了不小的阻力。

　　孝文帝的太子是个顽固派，他反对迁都的原因很简单，他是个胖子，洛阳的夏天比平城热多了，他实在受不了，所以趁孝文帝出去的时候，他私自鼓动把都城迁回去。孝文帝回来看到儿子居然带头违反他的命令，十分生气，于是把太子废掉了。后来太子参与谋反，孝文帝忍痛将他处死。这件事对孝文帝打击非常大，不久又发生皇后和男子淫乱的事情，彻底将他击垮了，他下令废掉皇后，将奸夫处死，不久他自己也郁郁而终，年仅39岁。

　　但总的来说，孝文帝的改革还是成功的，北魏王朝逐渐强大起来。

北齐书

兰陵王高长恭

北齐皇室可说是中国历史上最荒唐，作恶最多的皇室家族。不过这个家族里面也不是没有人才，高长恭就是其中一个。

高长恭有许多优点：出身富贵、容貌俊美、有勇有谋、忠心耿耿、谦虚谨慎等等，唯一的不足就是有点贪财，不过在当时那也是很一般的事。很不幸的是他遇到了一个无道昏君，他的优秀反衬着昏君的无能，所以最后不得好死。

高长恭是高澄的第4个儿子，被封为兰陵王。高澄担任并州刺史的时候，北周前来进犯，打到了晋阳，高长恭率领军队全力反击。两军在邙山交战，齐军吃了败仗，高长恭当时正在中军，他率领500骑兵重新杀入北周军的阵地中，一直冲到了金墉城下，被团团包围。当时形势十分危急，高长恭的头盔把脸全部遮住了，城上的齐军认不出他，不肯给他开城门。高长恭无奈之下只好脱去头盔，露出脸来，城上的人才把他认了出来，赶紧派弓弩手出城救援，把北周军杀得大败。为了庆祝这次胜利和纪念高长恭的英勇无畏，齐军将士把这件事编成歌来唱，这个曲子就被命名为《兰陵王入阵曲》，是中国古代的名曲之一。

此后高长恭担任了司州牧、青州和瀛州两州的刺史，收了不少贿赂。担任太尉一职时，和段韶一起率军攻下了柏谷，又攻打定阳。段韶不久得了病，将军队交给高长恭一人指挥。高长恭前前后后因为战功得到了很多封赏。

齐军由于高长恭的英勇而获得胜利后，北齐皇帝高纬对高长恭说："你冲入敌阵也太深了，万一有点什么闪失的话，后悔都来不及了。"高长恭回答道："我家的事轮到自己头上，所以不由自主地就冲了进去。"高纬听高长恭把国家大事称作他自己家的事，心里很不舒服，从此对他开始忌惮起来。后来高长恭在定阳的时候贪污受贿很严重，他的部下尉相愿问他说："大王既然受到朝廷的重用，为什么还要如此贪婪？"高长恭没有回答他，尉相愿接着说道："是不是因为打了胜仗后，怕因为自己的威武而遭到朝廷的猜忌，所以才故意弄坏自己的名声来表明自己没有异心？"高长恭顿时哭了出来，当场给尉相愿下跪，向他请教保身的方法。尉相愿说："大王以前就立了很多大功，现在又打了一场大胜仗，威望实在太高了。您应该借口生病，躲在家里，不要再参与朝廷的事了。"高长恭认为他说得很有道理，但由于种种原因没有照他的话去做。后来陈朝进攻江淮一带的时候，高长恭害怕再次被召去领兵打仗，叹息道："我去年得了脸肿的病，现在为什么却不发病啊？"从此以后，他就是生了病也不找医生来治疗。但是他的小心谨慎并没有起到作用，高纬还是对他不放心，最后终于下了毒手。高纬派徐之范给高长恭送去毒药，高长恭对妃子郑氏说："我忠心耿耿地侍奉皇上，到底是什么事辜负了上天，而让我遭到这样的毒手？"郑氏说："你

抚剑武士俑　南北朝

泥质青灰陶俑，头戴风帽，身着甲胄，内穿长衣，外披毛领斗篷，张口呐喊，怒目而视，双手握剑交于胸前，威风凛凛。周身涂白彩，服饰和甲胄等部位饰以朱彩。此俑高鼻深目，具有鲜卑族的特征。北魏时武士俑，其造型、服饰大多相同，或握剑，或按盾，无不形貌威猛，蕴含着威武和强悍的性格。

为什么不求见皇上？"高长恭说："都到这个时候了，我哪里还能见到皇上！"于是将毒药一口喝干，最后毒发身亡。

高长恭相貌很俊美，显得很柔和，但是他的心气很雄壮，据说他因为自己的脸长得实在是太秀气了，在战场上根本无法震慑敌人，所以他每次出战的时候都会戴上一个狰狞的面具，是条响当当的英雄好汉，而且声音也很好听。他在军队里当将领的时候，非常认真负责，就连一些小事他都要亲自处理。每次得到好东西，哪怕是一个瓜或者几个水果，他也一定会和将士们分着吃，从不单独享用，所以将士们都愿意为他效命。当初在瀛州的时候，行参军阳士深上表告发高长恭贪赃枉法，结果朝廷派人一调查，果然是这样，所以把高长恭的官职给免掉了。后来进攻定阳的时候，阳士深也在部队中，他害怕高长恭为报当年的仇而杀了他。高长恭听说这件事后，对别人说："我根本就没有这个意思。"但高长恭又怕阳士深始终放不下这个念头，于是找了他一个小过失，打了他 20 下军棍，这才让阳士深放了心。一次，高长恭入朝请罪，跟随他的仆从都跑掉了，只有一个人始终跟在他身边。高长恭回来后，对那些扔下他跑掉的人谁都没有惩罚。高湛为了奖赏他立下的功劳，命令贾护给高长恭买了 20 个小妾，但高长恭只象征性地要了一个。他家里有价值上千金的债券，在临死的那一天，高长恭把它们都给烧掉了。这些事情都说明高长恭本身并不是贪婪的人，而且他也不好女色，作为一个出身富贵的亲王，能做到他这样已经非常不容易了。

周　书

廉洁将军赫连达

南北朝是一个混乱的时代，由于战乱频繁，加上当政者都是军人出身，所以在文治方面非常欠缺，贪官污吏横行无忌。尤其是当时的军人们，贪污腐败的现象更加严重。廉洁的文官并不少见，但是廉洁的武官就显得非常稀有了，赫连达就是这种稀少的廉洁武官之一。

赫连达是著名少数民族首领赫连勃勃的后裔，他的曾祖父为了避难，将姓氏改成了杜氏。赫连达生性刚强耿直，有胆识，力气也很大，年轻的时候就参了军，跟随贺拔岳作战，立下不少战功，很快就被任命为都将，并被赐爵长广乡男，后来又迁任都督。

贺拔岳被侯莫陈悦杀害后，他的部下都惶恐不安，赵贵建议让宇文泰来主持军务，但部将们都犹豫不决。赫连达站出来说："夏州刺史宇文泰以前担任行台左丞的时候就显得很有谋略，是当时的豪杰，今天的事情除了他没有谁能摆平。我请求让我率领一支轻骑兵前去报告主公遇害的消息，并请宇文泰来收服我们。"当时有人想向南走，去追回贺拔胜，又有的人想向东走，将这事汇报给朝廷。赫连达阻止了他们，说："这些是远水救不了近火，没什么可说的。"于是赵贵就把迎接宇文泰的事情给定了下来，命令赫连达立刻前往夏州。赫连达赶到夏州，一见到宇文泰就伏地痛哭，宇文泰见他痛哭，急忙问是怎么回事，赫连达便把情况一五一十地说了。宇文泰正在招兵买马，听到这个消息高兴还来不及呢，赶紧派了几百个骑兵

骑兵和步兵战斗图　南北朝

赶赴平凉，自己则率领大军向高平进发，命令赫连达率领骑兵占据弹筝峡。老百姓都惊恐不安，认为要爆发大的战争了，很多人四散而逃。有几个村子的老百姓扶老携幼，赶着牲畜想跑到山里避难。赫连达正好碰上这批百姓，士兵想抢劫他们。赫连达说："远近的黎民百姓，大多数都被贼人控制着，我们反而还抢劫他们，这怎么行呢？我看不如把他们安抚下来，好好对待他们，这样才能显示出义军的恩德。"于是下令好好对待那些百姓，老百姓很快就对他们产生了好感，都乐于归附他们。赫连达的军队善待老百姓的消息传到了四面八方，老百姓都相互转告，前来归附的人越来越多，宇文泰听说这件事后对赫连达赞不绝口。

侯莫陈悦被平定后，赫连达升任为平东将军，宇文泰对部下说："当初贺拔岳遇害的时候，你们的性命都控制在贼人的手中，虽然想来通知我，但路都被堵住了。杜朔周（赫连达当时的名字）冒着万死的危险，不远千里赶来向我汇报了情况，我们才能在一起为朝廷尽忠，报了血海深仇。这当然是靠大家的力量才办到的，但是杜朔周在其中起到的作用非常关键。这样的功劳如果不重重赏赐的话，以后还怎么劝人为善呢？"而后下令赐给赫连达两百匹马。赫连达再三推辞，宇文泰却坚持要他收下，这才勉强收下。北魏孝武帝入关后，论功行赏，以赫连达首先迎接元帅，光复秦、陇地区的功劳，晋爵他为魏昌县伯，食邑500户。

赫连达后来跟随李虎作战，攻破了曹泥，被任命为镇南将军、金紫光禄大夫，加通直散骑常侍头衔，并且他的食邑增加到了1000户。他跟随宇文泰收复了弘农，参加了沙苑之战，都立下战功，又增加了800户的食邑，被任命为白水郡守，后转任济州刺史。朝廷下令恢复他的姓氏，从此他才改为赫连达。

赫连达跟随大将达奚武进攻汉中，梁朝的宜丰侯萧循抵抗了很久之后才表示愿意投降。达奚武问部下应该采取什么对策，贺兰愿德等人认为梁军粮草已经用完，应发动猛攻将其消灭，赫连达说："不打仗而得到敌人的城池这是最好的计策。我们不该贪图得到他们的子女和钱财而穷兵黩武，仁义的人是不会这样做的。而且他们的战士和马匹还很强壮，城池也很坚固，即使能攻下来，必然导致我们双方都损失惨重。再说如果他们孤注一掷和我们苦战的话，谁输谁赢还不好说呢。何况用兵打仗的道理是以保全军队力量为上策的。"达奚武认为他说得很对，命令部将各抒己见，杨宽等人都同意赫连达的提议，于是达奚武就接受了萧循的投降。大军班师后，赫连达升任为骠骑大将军，加侍中，进爵为蓝田县公。

赫连达官越做越大，成为北周的军事重臣。他为人质朴正直，遵守朝廷的法度，虽然经常用鞭打士兵，但判处别人死罪的时候却非常慎重，不像其他将军那样动不动就杀人。赫连达性格廉洁俭朴，边境的胡人有人送羊给他，他觉得应该和胡人搞好关系，不要羊的话不好，就送给胡人绢帛以为回报。有关官员请求用公家的绢帛就可以了，赫连达说："羊是送到我家厨房里的，却用公家的东西去回报，这是在欺骗上司。"于是命令把自己家的绢帛送给胡人，人们都称赞他这种仁厚廉洁的行为。

南 史

绣花枕头萧宏

梁武帝萧衍很反感前朝皇帝滥杀宗室，他即位后对家里人非常宽容，就连他的六弟萧宏这样的人，他都一直原谅，始终如一。

萧宏身高八尺，相貌堂堂，一举一动都很优雅，外表无可挑剔。梁武帝即位后，萧宏被封为临川王，担任扬州刺史一职。

不久，梁武帝下令萧宏都督各军征伐北魏，萧宏作为皇弟，他率领的部队都用崭新的武器装备，军容也十分严整，北方人认为这是100多年来都没有见过的。梁军到达洛口后，萧宏指挥有误，多次违反朝廷制订好的军事计划。本来刚刚取得了胜利，大家都想乘胜追击，但萧宏听说北魏援军来了，心里很害怕，召集大家想班师回朝。吕僧珍首先站出来同意萧宏的意见，但是其他将领都纷纷表示反对，有的将领还责骂吕僧珍贪生怕死。会议结束后，吕僧珍悄悄对那些将领说："大王不光是没有一点谋略，简直平庸胆怯得厉害！我和他谈军事根本谈不到一块，看这种形势，失败是肯定的了，所以我才提议撤军的。"萧宏见大家都反对撤军，所以也不敢回去，只好按兵不动。北魏人知道萧宏是个胆小鬼，于是送给他女人用的头巾和头饰来羞辱他，但萧宏仍然不为所动。吕僧珍对萧宏很失望，私下叹息道："如果让我去辅佐始兴王和吴平侯的话，中原早就平定了，结果现在居然这样被敌人羞辱。"他想分兵攻打寿阳，但萧宏不准他这样做，一来二去搞得军政不和，将士们的士气也低落了下来。

职贡图卷（宋摹本）南朝·梁 萧绎

没过多久，九月的一天晚上，天空中突然下起了暴雨，梁军因此大乱，萧宏以为敌人趁雨前来偷袭，吓得带了几个骑兵逃走了。大家找不到萧宏，都四散逃跑，百万大军就这样作鸟兽散，武器辎重丢得满地都是。萧宏逃回京城后，梁武帝不但没有责罚他，反而还加以慰劳，不久又升他为司徒和太子太傅。

萧宏小妾的弟弟吴法寿依仗萧宏的势力在外面横行霸道，竟然随便杀人。遇害者的家属含冤告状，梁武帝下诏严查，吴法寿就躲到萧宏家里，官府也不敢上门去抓人。最后还是梁武帝下圣旨要萧宏把人交出来，把吴法寿处决了。萧宏虽然犯了窝藏罪，但还是没有受到追究。

由于皇帝对萧宏很纵容，京城里面每次有人图谋不轨，都用萧宏的名义，所以他经常被弹劾，但每次都被饶恕。有一年梁武帝差点遇刺，那刺客被抓到后说自己是受萧宏指使，梁武帝把萧宏找来，哭着对他说："我比你聪明100倍，当皇帝还怕被推翻，你怎么能继承我呢？我并不是不能诛杀兄弟，只是考虑到你太笨了。"萧宏赶紧谢罪，一再保证没有这回事，但还是被免去了官职。可是他还是不知道悔改，奢侈到了极点，家里有美女上千人，个个都奢侈浪费。他的宠妾的家人仗着他的势力一向违法乱纪，但都没有受到追究。

按理说梁武帝对他如此宽容，他应该竭尽全力为国尽忠的，可是他却把全部精力用在搜刮民脂民膏上面，他家里收藏的钱有3亿之多，其他物品更是数不胜数。萧宏在京城附近开了几十个店面，专门放高利贷，用百姓的田产做抵押，债务一到期就把原来的主人赶走，把田产归为己有，因为他而失去田产的百姓非常之多。他的贪婪就连宗室都看不下去了，豫章王萧综就写了文章讽刺他。梁武帝看到这篇文章后不但不去责备萧宏，反而批评了萧综，那文章虽然很快就被销毁，但已经流传了出去，萧宏也觉得丢不起人，稍稍收敛了一点。

禽兽不如的萧宏还和梁武帝的女儿，也就是自己的亲侄女永兴公主私通。他们知道这种事见不得光，害怕梁武帝发现后处罚他们，于是干脆密谋杀害梁武帝，让萧宏登基，永兴公主当皇后。有一次梁武帝举行斋戒，公主们都参加了。永兴公主认为这是个好机会，让两个家仆穿上婢女的衣服一同前往。谁知道带去的家仆太紧张了，在跨过门槛的时候不小心把鞋子蹭掉了。负责安全工作的官员看到后产生了疑心，秘密报告给了丁贵嫔，想让梁武帝知道这事，但又怕他不相信。于是派人暗中布置，派了8个人站在帷幕后面，伺机而动。斋戒结束后，永兴公主请求让人退下，梁武帝同意了。永兴公主走上前去，身边两个家仆突然冲到梁武帝背后，而8个埋伏好的人马上奔出来将那两个家人拿下。梁武帝大吃一惊，最后从两个家仆身上搜出了刀子，他们供认是受萧宏的指使。梁武帝把这事压了下来，把那两个人灭口，用车把公主送了出去。公主后来怨恨而死，梁武帝连葬礼都不去参加。即使如此，萧宏最后也没有被追究。

萧宏后来得病，梁武帝前前后后一共去看望了7次。萧宏死后，梁武帝还很伤心，追赠得很丰厚。萧宏误国害民，结果还落个善终，死后还备极哀荣，只能说没有天理了。

北 史

地理学家郦道元

中国古代有一本关于各地水文状况的书，名叫《水经》，但这部书没什么名气。反而是另一部注解它的书名气非常大，它就是《水经注》，是以《水经》为蓝本，以作注的形式写成的地理学巨著。这部书以各地水道为主要线索，将各条河流流经地区的历史、地理、政治、经济、文化和社会风俗全部概括进去，做了尽可能详细的描述，还记录了各地水利设施30处左右。这部书大大扩充了《水经》的内容，更可贵的是，这部书虽然是一部地理学著作，但里面对山川景物的描写丝毫也不逊于任何一部文学作品，所以也是一部文学著作。它的作者就是郦道元。

郦道元是北魏人，他继承了父亲的爵位，被封为永宁伯。郦道元执法清正严厉，被御史中尉李彪举荐为书侍御史。李彪被李冲赶下台后，郦道元也被罢免。不久他担任了冀州镇东府长史，冀州刺史于劲是皇后的父亲，当时正在关中打仗，不在冀州，因此冀州的日常事务全部都由郦道元来负责管理。由于郦道元执法严酷，不光当地的坏人强盗纷纷逃离冀州，就连下属的官吏也很怕他。他担任了鲁阳郡的代理太守后，向皇帝上表，请求在鲁阳建立学校，并勉励老师和学生。皇帝下诏说："鲁阳郡本来是南方的边远地区，所以没有设立学校。现在允许设立，希望你可以让鲁阳成为有文化教养的地区。"郦道元在鲁阳任职期间，当地的老百姓都很敬服他的威名，不敢违法乱纪。十年后，郦道元出任东荆州刺史，在那里他雷厉风行

郦道元像

的作风和在冀州一样。当地百姓实在忍受不了，就向皇帝告状，说他太苛刻了，请求把前任刺史寇祖礼调回来。皇帝同意了百姓的请求，把寇祖礼调了回去。寇祖礼到任后，派了70个士兵把郦道元送回了京城。

后来郦道元担任了河南尹，魏明帝打算把一部分地区由镇改为州，那些州的郡县名称就按照古城邑的名称而定。皇帝命令任郦道元为持节兼黄门侍郎，和大都督李崇一起沿着驿站一路兼程，筹划哪些地方应该设立郡县，哪些地方应该裁掉。结果正赶上那些镇叛乱，他们的工作还没有完成就中止了。

孝昌初年，梁朝派遣军队攻打扬州，刺史元法僧在彭城发动叛乱。魏明帝命令郦道元负责指挥各路人马讨伐。梁朝的军队在涡阳被击退，郦道元指挥部下乘胜追击，大胜而归。

皇帝任命郦道元为御史中尉，负责纠察弹劾等事务。郦道元一向有行政严厉的名声，掌权的人开始有所畏惧。但过了一段时间后，郦道元纠正不正之风并没有取得多大效果，使他的声望受到了很大损害。司州牧王悦喜欢侍臣丘念，两人吃饭睡觉都在一起。丘念得以掌握权力，在选举州官的时候，丘念就在其中操纵。丘念也知道他这样做是违法的，所以平时他都隐藏在王悦家里，隔几天才回一次家。郦道元决心铲除这个祸害。他秘密查清了丘念回家的规律，找到机会将丘念逮捕，关进了大牢。王悦不舍得情人坐牢，向太后申诉，请求释放丘念。太后本来也不是个干净人，很快就下令释放丘念。郦道元早就防着这一招，他抢在命令到达之前把丘念处死，并用这件事检举弹劾王悦的违法行为。

正在这个时候，雍州刺史萧宝夤谋反的意图已经暴露无遗。城阳王徽一向忌恨郦道元，就劝太后派郦道元为关右大使前去视察萧宝夤。萧宝夤很清楚郦道元此行来的目的，也知道郦道元不是那种可以收买的人。于是他派手下行台郎中郭子帙将郦道元围困在阴盘的驿亭里。驿亭在山上，平时喝水全靠从山下的水井打水，但是打水的路已经被郭子帙封锁了，郦道元渴得没有办法，只好在山上打井。谁知道一连挖了十几丈都没有打出水来，最后带的水都喝光了，人们也失去了打井的力气。正在这个时候，郭子帙的人趁郦道元等人筋疲力尽无法防备的时候翻墙进来，将郦道元和他的弟弟还有他的两个儿子全部杀害。郦道元被杀之前睁大双眼，怒气冲天地痛骂萧宝夤，最后气绝身亡。萧宝夤派人把郦道元等人的尸骨埋在长安城东。萧宝夤的叛乱被平

《水经注》书影

定后，郦道元的尸骨被迁回了家乡重新埋葬。朝廷追赠郦道元吏部尚书、冀州刺史和安定县男的官爵。

郦道元喜欢学习，尤其爱好阅读奇书。他写了《水经注》共40卷（后来遗失了5卷，后人把剩下的35卷重新编排成40卷），《本志》13篇，又有《七聘》等文章在当时流传，但现在，郦道元的著作除了《水经注》之外，其他的已经全部散失掉了。

隋 书

杨坚建立隋朝

杨坚是北周开国元勋杨忠的儿子，杨忠当年被封为随国公，他死后，杨坚就继承了这个爵位。杨坚刚生下来的时候，一个尼姑对他母亲说："这个孩子与众不同，不能在俗世抚养他。"于是他母亲就把杨坚安置在寺庙里，由那个尼姑亲自抚养。有一次他母亲正抱着他时，突然看到他头上长角，身上长满鳞片，吓得失手把孩子掉到了地上。尼姑从外面进来，看到这个情况后对她说："已经把孩子吓着了，导致他晚得天下。"杨坚长大后生得一副帝王之相，掌纹形似一个"王"字，身材上长下短，深沉威严。进入太学学习的时候，即使是最亲近的人，也不敢不尊重他。

杨坚 14 岁的时候被征辟为功曹参军，15 岁的时候因为父亲的功劳而被任命为散骑常侍、车骑大将军，16 岁的时候升任为骠骑大将军，周

杨坚像

太祖见到他后感叹道："从这个孩子的面相和骨气来看，不是世间的凡人。"周明帝即位后，派善于看相的赵昭去给他相面，赵昭回来说："杨坚的面相也就是个柱国的材料。"但私下却对杨坚说："你应当成为天下人的君主，而且必须经过大诛杀才能平定天下，希望你好好记住我的话。"

　　周武帝即位后，宇文护执掌了朝政，他非常痛恨杨坚，杨坚好几次都差点被陷害，幸亏同僚的救护才脱险。后来杨坚继承了随国公的爵位，大女儿还被周武帝聘为太子妃。宇文宪对周武帝说："杨坚相貌非凡，我每次看到他就会茫然无措，担心他不会屈居人下，请您早点除掉他。"周武帝说："他只能做将军。"内史王轨也多次对周武帝说："太子不像是国家的主人，倒是杨坚有副反叛之相。"周武帝很不高兴，说："如果天命已经决定了，那怎么办？"杨坚听说后非常害怕，从此开始深藏不露。

　　周宣帝即位后，杨坚作为国丈而被征召，地位更加显赫，这引起了周宣帝的顾忌。周宣帝一共立了5个皇后，皇后们互相争宠诋毁，周宣帝还经常对杨皇后（杨坚的女儿）发火说："我一定要把你们家灭族！"说完就召见了杨坚，并事先对左右说："只要杨坚脸色有变化，就马上杀死他！"杨坚来到后，神情自若，这才没有遇害。

　　周宣帝酒色过度，很年轻就死了，即位的周静帝年幼，不能主持朝政。大臣假造宣帝诏书，让杨坚入朝理政。杨坚担心诸侯王们在外面作乱，就将他们召回朝廷，捏造罪名将他们杀害。另一个掌握兵权的老将尉迟迥不服杨坚掌权，发动叛乱，但很快就被镇压了下来。此前北周的法令很严厉，于是杨坚执政的时候采取怀柔的政策，很快就收服了民心。

　　杨坚独掌朝政大权后，逐渐将北周皇室成员一一诛杀，以绝后患，他见自己的权力已经巩固下来了，人心也向着他，于是逼迫周静帝将皇位禅让给了自己，建立了隋朝，他就是后来的隋文帝。

　　当初刚刚掌握朝政的时候，诸侯王对他不服，边境也连续发动叛乱，危机重重。当时手握重兵的都是北周的旧臣，隋文帝对他们推心置腹，以诚相待，安抚了他们，所以不到一个月的时间就把叛乱全部平定了。隋文帝推行轻徭薄赋的政策，赢得了百姓的拥护。他处理政事，每天都工作到很晚，而且他生性节俭，言出必行。隋文帝虽然自己很节省，但是对那些有功的人，他从来都不吝啬赏赐。外出巡游的时候，只要遇到上表的人，他都会停下来亲自过问。有的时候还秘密派遣使者到各地去采集风俗和地方官的得失，留意民间的疾苦。有一次关中闹饥荒，隋文帝派人去观察当地老百姓吃的东西，结果他们将灾民们吃的豆屑和米糠献了上来。隋文帝看到老百姓居然吃这种东西后，难过得流下了眼泪，还把那些东西给大臣们看，并为此深深自责，此后将近一年减少了自己的膳食供应，下令不准进酒肉。去泰山封禅的时候，途中遇到很多从关中迁到洛阳的百姓，隋文帝下令卫士不准随便驱逐他们，让那些百姓夹杂在仪仗队和侍卫当中。遇上扶老携幼的百姓，就亲自牵马避开，慰问后才离去。走到道路艰难的地方时，看到有挑着担子的人，马上就叫身边人去扶助他们。对那些阵亡的将士，他都优待赏赐他们的家属，还派人去他们家中慰问。隋文帝处理朝政孜孜不倦，使当时的百姓过上了富足的生活，国库也充实了起来，虽然还没有达到最完美的统治，但也算得上是良主了。

但隋文帝生性猜忌，也不喜欢学问，好弄小权术，所以手下的大臣也不敢直言，而那些开国元勋和有功的将领，也很少有幸存的。隋文帝还怕老婆，听信独孤皇后的谗言，废掉了太子，晚年的时候执法严峻，杀人过多。隋文帝有一次到武库署视察，看到里面荒废没有得到整治，于是大发脾气，将武库令和接受馈赠的人抓起来，全部斩首，一共杀了几十个人。他还常偷偷派人贿赂官员，凡是接收贿赂的人一律处死，所以后来的人就因此而贬低他。不过总的来说，隋文帝还算得上是一个好皇帝。

杨广篡位

杨广是隋文帝的第二个儿子，隋朝建立后，他被封为晋王。杨广喜欢学习，文章也写得很好，朝野上下都对他寄予厚望。有一次隋文帝到他家里去，看到他家乐器的弦都断了，上面布满了灰尘，似乎很久都没有使用过了。隋文帝生性不喜欢奢侈，看到这种情况，认为杨广也不喜欢歌舞，很欣赏他。杨广有一次出外打猎，遇上下大雨，左右拿来雨衣给他遮挡，他说："士兵们都被淋湿了，我怎么能一个人穿这个！"于是让人把雨衣拿走，当时的人都认为他很仁义。

但杨广是一个很有心机的人，他善于弄虚作假，装作一副道貌岸然的样子，实际上内心非常奸诈。由于他不是长子，没有能当上太子，但他一心想要皇位，就时刻伪装自己，讨父母欢心，并想尽办法诬陷太子，好取而代之。

隋文帝的独孤皇后生性嫉妒，很讨厌妃妾。太子杨勇不太注意这些，他宫里养了很多妃妾，所以皇后不喜欢他。杨勇最宠爱一个姓云的妃子，而正妻元氏却不太受宠，独孤皇后因为这件事对他很不满。元氏得了心脏病，很快就死了，独孤皇后认为是杨勇为了立云氏为太子妃而谋害她。杨广知道这件事后，更加刻意伪装自己，他明明也是个贪花好色之徒，但在外却只和正妻在一起，姬妾生了小孩，他也不抚养，表示自己不宠爱妾，以此来讨好皇后。独孤皇后受了他的蒙蔽，更加讨厌杨勇而宠爱他。

历代帝王图卷·隋炀帝 唐 阎立本

杨广知道父母都喜欢节俭，所以他命令手下和车马都装扮得很朴素，对大臣们都恭敬有礼，极力讨好掌权的人。宫中派使者到他家去，不管那个人地位多低，他都竭力讨好，并送上厚礼，那些人回去后无不赞扬杨广。而杨勇生性豪放，不喜欢做违心之事，也不去讨好宫里的人，所以那些人都说他的坏话。久而久之，皇帝和皇后对杨勇的印象越来越差了。

杨广的封地在扬州，他在要去扬州前，进宫向皇后辞行，乘机说："我因为要镇守地方，公务缠身，不能经常回来见母亲了。但是儿子却经常想念母亲，一旦离开了京城，就无法侍奉母亲。以后再见到母亲，不知道是什么时候的事了。"说完就倒地痛哭。皇后受了他的蒙骗，说："你在地方上居住，我又老了，今天分别和平时的分别可不一样。"说完也哭了。杨广见母亲没有留下他的意思，于是又说道："我天性愚钝，只知道恪守兄弟之间相亲相爱的道理，但我不知道自己犯了什么错而得罪了太子，太子经常满怀愤怒，想加害于我。我还害怕宫里面有谣言，在饭菜中下毒，所以战战兢兢，勤奋谨慎，生怕遭到不测之祸。"皇后大怒："太子越来越不像话了！我给他娶了元氏为妻，指望他将我们杨家的基业发扬光大，他却不

129

把元氏当正妻看待，只知道宠爱云氏，把元氏看得猪狗不如！以前元氏明明没有什么病，却突然死去，一定是他派人下毒害死的！事情已经这样了，我也不想深究，可他为什么还要害你？我现在活着他都这样，我死后你岂不是成了鱼肉一般任人宰割了？我常常想，太子没有正妻，皇上万岁以后，你们兄弟几个还要向阿云那个贱人叩拜，俯首听命，这实在让人无法忍受！"杨广听见母亲这样说，心中大喜，但表面上装作更加悲痛的样子，伏在地上痛哭不已，皇后也悲痛得不能自己。

杨广回去后，知道皇后的心思有了转移，于是开始谋划夺取太子之位。他想办法和重臣杨素勾结在一起，让杨素在皇帝面前攻击太子，逐渐让皇帝有了废掉太子立杨广的想法。太子听到风声后也害怕了，但为时已晚，不久就被废掉了。杨广顺利当上了太子。

独孤皇后死后，杨坚获得了自由，开始四处搜罗美女入宫，其中陈夫人最受宠爱。杨坚生了重病，杨广按例入宫伺候。杨广早就对陈夫人的美貌垂涎三尺，这次入宫伺候皇帝，和陈夫人朝夕相对，早就不能自制了。一天早上，陈夫人从隋文帝房中出来上厕所，杨广跟随其后，走到没人的地方突然抱住陈夫人要行非礼之事。陈夫人奋力反抗，好不容易才脱身回到隋文帝宫中。文帝见她面色反常，于是问她出了什么事。陈夫人哭着对他说："太子对我无礼。"隋文帝大怒："杨广这个畜生，怎么能把天下交付给他！独孤你害了我啊！"于是让身边的大臣写废杨广立杨勇的诏书，但消息已经泄露了出去。杨广闻讯后，赶紧派人把文帝身边服侍的人全部赶出去，不一会儿就传出文帝驾崩的消息。杨广杀害自己的亲生父亲后，又派人杀掉兄弟和他们的儿子，登上了皇位。

暴君隋炀帝

隋炀帝登基后，也许是为了弥补当初为了伪装自己而放弃的娱乐爱好，他完全变了一个人，开始任意奢侈起来。由于隋文帝统治期间国家安定富强，隋炀帝认为国家财力完全可以供自己肆意挥霍。他羡慕当年秦始皇和汉武帝的功业，于是大量兴建宫殿，并派出使者出使外国，别的国家来朝见的，他都送给非常贵重的礼物，有不听从他号令的，就派兵攻打，搞得穷兵黩武，民不聊生。他在玉门关之外搞屯田，向天下的富人征收钱财，还大量购买战马，一匹马价值十几万，被摊派的富人十家有九家破产。

隋炀帝喜欢南方的景色，所以决定在洛阳建造一座新城，称为东都。造东都的人为了迎合隋炀帝喜欢奢侈的心理，将这座城造得非常豪华庞大。造宫殿的石头木料都是从南方运来的，光是一根柱子就要上千人来拉，工程出奇浩大，每个月要征发200万民工。他们还在洛阳西边造了一座大花园，周围两百里，里面奇花异草、假山怪石应有尽有。到了冬天树叶凋零的时候，他们还用彩绫做成假花叶扎在树上，营造出一种四季如春的气氛，花费巨大。

隋炀帝为了加强南北之间的联系，同时也为了自己去南方享乐方便，征发了100多万人开凿大运河，一共开凿了4条水道出来，最后将它们连接起来，成为一条贯通南北，长达四千多里的大运河。虽然这条运河为我国经济文化的发展起到了重要作用，但对于当时的人们来说是一个沉重的负担，无数老百姓都在开凿过程中惨死。

隋炀帝喜欢到处游玩，但又不希望别人知道他的行踪，所以每去一个地方，他都要在几条不同的路上设置休息的地方，每个地方都准备山珍海味，为了置办这些东西，当地官员费尽心思，花费巨大，最后还是摊到老百姓的头上。但实际上隋炀帝只会经过其中一个地方，别的地方准备的东西实际上都浪费掉了。

从东都到扬州的运河刚刚开凿完毕，隋炀帝就迫不及待地去巡游了。他带领20万人，上万条大船，浩浩荡荡从东都出发。这么庞大的船队，靠风力行驶是不可能的，为了他们能够游玩，沿途的官员早就准备好了。他们在运河两边修筑好了御道，征发了8万多民工来拉纤，还让军队夹道护送，真是说不尽的豪华。许多民工拉纤拉得活活累死，尸体就往江里一扔，换上新民工继续拉，一路上不知道有多少民工死于非命。

隋炀帝还命令沿路百姓给他们准备酒食，当地官员为了讨好皇帝，逼迫百姓倾家荡产地准备上好的酒席进献给皇帝，往往一献就是好几百

隋炀帝龙舟出行图 清

桌。隋炀帝哪儿吃得了这么多，他身边的王公大臣亲信侍卫也吃不了。剩下的饭菜就地挖个坑埋掉，奢侈浪费到了极点。这次巡游让隋炀帝玩得心满意足，从此几乎每年他都要巡游一次，每年当地的老百姓都要经历一场生死浩劫。

隋炀帝为了保护自己的安全，还动用100多万人修筑长城，限期20天完成，为了赶工，又活活累死不少人。隋炀帝的这些暴政把老百姓压得都喘不过气来了，但他还是不满足，又发动了对高丽的战争。

公元611年，隋炀帝下令对高丽宣战，他亲自担任指挥。为了赢得战争，他下令全国军队全部到涿郡集中，在东莱造兵船 300 艘。造船的工人日夜泡在水里，许多人下半身都被海水泡烂生了蛆，死了不少人。接着，他又命令各地督造大车数万辆，征发了几十万人，不分白天黑夜地将物资运到北方，许多人都饿死累死，沿路都是倒毙的尸体。由于人手不够，耕牛也被征发来运输，导致农业发展停滞，来年饿死了不少人。

由于开销实在太大，隋炀帝常常因为供给不足而提前征收赋税，往往一下子就提前征收好几年的。全国各地起义蜂拥而起，天下大乱，地方官员却隐瞒实情，有人说起义很多，反而会被斥责。出兵打仗，尽力出战的士兵得不到奖赏，而老百姓却惨遭屠杀，隋朝天下很快就土崩瓦解了。最后隋炀帝也被身边的人勒死，结束了他罪恶的一生。

横行天下的瓦岗军

瓦岗军最早的领袖名叫翟让，他原本是东郡的一个小吏，因为得罪了上司被判了死罪。翟让名声很好，江湖上也有不少朋友，有个狱吏很同情他，对他说："我看你也是一条好汉，怎么能死得这么不明不白呢？"于是私自砸开他的镣铐，将他偷偷放走了。翟让逃走后，跑到东郡附近的瓦岗寨，在那里招兵买马，很快就有许多农民前来投奔，逐渐扩大了队伍。

当时有个叫李密的人也来投奔。李密本来是隋朝高官之后，由于参与杨玄感发动的叛乱而被通缉，走投无路的情况下，听说翟让正在招兵买马，就去投奔。翟让派李密去劝说其他的起义军，李密不负使命，所到之处大家纷纷都同意依附，于是翟让开始敬重他了。李密对翟让说："现在我们手下人马已经不少了，但却没有粮食，如果长期这样下去，迟早都会瓦解，等敌人一来，我们就完了。我觉得不如去荥阳，在那里休整部队，等到休整好之后，才能和别人争夺。"翟让听从了他的意见，于是攻打荥阳，一连打了好几个胜仗。荥阳太守派大将张须陀带兵讨伐，翟让以前被张须陀打败过，很怕他，一听说他来了，就想撤退。李密说："张须陀虽然勇猛，但却没有谋略，他的部队又打了不少胜仗，士兵们都很骄傲，我们只用打一仗就能灭掉他们。您只管前去迎战，我保证您能打败他们。"李密率领 1000 多人在树林里设

罗艺 616年
涿郡
桑干水
刘武周 617年
马邑
渤海
黄河
梁师都 617年
薛举 617年
金城
唐 李渊
京师 618年
滹沱水
李渊 617年
晋阳
乐寿
夏 窦建德河北夏军
孙安祖 窦建德 616年
高鸡泊
刘黑闼 616年
武安
河间
济水
孟让 王薄 611年
杜伏威 614年
章丘 长白山
许 宇文化及 618年
杨玄感 613年
黎阳仓
李密 617年
魏 瓦岗 翟让 611年
周桥
孟海公 613年
王世充 619年
郑 东都 洛阳
虎牢
洛口仓 金墉城
黄河
渠
让
济
通
瓦 岗 军 渠
邗沟
东海
杜伏威江淮吴军
淮水
杜伏威 历阳
丹阳
沈法兴 618年
太湖
江南运河
余杭
梁 萧铣 618年
江陵
长江
林世弘 614年
鄱阳
洞庭湖
彭蠡湖

重要农民起义地
割据势力

隋末农民起义晚期势力分布示意图

下埋伏，翟让和张须陀一交手就吃了败仗，赶紧撤军，等到张须陀的人进
入李密的包围圈后，李密率领伏兵从后面发动进攻，敌人很快就溃散了，张
须陀也丢了性命。

　　瓦岗军获得大胜后，声势大振，挥兵北上，攻下了兴洛仓，将里面储存的粮食全部拿出来分给饥饿的老百姓。刘长恭率领 2.5 万人前来讨伐，李密一战就击败了他们，刘长恭只能独自逃跑。翟让觉得李密的才能远远超过自己，就把首领的位子让给了他。不久李密自立为"魏公"，改元永平，建立了瓦岗军自己的政权。瓦岗军建立自己的政权之后战斗力大增，打了许多胜仗，军事实力越来越强大，很快就成为一股能和隋朝政权相抗衡的力量了。

　　后来宇文化及杀掉了隋炀帝，控制了隋朝大权，李密兴兵讨伐他，将宇文化及击败，壮大了自己的实力。此时王世充又强大了起来，李密和他交战。交战之初，李密的士兵缺少衣服，而王世充缺少粮食，王世充请求用衣服交换粮食，刚开始李密拒绝了，后来经不起部下的劝说，答应了王世充。本来王世充因为缺少粮食，每天偷偷跑去投奔李密的人有好几百，结果有了粮食之后就很少有人去投奔他了。李密这才后悔，而且他对刚依附的士兵重重赏赐，长期跟随他的人却什么都得不到，逐渐开始怨恨他。不久，他的部将叛变，李密的实力大受影响，被王世充击败。

　　李密见手下的士兵纷纷离去，实在没有办法，只好去投奔了李渊。李渊一开始的时候对李密很好，给他高官厚禄，但不久就变了脸。李密见形势不妙，偷偷逃跑，最后被李渊抓住杀死，瓦岗军就这样灭亡了。

旧唐书

唐朝开国皇帝李渊

隋朝末年，群雄并起争夺天下，李渊获得了最后的胜利，建立了唐帝国。在民间传说和戏曲演义中，一般都把开国功劳记在李世民的头上，其实作为唐朝的开国皇帝，李渊也起了非常重要的作用。

李渊祖上是北魏的高官，他们家世世代代都在北朝为官。李渊的祖父李虎就因为战功卓著，和宇文泰、独孤信等人一起担任辅政大臣，被人们称为"八柱国"。北周建立后，李虎被追封为唐国公。

李渊7岁的时候就继承了唐国公爵位，他长大后，为人洒脱豪爽，待人宽厚，丝毫也不做作。隋朝建立后，李渊担任千牛备身，他是独孤皇后的外甥，很受隋文帝的宠信。有个叫史世良的人对他说："您的骨骼和相貌都非同一般，一定能当皇帝，希望您能自爱，不要忘记我说的话。"李渊听后非常自负。

隋炀帝即位后，李渊连连升官。他不管到哪里当官，都注重树立自己的威信，喜欢交结各路豪杰，因此隋炀帝对他很猜忌。有一次隋炀帝要他来见自己，正好赶上李渊生病，所以就没有按时来到。当时李渊的外甥女在后宫，隋炀帝

李渊像

问她："你舅舅为什么不来？"她说李渊生病了。谁知道隋炀帝又问了句："那他会不会死？"李渊听说这事后非常害怕，从此就尽情玩乐，还广收贿赂，故意污浊自己的行为来打消隋炀帝对他的怀疑。李渊精通武艺，射术惊人。有一年盗贼军队逼近他的驻地，李渊带领十几个骑兵前去挑战，自己一口气射了70箭，一箭一个，把敌人吓得半死，大获全胜。

李渊调任太原留守后，各路豪杰纷纷起兵，太原和朝廷失去了联系。不久刘武周起兵造反，李渊命令李世民等人到各地招募士兵，又秘密将李建成和李元吉从河东召来。王威等人担心李渊造反，想趁李渊求雨的时候杀掉他。事情泄露了出去，李渊先下手为强，将王威等人杀死，宣布起兵。

当年七月，李渊任命李元吉为镇北将军，留在太原，自己则率领3万人马西行。走到霍邑时，遇到隋朝大将宋老生的阻拦。正好这个时候连续下了10天大雨，道路泥泞，军粮无法按时送到。于是李渊决定先回太原，后由于李世民极力阻拦才作罢。八月，李渊率兵击败宋老生，收复霍邑。不久，隋朝大将屈突通镇守河东，通往关中的黄河浮桥被弄断。关中百姓早就痛恨隋的暴政，他们争着向李渊的军队进献船只，帮助他们渡过了黄河。李渊渡过黄河后打败了屈突通，占领了关中地区。

李渊占领长安后，将代王杨侑立为皇帝，自任唐王。一年后，李渊认为自己的势力已经很强大，可以问鼎中原了。他任命李建成为元帅，李世民为副元帅，率兵7万，夺取了东都洛阳。没过多久，李渊逼迫杨侑退位，自己登上了皇帝的宝座，将国号定为唐，立李建成为太子，李世民为秦王，李元吉为齐王，追封夭折的儿子李玄霸为卫怀王。又经过几年的南征北战，剿灭了群雄，统一全国。

后来在玄武门之变中，李建成和李元吉被李世民杀死，李渊不得已，将李世民立为太子。没过几个月，李渊干脆把皇位传给了李世民，自己当太上皇去了。

李世民虽然是通过政变上台的，但他对李渊还是非常尊敬的。几年后，西突厥使者来朝见，李渊在两仪殿设宴款待。喝得正高兴的时候，他对长孙无忌说："现在各方异族都来归附我们大唐，这是从古到今都没有过的盛事啊！"长孙无忌高呼万岁，李渊非常高兴，专门赐酒给李世民喝。

李世民举杯向李渊祝寿，流着眼泪说："百姓能够得到安定，四方异族能前来归附，这都是遵照您的旨意去做的，我哪里有什么功劳。"于是李世民和皇后轮流给李渊夹菜劝食，并献上车马衣服等，一切都按照家庭的日常礼节来进行，并没有按君臣之礼。这一年，李渊在长安检阅军队，回宫后设宴，三品以上的官员全部来参加。在宴会上，李渊命突厥可汗站起来跳舞，又让南越酋长吟诗，然后笑着说："胡、越成为一家，这是自古以来没有过的。"李世民祝酒道："我很早就蒙受父亲的教诲，是父亲教给我文武之道。后来跟随父亲率领的义军，打下了京城，还是父亲的英明抉择。现在上天保佑我们大唐，年年丰收，百姓们丰衣足食，那些异族人都成为朝廷的臣民。这些哪里是靠我的智力能办到的？这都是父亲的计谋啊！"李渊听了之后非常高兴，这场宴会尽兴而散。

第二年，李渊得了重病，不久去世，享年 70 岁。

玄武门之变

在唐朝统一全国的战争中，立下头功的人是李世民。在战争中，李世民率领士兵冲锋陷阵，大多数重要战役都是由他指挥的。而且李世民手下有一批出色的文臣武将，他们对李世民死心塌地。虽然李建成和李元吉也立过不少战功，但和李世民相比，就逊色多了。不过后来立太子的时候，李渊还是选择了长子李建成。

唐朝建立后不久，凉州人安兴贵率部投降，需要有人前去接应。这个任务很简单，所以李渊就派李建成去了，想让他多树立些威望。可是李建成偏偏不争气，他边赶路边打猎，当时天气又热，士兵们都忍受不了，还没走到目的地就逃了一大半。李建成回到长安后，被李渊狠狠骂了一顿。

为了让李建成能够更快地熟悉处理国事的方法，李渊专门让他负责处理一些不太重要的事务，并派了李纲等人协助他。可李建成是个直性子，他受不了那些约束，反而对吃喝玩乐更感兴趣。李纲是个正直的人，看不惯他的那些行为，于是称病辞去了职务。

和李建成相反，李世民倒是逐渐受到了重用。当时天下还没有统一，李世民带兵南征北战，先是平定了刘武周，收服了尉迟恭为部将。然后又消灭了窦建德和王世充两个割据势力。当他胜利返回长安的时候，身披黄金甲，身后跟着25名威风八面的大将和1万骑兵，受到李渊和文武百官的隆重欢迎，一时间声望甚至超过了李渊本人。

李建成对李世民的声望日益增高感到很不安，就拉拢李元吉一起对付李世民。李元吉和他们两人都是一母所生，他为人阴狠，名声不好，但也没有放弃过对皇位

尉迟敬德像

唐朔州善阳（今山西朔州）人，名恭，字敬德。先从刘武周，兵败后归唐，骁勇善战，屡建功勋。参与玄武门之变，射杀李元吉，论功与长孙无忌并为第一。位列凌烟阁。拜右武侯大将军，封吴国公。晚年笃信方术，居家不通宾客。

的追求。他很清楚两个哥哥之间的矛盾，他认为，李世民的才能远远超过自己，如果和李世民联手的话，自己肯定当不了皇帝；而李建成是个庸才，和他联手的话，干掉李世民后，再回过头来对付李建成的胜算很大，就和李建成一拍即合，开始对付李世民了。

当初李世民打下洛阳的时候，李渊的几个宠妃向李世民索要一些珍宝，还为自己的家人请求官职。李世民没有答应她们，她们就对李世民产生了怨恨情绪。李建成和李元吉抓住这个机会，拼命讨好她们。那些嫔妃就经常在李渊耳边说李世民的坏话。枕头风很快就把李渊吹晕了，渐渐地，他也对李世民产生了不满。

李渊的宠妃尹妃和李世民矛盾最深。她父亲仗着女儿的势力在外面一向横行霸道，有一次居然把李世民的部下打了。他害怕李渊怪罪下来，于是恶人先告状，让尹妃对李渊说："李世民身边的人太不像话了，居然欺负我的父亲。"李渊听了之后大怒，把李世民叫来骂了一顿。那些嫔妃又说：

"现在陛下还在，李世民就敢如此放纵。万一哪天陛下不在了，我们一定会被他害死的。"李渊听后更生李世民的气了。

李建成和李元吉蒙蔽李渊成功，开始对李世民下毒手。有一天，他们俩请李世民喝酒，在酒中下了毒。李世民没有防备，把毒酒喝掉了。回去后肚子疼得要死，赶紧找大夫医治，好不容易才捡回一条命。李渊听说这件事后也很疑心，决定第二天好好审理此事。有个妃子知道了这事，又听说李世民最近有异常的举动，赶紧派人通知李建成和李元吉两人，让他们早做准备。

李世民也知道兄弟们要害自己，部下也劝他要先下手为强，但他就是狠不下这个心。后来实在经不起部下的劝解，才决定先动手。公元626年六月初四，李建成与李元吉和平时一样骑着马去上朝。走到玄武门的时候，李世民带领部下出现在他们面前。李建成觉得情况不妙，赶紧掉转马头想回去。李世民快马赶上，喊道："你们两个为什么不去上朝？"李建成听到李世民的呼喊声，回头去看。李世民抓住这个机会一箭射去，正中李建成喉咙，将其射死。李元吉赶紧拿出弓箭想射杀李世民，可慌里慌张地怎么也拉不开弓，被尉迟恭一箭射死。

两人被杀的消息传到东宫和齐王府后，两处的卫兵共两千人全部出动猛攻玄武门。秦王府的士兵在门口抵挡。李世民派尉迟恭前去向李渊报告情况。当时李渊正在花园里和妃子们泛舟游玩，尉迟恭手持长戟，全副武装地突然出现在李渊面前，把李渊吓了一大跳。李渊得知事情的经过后非常吃惊，但事情已经这样了，他也只好接受了这个事实。李渊下诏命令所有军队全部归李世民节制，又派人去东宫和齐王府安抚。在玄武门外作战的士兵们见此情况也没有办法，于是纷纷放下了武器。

3天后，李渊宣布立李世民为太子，不久干脆让出了皇位，当太上皇去了。李世民踩着亲兄弟的鲜血登上了皇位，他就是唐太宗。

贞观之治

唐太宗即位后，很想做出一番事业。他很清楚人才对国家的重要性，所以他不拘一格地任用人才，即使是魏徵这样以前和他作对的人，李世民也能毫无芥蒂地任用，更不用说那些有才能的老部下了。

当时社会上对那些出身贫贱的人还是有偏见的，可唐太宗不这样看，他觉得只要是人才，就可以用。出身贫贱并不代表没有才能，出身高贵也不代表就一定有才能。他提拔任用马周就是个典型的例子。

贞观三年（公元 629 年），唐太宗下诏让官员们上书议论国家大事，并提出自己的看法和建议。中郎将常何递上来的奏章引起了唐太宗的注意。那奏章一共写了 20 条建议，而且都切中要害，说理清楚，文笔也很好。唐太宗很了解常何，知道他没有什么文化，根本写不出这样的奏章。就把常何叫来，问他到底是怎么回事。常何告诉唐太宗，那奏章是他的朋友马周写的。

唐太宗像

马周本来是山东地区的一个老百姓，起初在州里教书，因为爱喝酒，经常被当地官员斥责，后来实在没办法，干脆辞职不干了。马周四处游历，由于他很穷，衣衫破烂，走到哪儿都让人看不起。有个人见他通晓文墨，就介绍他到常何家里去记账，这份奏章就是他帮常何写的。唐太宗听了之后不但没有生常何的气，反而非常高兴。他让常何快把马周请来，自己则在宫里焦急地等待。马周一时没到，唐太宗等不及了，一连 4 次叫人去催促。马周来了后，唐太宗和他谈了很久，发现他确实是个奇才，心里非常高兴，任命他为监察御史。后来还任命他做了中书令，成为朝廷重臣。

魏徵和王珪得到重用则说明了唐太宗能够不计前嫌、坦然纳谏的优良品质。他们两个以前都是李建成手下的人，魏徵当年还劝说过李建成早日动手除掉唐太宗。可唐太宗登基后，并没有报复打击他们，而是将他们提拔任用，让他们多多给自己提意见。王珪就曾劝唐太宗要广开言路，听取不同的意见。当然，唐太宗是人而不是神，他也会生气发怒。有一次太常少卿祖孝孙因为教授的音乐不合唐太宗心意，惹怒了他，于是太宗就把祖孝孙狠狠骂了一顿。王珪和温彦博认为责任不该由祖孝孙承担，劝谏道："祖孝孙精通音律，按理说不会出这样的错，我们担心陛下询问的那个人没说实话。再说祖孝孙是个雅士，陛下却让他教女乐，而且还这样骂他，我们担心天下人都会为这事对陛下有不满。"唐太宗一听，火冒三丈，大声骂道："你们都是我的心腹，本来应该对我尽忠，怎么可以帮下人说话！"温彦博吓坏了，赶紧向唐太宗谢罪。但是王珪却说："我以前侍奉过废太子李建成，已经犯了死罪，多蒙陛下宽恕，还让我身处重要的位置，我当然会尽忠职守。今天我说这些话并不是为了我自己，没想到陛下竟然猜疑起来，这是陛下对不起我，不是我对不起陛下。"唐太宗目瞪口呆，说不出话来。

第二天，他对房玄龄说："自古以来帝王都很难做到纳谏如流，像周武王那样圣明的人都不能听从伯夷和叔齐的意见。周宣王也算是贤明的人了，可他还是杀了向他进谏的杜伯。我一直希望能效法古代的明君，只恨自己不能达到那种境界。昨天我还责备了王珪和温彦博，现在我感到非常后悔。希望你们不要因为这件事而不向我提意见啊！"

唐太宗认为用人一定要用贤才，不能按照资历和关系来决定官职大小。当初唐太宗登基的时候，对大臣们论功行赏，把房玄龄等文臣评为第一等。他叔叔李神通很不服气，对他说："当年起兵的时候是我第一个站出来响应的，平时跟随皇上出生入死，从来没有抱怨过。皇上被齐王他们灌下毒酒，还是我背着皇上逃走的。房玄龄等人只知道动笔写写，又没冒过生命危险，现在功劳还比我大，太不公平了！"

李世民听完后就把李神通当年如何被窦建德打得全军覆没，如何被刘黑闼打得抱头鼠窜的这些事一一摆了出来，然后说："叔叔是我的亲人，我怎么可能不信任您？但是治理国家不能因私废公啊！"说得李神通不敢再言语了。还有些将领也找到唐太宗闹，他们说："我们都是皇上的老部下，以前为皇上立下多少汗马功劳，现在反倒不如李建成手下的人了！"唐太宗说："选拔人才怎么能按资历来排呢？新人有才，旧人无才，我当然只能用新人了。你们这样说是没有为国家着想啊。"

就这样，唐太宗在这些人才的帮助下，实行了一系列改革。他恢复了均田制，满足了农民对土地的需求，也保障了国家的财政收入，为国家的富强提供了物质基础。他还推行府兵制，就是把适龄壮丁集中起来，平时让他们务农，农闲的时候就训练他们。轮到他们服役的时候，就让他们自备武器分批到京城或者边境守卫。一旦发生战争，就下令他们外出作战，战争结束后让他们回家务农。这样做一方面可以保证兵源充足，减轻国家的财政负担；另一方面让士兵和将领分开，可以避免将领拥兵自重。唐太宗还很重视减轻赋税，注重改善和少数民族之间的关系，自己也以身作则，提倡节俭。

经过 20 多年的努力，唐朝政治经济发展迅猛，各国使节纷纷前来朝拜，唐朝成为当时世界上最繁荣富强的国家，人们把唐太宗统治时期的这段繁荣称为"贞观之治"。

千古一后

长孙皇后是北魏拓跋氏的后代，她从小就喜欢读书，尤其爱读历史书，经常以古人的教训来鞭策自己。她听说李世民是个很出色的人，主动提出要嫁给他。李世民当上皇帝后，她被册立为皇后。

长孙皇后温柔贤淑，生性节俭，经常在晚上的时候和唐太宗一起谈论古今，但是只要一涉及国家大事，她就会主动打断话题。唐太宗每次就国家大事想问问她的意见，她就推辞道："古人说过，母鸡打鸣是家里要出事的征兆。我一个女子怎么能对国家大事说三道四呢？"唐太宗坚持要听她的意见，她每次都苦苦哀求，最后也没有回答。

长孙皇后虽然不干预朝政，但是她却能经常对唐太宗提出很多有益的建议，为君臣关系的稳固做出了一定的贡献。她的女儿长乐公主很受宠爱，唐太宗吩咐有关部门在她出嫁的时候，长乐公主的嫁妆要加倍于永嘉公主的。但永嘉公主是长乐公主的姑姑，这种做法是不符合礼制规定的，魏徵上书表示反对。长孙皇后知道后，对魏徵的直言敢谏感到很佩服，认为他是个正直的人。她对唐太宗说："忠言逆耳利于行，采纳忠言对国家有好处，不采纳的话就会有很多麻烦。我希望陛下知道这个道理。"她还特意

大雁塔　唐

大雁塔所在的大慈恩寺是唐高宗为母亲长孙皇后祈福而建的。

请唐太宗给魏徵赏赐，作为对他的奖赏。有的时候唐太宗乱发脾气，随意责罚大臣。长孙皇后在这个时候往往都会等他消气之后，慢慢地用道理说服他，尽量不让大臣们蒙冤受屈。

有一次魏徵在朝堂上把唐太宗气得非常厉害，唐太宗回到后宫后，对长孙皇后说："总有一天我一定要杀死那个乡巴佬！"长孙皇后见势头不对，问道："谁把陛下气得这么厉害？"唐太宗说："还不是那个魏徵！今天他又在朝堂上气我，让我下不了台！"长孙皇后见唐太宗是动了真怒，于是悄悄走开。过了一会儿，她穿上在正式场合才穿的礼服，出来见唐太宗。长孙皇后生性不喜欢盛装打扮，唐太宗见她这个样子，很奇怪，问道："皇后你要干什么？"长孙皇后回答："我听说皇帝英明，大臣才会忠心。现在正因为陛下是个明君，所以魏徵才敢直言进谏。我身为皇后，见到君明臣忠，怎么敢不庆贺呢？"唐太宗顿时醒悟过来，也就不生魏徵的气了。魏徵能够成为有名的直臣，并得到唐太宗的信任，和长孙皇后日常的调解是分不开的。

长孙皇后对后宫的嫔妃宫女都很好，不管谁生了病，她都会去慰问，并拿出自己的药给她们服用，后宫的人都非常尊敬她。长孙皇后的哥哥长孙无忌是唐太宗从小一起玩到大的朋友，为唐朝统一全国立了不少功劳，很得唐太宗的信任。唐太宗当上皇帝后，想让长孙无忌当宰相。但是长孙皇后却坚决反对，她对唐太宗说："我能够嫁给陛下是我一生中最大的福气。我不愿意让我的家人掌握重权，不想看到汉朝吕氏和霍氏那样的外戚专权的情况在我的家人里出现。"唐太宗没有听她的话，还是决定要长孙无忌做尚书仆射，诏书都写好了。长孙皇后知道这个消息后，把诏书藏了起来，坚决不肯拿出来。唐太宗没有办法，只好放弃让长孙无忌掌权的想法。

长孙皇后不幸染上了重病，太子请求大赦天下，并动员百姓出家为皇后祈福。长孙皇后阻止道："人的命运是上天注定的，不是人自己能够左右的。颁布赦令是国家大事，而这些东西又是皇上不喜欢的，怎么能为了给我治病而乱了国家的法度呢？"唐太宗知道后非常感动。

长孙皇后的病一天比一天重，已经到了无法挽救的地步了，她知道自己的时间不多了，于是挥泪向唐太宗诀别。她在临死的时候还关心国家大事，请求任用贤臣，善待百姓，不要因为自己的原因而过于厚待长孙家的人。长孙皇后还请求在她死后，不要浪费物资厚葬自己，尽量节省开支。她说完这些话后就去世了，死的时候才36岁。

人镜魏徵

唐太宗能够有"贞观之治"的旷世伟绩，和他善于纳谏是分不开的。他身边也涌现出很多敢于直谏的忠臣，这些人当中名气最大的莫过于魏徵。

魏徵本来是个道士，但他喜欢读书，看到天下大乱，就特别留心学习纵横之术。李密起兵后，魏徵投靠了他。魏徵对李密提了10条计策，李密很欣赏那些计策，但是却没有采用。久而久之，他对李密很失望，认为李密成不了大业。

李密失败后，魏徵跟随他一起投降了唐朝。到了长安后，魏徵很久都得不到重用，于是请求让自己去安抚山东地区。当时李世勣还没有投降，魏徵给他写信，将其劝降。窦建德攻下黎阳后，魏徵当了俘虏，窦建德失败后他再次回到唐朝。李建成听说魏徵很有才干，于是将他任命为太子洗马，很器重他。魏徵见李世民的势力太大，劝李建成要早做防备。玄武门之变后，唐太宗找来魏徵，问他："你为什么要挑拨我们兄弟二人的关系？"魏徵说："太子如果当初听了我的话，就不会落到现在这个田地了。"唐太宗其实并没有责怪魏徵的意思，他知道魏徵是个有才能的人，登基后将他任命为谏议大夫。

魏徵像

唐太宗励精图治，想建立一番丰功伟业。他多次把魏徵请到内室，向他询问得失。魏徵很有才能，而且性情耿介，从来不会屈服。唐太宗和他谈话，都能采纳他的意见，魏徵很高兴能够遇到明主，所以更加努力地进谏。唐太宗曾经说过："魏徵前后给我提了 200 多条意见，如果不是一心为国的话，那是不可能办到的。"不久，有人弹劾魏徵徇私，唐太宗派温彦博去调查，查出是诬陷。温彦博上奏说："魏徵身为大臣，应该检点自己的言行，但他却不能避开嫌疑，所以才会有谣言出现。虽然他并没有徇私，但也有应该责备的地方。"于是唐太宗命温彦博去责备魏徵，并告诫他以后要多注意下影响。魏徵不服，上奏说："我觉得君臣之间应该相互和谐默契，像一个整体一样。哪能不顾公道，只注重自己行为的影响的？如果大家都这样做的话，国家迟早完蛋。"唐太宗很吃惊，对他说："我知道错了。"魏徵继续说道："我希望陛下让我做良臣，不要让我做忠臣。"唐太宗不明白，问道："这也有区别？"魏徵回答道："后稷、契和皋陶他们属于良臣，而关龙逄和比干是忠臣。良臣能让自己和君主都获得美名，而忠臣只能让自己遇到杀身之祸，还给君主留下骂名，两者区别是很大的。"唐太宗接受了他的意见，并赏给他 500 匹绢。

唐太宗到九成宫居住的时候，有宫女要回京城，住在县城的驿站里。不久右仆射李靖和侍中王珪也来了，县吏按照规定让宫女们搬走。唐太宗知道这事后很生气，说："李靖那些人也太霸道了！当地官吏为什么偏袒李靖而怠慢我的宫女？"之后就下令查处那些人。魏徵劝阻道："李靖他们是陛下的心腹大臣，而宫女只是给皇上皇后打杂的奴婢。要论各自的职守，两者根本没得比。再说李靖等人因公外出，各地官吏要向他们打听朝廷的纲纪，回来后，陛下也要向他们询问民间疾苦，他们当然应该和下面的官吏见面。至于宫女，除了要供给她们饮食之外，官吏没有义务去参见她们。

如果以这种罪名处罚他们的话，恐怕对陛下仁德的名声不利。"唐太宗这才息怒，宣布不追究县吏和李靖他们了。

不久唐太宗在丹霄楼设宴款待群臣。喝得高兴的时候，唐太宗对长孙无忌说："魏徵和王珪等人以前为李建成效力，现在想起来，他们当时真是可恶，而我能不计前嫌提拔他们，完全可以和古人相比了。但是魏徵每次进谏的时候，如果我不听从的话，他就不会立刻回答我。这是为什么呢？"长孙无忌说："大臣认为事情不对，所以才会进谏，如果陛下没有听从而大臣马上回答的话，可能会妨碍事情的实行。"唐太宗说："可以当时先答应着，过后再提意见嘛。"魏徵插话道："以前舜对大臣说：'你们不要当面顺从我，过后又来反对。'如果我当面顺从陛下，回去又要提意见，这就有违舜的教导了。"唐太

魏徵字帖

宗放声大笑："别人都说魏徵粗鲁傲慢，我却只觉得他柔媚，刚才的事就是这样。"魏徵说道："陛下能够接受我的意见，我才敢进谏。如果陛下不接受的话，我怎么敢屡次冒犯呢？"

长乐公主嫁人时，唐太宗认为她是皇后的亲生女儿，决定送的陪嫁比自己的妹妹嫁人的时候多一倍。魏徵说："不能这样做。天子的姐妹称长公主，女儿称公主。既然前面有个'长'字，就表示尊崇。对她们的感情可以有深浅之分，但是在礼遇上是不能乱来的。"唐太宗同意他的话，回去后告诉了

长孙皇后。皇后派人赐给魏徵 40 万钱和 400 匹绢，作为对他的奖赏。

魏徵死后，唐太宗亲自到他灵前痛哭。唐太宗曾经叹道："把铜当作镜子可以端正衣冠，把历史当作镜子可以知道兴亡的道理，把人当作镜子可以知道自己的过失。我时常保留三面镜子，以防止自己犯错。魏徵死了，我就失去了一面好镜子啊！"

口蜜腹剑的李林甫

唐玄宗励精图治 20 多年，建立了"开元盛世"。渐渐地，他开始骄傲起来，觉得应该好好享受一下了，唐朝社会开始腐败起来。而从中起到恶劣作用的，就是继张九龄为宰相的李林甫。

李林甫是唐朝宗室，精通音律。他最初担任千牛直长一职。开元十四年（公元 726 年），李林甫被任命为御史中丞，后来担任过刑部和吏部的侍郎。当时武惠妃最受宠爱，她的儿子寿王也因此得到了唐玄宗的另眼看待。李林甫抓住机会讨好武惠妃，他悄悄派人告诉武惠妃："我愿意保护好寿王。"因而武惠妃很感激他。李林甫和裴光庭的妻子有染，裴光庭死后，他妻子请求高力士让李林甫代替自己丈夫的官职，但高力士没有答应。唐玄宗让萧嵩推荐宰相人选，萧嵩考虑了很久才推荐了韩休，唐玄宗同意了，并令御史起草诏书。高力士把这个消息透露给了裴妻，裴妻马上让李林甫

明皇游月宫图

148

去告诉韩休。韩休当上宰相后不知道是萧嵩推荐他的，还以为李林甫从中出了力，很感激李林甫，却和萧嵩不和。他推荐李林甫当侍郎，武惠妃也从中相助，于是唐玄宗将李林甫命为黄门侍郎。

李林甫像

李林甫后来担任礼部尚书，他表面上很柔顺，但鬼点子特别多，善于察言观色，因此升官很快。李林甫和宦官、后妃们的关系很好，所以能预先知道皇帝的想法。每次入朝奏事的时候，他都能说出符合皇帝意图的话来，让皇帝欣赏他。但是李林甫性格猜忌，喜欢陷害人。朝中凡是不和他打交道的官员，都会被他想办法排挤掉。而那些和他关系好的人，哪怕没有什么才能都可以高升。李林甫每次陷害别人，都不动声色，当着别人的面把好话说尽，但转过身来就用最阴险最毒辣的手段害人，别人都形容他为"口蜜腹剑"。

当时的宰相是张九龄，他是个很正直的人，经常为了原则而和唐玄宗争执。这个时候的唐玄宗已经不是当年那个可以虚心接受意见的人了，他对张九龄越来越不满，加上李林甫又经常在旁边煽风点火，他对张九龄的成见越来越深，而对李林甫的好感却增强了许多。

李林甫积极帮助寿王谋求太子之位，终于说动唐玄宗将太子废掉。但这年冬天，武惠妃病死了，寿王失去了靠山。太子的位子空了出来，唐玄宗不知道该立哪个儿子，李林甫说："寿王倒是挺适合的。"唐玄宗却说："忠王仁厚孝顺，论年龄也最大，就立忠王好了。"于是就立了忠王为太子。

李林甫当上宰相后，依靠溜须拍马博得了唐玄宗的好感。他自己一手控制了朝政，别的大臣都得看他的脸色行事。唐玄宗辛苦了那么久，想好好休息了，所以把一切政事都交给李林甫处理，自己成天饮酒作乐。

李林甫费尽心思爬上高位无非就是想满足自己的贪欲，他在京城的住宅和田地都是最好的。京城最好的一栋别墅是当年薛王留下的，唐玄宗把它赐给了李林甫，至于各种奇珍异宝更是多得数都数不过来。李林甫做事情非常谨慎，处理政事很有一套。但是他谄媚皇帝，只知道巩固自己的权位，谁对他的位置构成威胁，他必然会想尽办法把谁打倒。太子妃的哥哥韦坚进入朝廷任职，李林甫为了对付太子，表面上举荐韦坚担任要职，而实际上却在暗中筹划对付他。他让御史中丞杨慎矜暗中调查和监视韦坚。正月十五晚上，太子出宫游玩，遇到韦坚，两人聊了一会。杨慎矜打探到这个消息后，就告诉了唐玄宗，诬告他们图谋不轨。唐玄宗很生气，就把韦坚罢黜了，并要太子将太子妃废掉。李林甫借此机会诬告前任宰相李适之等人和韦坚关系密切，结果唐玄宗将韦坚赐死，其他人也被赶出了朝廷。杨慎矜虽然曾经是李林甫的走狗，但当他权势大起来之后，李林甫又把矛头对准了他。李林甫让心腹诬告杨慎矜，把杨慎矜全家都害死了。

咸宁太府赵奉章上书揭发李林甫的罪状，然而告状信还没有送到皇帝手里就被李林甫知道了。李林甫授意御史台将赵奉章逮捕，将他活活打死。

李林甫虽然地位很高，但是却没有什么文才，所以他对有文学才能的人特别嫉妒。有一次李林甫负责考选官员，有个官员判卷的时候在评语中用了"杕杜"两个字（诗经中有《杜》篇，是独自生长的树木的意思。）。李林甫不认识"杕"字，就问旁边的吏部侍郎韦陟："这个'杖杜'是什么意思？"韦陟低着头不敢回答，因为回答了就说明自己比李林甫强，迟早会遭到陷害。

李林甫也知道自己坏事做绝，怕有人会来行刺，所以他家里防备森严，晚上睡觉的时候经常睡着睡着就起来搬到别的房间去睡，一晚上要换好几个房间，连他家里人都不知道他最后会在哪里睡觉。李林甫死后，唐玄宗还没看清他的真面目，给他追赠了太尉、扬州大都督的官衔，还赐给他帝王才用的葬礼用品。李林甫将唐朝江山弄得一塌糊涂后就撒手西去了，他的继任者杨国忠则进一步把唐朝推向了衰败。

诗圣杜甫

唐代文学最伟大的成就莫过于诗歌了，可以说，唐朝是一个充满诗歌的朝代。诗歌是唐朝科举考试的一个考试科目，所以士子们都将诗歌作为一种进入官场的手段。当然，这只是诗歌流行的原因之一。唐代的诗歌和诗人数量之多，质量之高，出乎人们的想象。杜甫就是其中最优秀的诗人之一。

杜甫字子美，祖上三代都担任过小官，在那个重视门第的时代，杜甫的出身并不高贵，这为他日后的不得志埋下了伏笔。

杜甫像

杜甫年轻的时候曾经漫游天下，写出了不少动人的诗篇。他在洛阳时，认识了比他大 11 岁的李白，两人性格完全不一样，但是都被对方的才华吸引，唐代最伟大的两位诗人从此结下了深厚的友谊。不久，两人又结识了另一个大诗人高适，三人在一起度过了一段美好的时光，在诗歌界留下了佳话。

天下没有不散的筵席，三个好朋友最后还是各奔前程了。杜甫的父亲命令他去参加科举考试，杜甫以前参加过一次进士科的考试，但没有考中。唐朝的进士科考试录取名额相当少，杜甫参加的那次考试最后只录取了 27 个人，但考生多达 3000 人。再加上那个时候的考试走后门是公开的，没有权贵的推荐，根本不可能考中。杜甫哪有钱去巴结权贵？况且他也不是那种为了功名就对权贵低三下四的人，所以没能考中也是意料之中。

这次杜甫奉父命参加考试，本来是很有希望考中的。可惜当时是李林甫掌权，而李林甫是出了名的嫉贤妒能，他自己没有文才，生怕那些有文才的人夺走他的位子。李林甫鬼主意特别多，一般的人遇到这种情况顶多安排下不让那些优秀的人考中也就算了。可他不这样做，他干脆勾结考官，上奏朝廷，说这次考试结果很让人失望，考生没有一个合格的。唐玄宗正感到奇怪呢，他又上了道奏章，祝贺皇帝圣明，已经把有才能的人全部都搜罗到朝廷里了，民间再也没有遗落的人才了，所以考试结果才那么差。这种鬼话唐玄宗居然相信了，就没有追问下去。

杜甫受到这样的打击后非常伤心。他在长安住了 10 年，一直过着贫苦

杜甫诗意图 明 项圣谟

此图取意于杜甫诗句"千家山郭静朝晖,日日江楼坐翠微"。项圣谟(1597～1658年),字孔彰,号易庵,别号胥山樵、存存居士、烟波钓徒、逸叟等,秀水(今浙江嘉兴)人,明清之交著名的画家。

的生活。这种生活让他接触到许多下层人民,看到了他们的疾苦,同时也看到了权贵们的骄淫奢侈,从而磨炼了他的文笔,写下了"朱门酒肉臭,路有冻死骨"这样的千古名句。

天宝末年,杜甫向朝廷献上《三大礼赋》,唐玄宗看了后赞不绝口,下令把杜甫找来,当场考他作文。杜甫拿起笔来一挥而就,唐玄宗看他文章写得不错,下令任命他为京兆府兵曹参军。

安史之乱爆发后,长安很快就被叛军攻了下来,杜甫乘着天黑逃出了城。他听说唐肃宗在灵武招募军队抵抗叛军,于是赶去参拜。杜甫历尽千辛万苦才在凤翔见到了唐肃宗,唐肃宗早就听说过他的诗名,于是让他当了个右拾遗。唐肃宗的宰相房琯是杜甫的布衣之交,他请求率领军队讨伐叛军,但没过多久就被叛军击败,因而被免职。房琯被免职后,杜甫上表说房琯有才能,不应该被免职。唐肃宗看了后很生气,把房琯贬为刺史,将杜甫打发到华州担任司工参军,也就是个管理祭祀和教育的小官。当时天下大乱,谁还有心思去祭祀和上学?其实就是变相把他赶走。

杜甫在华州无所事事,只好成天四处视察民情。在这段时间里,战乱给老百姓带来的痛苦给杜甫的心灵带来极大的触动,他根据亲眼目睹的这些事情写了《石壕吏》《潼关吏》《新安吏》《新婚别》《垂老别》《无家别》6首触目惊心的反映百姓痛苦生活的诗歌,史称"三吏三别"。杜甫的诗歌有很多都反映了当时的社会现实,所以被人们称为"诗史"。

第二年,杜甫辞去了官职。当时关中闹饥荒,杜甫穷得根本活不下去,就搬到成州居住。他亲自上山背柴禾，采橡树的果实充饥，他的孩子饿死了好几个。过了很久，朝廷征召他为京兆府功曹。

几年后，严武出镇成都，他上奏举荐杜甫为节度参谋、检校尚书工部员外郎，从此人们又称杜甫为"杜工部"。严武的父亲和杜甫是好朋友，所以他很尊敬杜甫，虽然杜甫是他的下属，但他给杜甫的待遇很优厚，从来不把他当下属看待。杜甫仗着严武尊敬他，所以比较放肆。有一次他喝醉了，爬到严武床上去盯着他看，说道："严挺之怎么会有这样的儿子！"严武是出了名的火暴脾气，但他并没有因此生杜甫的气。杜甫喜欢和下层人民来往，他在成都盖了座草堂，在那里喝酒吟诗，和当地的老农来往。严武去看望他的时候，他经常衣冠不整地出来见严武，当时的人都认为他很高傲。

严武死后，杜甫失去了依靠。接替严武的人脾气很怪，根本不吃杜甫那一套。杜甫没有办法，只好去投奔高适。等到了高适那里，高适已经死了。没几天，四川境内军阀混战，杜甫为了躲避战乱，带着全家老小逃往荆楚一带。他走到耒阳的时候，被洪水所阻，断粮达十天之久。耒阳县令听说这个消息后，亲自驾船将杜甫接到家中，请他吃牛肉喝白酒。杜甫饿了那么多天，一看到有吃的，当场就狼吞虎咽起来。长期缺乏营养而突然摄入大量蛋白质的话，身体里会产生一种毒素，足以致命，再加上他又喝了很多白酒，当天晚上就死了。

杜甫的诗语言精练，表达能力很强，是我国古代诗歌现实主义的高峰。

李光弼卫唐

唐朝能够平定安史之乱，很大程度上要归功于那些优秀的将领。当时最优秀的将领有两个人，一个是郭子仪，一个就是李光弼。

李光弼从小就喜欢骑马射箭，练得一身好武艺。他还喜欢读书，是个文武双全的人。李光弼年轻的时候就加入了军队，在王忠嗣手下担任兵马使。王忠嗣手下良将很多，但他最看重李光弼。安史之乱时，唐玄宗寻求良将，向郭子仪询问。郭子仪推荐了李光弼，认为他能够担当重任。

李光弼被朝廷任命为魏郡太守，负责河北一带的军事。他率领 5000 人马和郭子仪会合，收复了常山郡，并亲自带兵打败了史思明的数万大军，收复了赵郡。不久，他和安禄山手下大将蔡希德、史思明、尹子奇等人在嘉山大战，将敌人杀得大败。几万敌军被杀，还活捉了 4000 人。史思明连鞋子都来不及穿，光着脚逃命，好不容易才逃走。这一仗的胜利让唐朝又收回了十几个郡。

李光弼很有正义感，当时河东节度使王承业能力有限，治理不好军

唐军平定安史之乱示意图

154

政大事，朝廷派御史崔众去命令王承业交出兵权。崔众仗着自己是朝廷派来的人，很轻视王承业，经常拿着枪到王承业那里戏弄他，李光弼听说后很气愤。这时，朝廷命令崔众把王承业的军队交给李光弼。崔众去见李光弼的时候，双方的旗帜碰在了一起，但崔众却没有让开。崔众当时算李光弼的部下，他这种行为很失礼，李光弼更加生气了，正好崔众又不肯马上交出军队，李光弼就下令把他抓了起来。不久，朝廷派人来任命崔众为御史中丞，使者问崔众在哪里。李光弼说："崔众有罪，我已经把他抓起来了。"使者把任命诏书拿给李光弼看，李光弼说："今天我只杀御史，如果宣布诏命，那我就杀御史中丞。就算拜他为宰相，我也要杀！"第二天他就把崔众杀了。

不久，史思明等人率领10多万人来攻打太原。李光弼的精锐部队都在朔方，现在他手里只有不到1万人。史思明认为这次李光弼死定了，很得意。有人建议李光弼应该修筑城墙来防御，李光弼说："城周长40里，等把城墙修好，人都累死了，哪还有力气打仗？"他带领部下和百姓在城外挖了条壕沟，又造了几十万块土坯，大家都不知道他要做什么用。等到敌人攻城的时候，李光弼命令城内用土坯修筑营垒，由于事先准备了足够的土坯，所以坏了马上就能修好。敌人在城外放声辱骂，想挑衅唐军决战。李光弼命令士兵挖地道，一直挖到敌人跟前，然后率兵突然从地道冲出，只用了一个晚上的时间就把敌人打败了。从此敌人走路的时候眼睛都盯着地面。经过一段时间的死守，敌人死伤惨重，而唐军却士气高涨。李光弼率领敢死队出城突袭，杀死敌军7万多人，剩下的敌人全部溃逃。

李光弼治军严厉，他和9个节度使一起包围安庆绪的时候，吃了败仗，其他军队在撤退的途中大肆抢劫，只有李光弼的军队仍然保持整齐的军容。后来，李光弼接替郭子仪为朔方节度使，节制关东的军队。

史思明决定和唐军决战，他动用了手下全部军队，浩浩荡荡地向汴州开来，并攻下了汴州。李光弼听说敌人声势浩大，丝毫没有畏惧，而是做好了充分的准备。

李光弼将全部军队带到河阳，这个时候敌人已经到达洛城了。天黑后，李光弼命令士兵举着火把慢慢行军，和敌人前后相随，但敌人不敢进攻他，二更时分他进入了河阳城。

李光弼对城里的李抱玉说："你能不能为我防守河阳南城两天？"李抱玉问："那两天之后怎么办？"李光弼说："两天之后救兵还没到的话，放弃城池我也不会怪你。"李抱玉于是带领部下守卫南城。敌人攻打南城攻打得很厉害，眼看就要攻下来了。李抱玉骗他们说："粮食都快吃光了，明天我一定投降。"敌人相信了他的话，停止了攻城。李抱玉利用争取到的时间修缮防御工事，第二天继续死守，最后将敌人击退。李光弼率领部队守另一个城，也将敌人击败。

敌人重新整顿好军队准备进攻北城。李光弼立刻率领人马赶赴北城，在城楼上观察敌军，他说："敌人虽然人多，但阵容很乱，没什么可怕的，我们中午就能打败他们。"李光弼派兵出击，没有分出胜负。他问道："敌人什么地方最难攻？"大家回答："西北角。"于是李光弼命令郝玉去攻打西北角的敌军。郝玉说："我只有步兵，请给我 500 骑兵。"李光弼给了他 300 骑兵，又问："还有什么地方难攻？"大家回答是东南。于是派论惟贞去，他也要 300 骑兵，李光弼给了他 100。李光弼又拿出皇帝送给他的 40 匹马分给郝玉他们，说："你们看着我的旗帜行动，如果旗帜连续 3 次挥动到地上，那个时候就要全力出击，敢后退的人就杀头。"有一个士兵作战很英勇，杀了不少敌人；另一个士兵却不战而退。李光弼命令将后退的人斩首，而赏给那个英勇的士兵 500 匹绢。不久，郝玉退了回来，李光弼大惊："郝玉都退回来了，这下可危险了。"于是下令去砍郝玉的头。郝玉赶紧大叫："我是因为马中箭了才退回来的，不是吃了败仗逃回来。"李光弼给他换了马，让他继续作战。李光弼连挥 3 次旗帜，全军见到信号后马上奋力冲锋，敌人抵挡不住，被杀得大败。斩首 1 万多，活捉 8000 人，最终取得了胜利。李光弼在战前就在靴子里藏了一把短刀，下了如果失败就自杀的决心，全军将士被他所激励，所以才能打败敌人。

李光弼为平定安史之乱立下了赫赫战功，皇帝为了表彰他，不但赐予大批金银珠宝，还在凌烟阁上画了他的像。李光弼 57 岁那年死在徐州，他临死的时候把积攒的绢帛和钱财都分给了部下。

"文起八代之衰"

　　韩愈是河北昌黎人，所以也有人称他为韩昌黎或者昌黎先生。韩愈3岁的时候就成了孤儿，被寄养在堂兄家中。韩愈从小就刻苦学习儒家经典，当时的人写文章崇尚扬雄和董仲舒那样的文风笔法，学得最好的人是独孤及和梁肃。韩愈经常和他们一起交游，努力学习写文章的方法，希望能够出人头地。他参加进士考试时，前任宰相郑余庆看中了他的才华，积极为他宣传，从而得名。

　　不久，韩愈考中了进士，他先后担任过几个大官的属官。韩愈说话很直，从来不怕得罪人，为人也很正直。唐德宗晚年的时候，政务上开始懈怠了下来，"宫市"骚扰百姓的现象很严重，谏官提意见，皇帝也不听。韩愈为此专门写了数千字的奏章，对这种现象加以批评。皇帝看到奏章后大怒，把韩愈贬为山阳县令，但韩愈并没有因此而改变他正直的个性。韩愈被任命为国子博士后，写了一篇《进学解》来抒发自己的不平之气。那篇文章写得很好，被掌权的官员看到后认为他有写史书的才能，改任他为郎中，负责修撰史书。一年后担任了中书舍人。

　　韩愈耿介的性格很容易得罪人，不久就有不喜欢他的人收集了他过去的材料，把一些小事扣上大帽子整他，结果韩愈被降了职。裴度处理淮西军情的时候，请韩愈担任了自己的行军司马，淮西平定之后，韩愈因为有功而升任为刑部侍郎。皇帝下诏要他写《平淮西碑》，碑文里面大多写的是裴度的事迹。当时首先进入蔡州活捉叛军首领吴元济的是李愬，他的功劳也很大，但碑文里对他提及得很少。李愬对那碑文很不满，他妻子出入宫中，到处向人诉说碑文失

韩愈像

实，一些参加过征讨淮西的将士也对碑文很不满。韩愈所写的碑文最后还是被磨掉了，换了别人重写了一篇。

当时的皇帝唐宪宗崇信佛教。凤翔法门寺有一座护国真身塔，里面供奉了一节据说是释迦牟尼的手指骨。按照佛经上的说法，每30年将这佛骨开示一次，就能岁岁平安。这种说法显然是很荒诞的，可唐宪宗就信这个。他命令宦官杜英奇率人手持香花到那里去迎接佛骨。将佛骨迎来后，留在宫中侍奉3天，然后再送到各个寺院接受香火。整个长安都为之轰动，上至达官贵人，下至平民百姓，纷纷跪拜，竞相施舍，生怕比别人慢了一拍。有的人为了施舍而搞得倾家荡产，还有人用火烧自己的脑袋和手臂，只求能够供养佛骨。韩愈觉得盲目信佛而荒废正事，甚至伤害自己的身体，是一种很愚蠢的行为。他上书劝谏皇帝，说中国古代并没有佛教，而那个时候的国家也能太平无事，帝王照样长寿。佛教是汉明帝引进来的，可汉明帝自己也没能长寿，而且中国从此动乱了几百年。南北朝的时候，信佛的人越来越多，可是并没有给国家带来任何好处。他认为，佛骨这种东西根本就不可信，请求将其扔掉，省得再贻害百姓。

唐宪宗看了这道奏章后大发脾气，打算杀了韩愈。宰相们知道韩愈是个忠臣，对皇帝说："韩愈上书冒犯皇上确实有罪，但他并没有恶意。再说如果不是抱着忠义之心的话，也不敢写这种文章了。请求皇上饶恕他的罪过。"很多皇亲国戚也劝说皇帝收回成命。因此韩愈保住了一条命，只被贬为潮州刺史。

韩愈到潮州后，向当地官吏百姓询问民间疾苦，他们都抱怨当地的鳄鱼太厉害了，把老百姓的牲畜都快吃光了。韩愈于是写了一篇诅咒鳄鱼的文章，凑巧的是鳄鱼真的没有再出现了。

一年后，韩愈被召回朝廷，任命为国子祭酒，后来转任兵部侍郎。韩愈为人仁厚，和人交往从来也不在乎对方的身份。他年轻的时候和诗人孟郊、张籍是好朋友。这两个人还没有出名的时候，韩愈为他们四处奔走，竭力举荐他们。张籍后来中了进士，当了大官，他每当有空的时候，都会和韩愈一起喝酒聊天，吟诗赋文，和以前没有区别。但韩愈对待那些权贵就不同了，把他们看得很轻，从不巴结他们。韩愈还很喜欢鼓励提拔年轻人，他家里收留了十几个年轻学子，搞得自己连早饭都吃不了，却怡然自得。李贺因为父亲的名字犯了忌讳，所以不能参加科举考试，韩愈主动站出来为他抱不平，写了《讳辨》，为此得罪了不少人。

韩愈认为魏晋以来，人们写文章拘泥于对仗而不考虑内容，这是错的。他写文章就反对追求华丽而没有内容，他的文章风格自成一体，许多人都效仿他，但当时没有谁的文章能和他相比。韩愈 57 岁那年去世，朝廷追赠他为礼部尚书，谥号"文"，所以后人也叫他韩文公。

新唐书

用兵如神的李靖

一说起李靖，大家头脑里浮现出的往往是托塔李天王，其实历史上也有个李靖，他文武双全，托塔李天王的原型就是他。唐朝著名传奇《虬髯客传》讲的也是李靖的故事。

历史上真实的李靖当然和神话、小说里的不一样，他身材魁梧，相貌端正，是隋朝大将韩擒虎的外甥。李靖曾经对朋友说："大丈夫要有出息，必须靠功名来取得富贵，怎么能做死读书的书呆子！"少年李靖很受隋朝大臣们的器重，韩擒虎、牛弘和杨素都对他赞不绝口。

李靖像

李渊攻打匈奴的时候，李靖看出他有异心，向朝廷告发了他。李渊被押往江都，因为道路不通而最终没有成行。李渊起兵后，抓住了李靖，眼看就要斩首了，李靖大叫："大人起兵是为了除暴安良，要成就大业怎么能因为私人恩怨而杀害义士呢？"李世民也替他说情，李靖被释放，从此跟随李世民南征北战。

李靖精通兵法，用兵如神。辅公祏在丹阳谋反，朝廷下令以李孝恭为帅，李靖担任他的助手，两人带兵征讨。辅公祏派冯惠亮率领 3 万水军驻守当涂，陈正通率领两万陆军驻守青林，两支部队将长江封锁住，又修筑了一批堡垒，连绵十余里。唐军其他人都认为敌人防守严密，应该绕开他们，直扑敌人老巢，只要击破敌人大本营，其他人自然就会投降。李靖却说："不对。敌人这两支部队虽然很精锐，但辅公祏自己率领的军队也不会差到哪儿去。既然他能驻守石头城，那就肯定做好了充分准备，很难攻下来。我们如果直扑丹阳的话，万一打不下来，进不能取胜，退又会受到这两支部队的攻击，所以这个办法不好。况且冯惠亮和陈正通作战经验丰富，现在却按兵不动，我想这一定是计谋。如果出其不意进攻他们的话，一定能赢。"李孝恭同意了他的意见，派李靖率兵攻打冯惠亮。李靖经过苦战，杀伤敌人 1 万多，冯惠亮被打败后逃走了。李靖乘胜率领轻装士兵赶到丹阳，辅公祏很害怕，他手下士兵虽然很多，但都没有斗志。最后李靖活捉了辅公祏，平定了叛乱。李靖由此立下大功，不仅加官晋爵，还被赏赐了很多财物。李渊叹道："李靖就是叛贼的心腹之患，古代的名将也不一定能超过他。"

隋末唐初，突厥进犯中原，由于唐朝刚建立不久，还没有足够的力量反抗，对其总是忍让。唐太宗即位后不久，突厥发生内乱，太宗决定趁这个机会对他们发动突袭。李靖亲率 3000 骑兵连夜进军，一直杀到突厥的老窝附近。突厥的颉利可汗大惊失色，说："唐朝一定是派全国的军队来了，不然李靖哪敢孤军深入？"颉利可汗自己先乱了阵脚，李靖派人离间突厥各部落的关系，再夜袭定襄，终于把突厥打败，颉利可汗好不容易才逃走。唐太宗高兴地说："以前李陵率领 5000 人和匈奴作战，最后失败了。就算是这样，他的功劳都记载了下来。李靖只带了 3000 人就攻下了定襄，击败突厥，这是从来没有过的大功啊！"

颉利可汗走投无路，只好派人向唐朝请罪，请求从此依附于唐朝。这实际上是他的缓兵之计，想给自己争取时间。朝廷没有识破他的阴谋，同意受降，派李靖负责此事，又派唐俭等人去慰劳突厥。李靖对部下说："皇上派来的使者已经到了突厥，他们现在一定松懈了下来。如果现在派出 1 万骑兵对他们发动攻击的话，一定可以歼灭他们。"张公谨说："朝廷已经和突厥讲和，再说使者都已经在突厥那里了，怎么办？"李靖说："现在机会难得，当初韩信打败田广就靠的这个，像唐俭那种人有什么可惜的。"并下令督促士兵快速行军，一直走到离突厥大本营还有7里的地方才被发现。突厥人慌得手足无措，纷纷四散逃跑。唐军大获全胜，将突厥主力全部歼灭，颉利可汗也在逃跑过程中被俘。

李靖为人忠实厚道，每次参加朝廷会议，他都默默无言，也不会和别人争辩。不久，吐谷浑进犯，李靖去见房玄龄，说："我虽然老了，但还能去。"皇帝听说后很高兴，派他统率军队出发抵抗吐谷浑。吐谷浑把唐军驻扎地方附近的草木全部烧光，让他们的战马补充不到草料，想以此来逼唐军撤兵。李靖决定孤注一掷，率军深入，翻过积石山，和吐谷浑大战数十次，将其打败。李靖回朝后遭人诬告，虽然很快就真相大白，但是从此他闭门谢客。他妻子死后，朝廷下令将李靖夫妇的坟墓按照当年卫青和霍去病坟墓的规格修建，以表彰他的功绩。

一代女皇武则天

武则天本来是唐太宗的才人，14岁就入宫了，因为长得娇媚，被太宗赐号"武媚"。太宗生病的时候，武则天和在一旁伺候的太子产生了感情。太宗去世后，按照规定，武则天和其他宫女被送到庙里当了尼姑。唐高宗的王皇后没有儿子，而萧淑妃很受高宗的宠爱，王皇后很不高兴。有一次高宗经过寺庙的时候见到了武则天，武则天看到皇帝后一直流眼泪，高宗受到触动，想起了从前的感情。王皇后得知这一情况后就把武则天接回后宫，希望用她来削弱萧淑妃受到的宠爱。

武则天像

武则天很有心机，刚开始她对皇后低声下气，博得了她的信任。当她得到的宠爱超过了萧淑妃的时候，她就开始和皇后作对。皇后不会处理人际关系，宫中喜欢她的人不多。武则天则想尽办法收买人心，所以皇后身边的人大多成了她的耳目，经常向她汇报皇后的情况，但是并没有找到陷害皇后的材料。武则天入宫不久就生了个女儿，一天皇后来看孩子，和婴儿玩了一会儿就走了。武则天偷偷把孩子弄死，然后装做什么都没发生的样子。皇帝来后，她和皇帝谈了会，掀开被子一看，发现孩子死了。武则天大哭起来，找来左右询问是怎么回事，大家都说只有皇后来过。皇帝大怒："原来是皇后干的！过去她就对我喜欢萧淑妃不满，现在居然干出这种事！"武则天见皇帝上当，赶紧又说了很多皇后的坏话。

高宗决定废后，长孙无忌等重臣坚决反对，李义府和许敬宗等大臣却上表请求立武则天为后。高宗下了废后的决心，废掉了王皇后，改立武则天为后。

武则天很有政治才能，一开始她经常

无字碑

现存于陕西乾县乾陵陵园，乾陵是唐高宗和武则天的合葬陵。碑额刻8条螭首尾相交，两侧线雕龙云纹，初立时，未刻一字，表示帝王功高德大，无法用文字表述，取《论语》"民无德而称焉"之意。

帮助皇帝处理国事，后来干脆夺取了权力。高宗是个很懦弱的人，虽是皇帝，却反倒被武则天控制住了。时间一长，武则天的跋扈让高宗很不满，正好又碰到有人控告武则天行巫术一事，于是高宗决定废了她。他召来上官仪，命上官仪起草废后的诏书。武则天得知这个消息后气冲冲地跑来责问，高宗一下子就软了，反而说："这都是上官仪教我的。"没几天上官仪就被找个借口处死了。

上官仪被杀后，大权全部掌握在了武则天手中，凡是反对她的人都会被处死，连长孙无忌都被她逼死了。高宗晚年的时候得了头风病，根本无法处理政事，武则天独揽大权，任意妄为。

萧淑妃生的两个女儿一直被囚禁着，快40岁了还没有嫁人。武则天的儿子——太子李弘把这事告诉了皇帝，武则天很生气，觉得儿子居然敢和自己作对，一狠心把李弘毒死了。

高宗去世后，中宗即位，没多久，武则天将中宗废掉，改立睿宗，她亲自上朝听政。徐敬业等人对她不满，发动了叛变，想拥立中宗，夺回大权。武则天派李孝逸率领30万大军讨伐徐敬业，将其打败，徐敬业被杀。武则天对大臣们说："你们的功名富贵都是我给的，先帝将国家托付给我，我不敢爱惜自己，而只是爱民。徐敬业等人都是出色的人才，还是被我杀掉了。你们当中谁觉得自己的才能比他们强又想造反的，请早点动手，如果不想造反，就老老实实地侍奉我！"大臣们怕得要死，伏在地上一动不动，齐声保证不敢有异心。

武则天渐渐地不满足于太后的地位了，她把武氏提高到和李氏一样的地位，追封自己的父亲为太上皇。有人看出了她想称帝，睿宗为了保命，也主动提出禅让皇位。武则天假意推辞了一番，最后还是登上了皇位，改国号为周。

武则天情夫很多，她最宠爱的是张易之和张昌宗兄弟俩。张氏兄弟仗着她的宠爱四处横行霸道，恨他们的人很多。

武则天为了巩固统治，政治上实行了许多严酷的政策。但是她在经济上的政策却很宽松，延续了贞观之治带来的盛况，为开元盛世打下了基础。武则天还善于用人，她手下人才济济，对她也忠心耿耿。

武则天病重时，张柬之等人借口诛杀张氏兄弟而发动政变，逼迫武则天退位，将中宗迎回来，拥立他复位。武则天于当年去世，享年81岁。

桃李满天下的狄仁杰

狄仁杰一向被视为清官能臣的代表人物，有个荷兰作家还用他做主人公写了一系列侦探小说，可见他的名气之大。历史上的狄仁杰不光以聪明机智著称，还是个宽厚坚强之人，为国家推荐了很多优秀人才，所以才有"桃李满天下"这一说法。

狄仁杰出生在一个官宦家庭，他通过明经考试进入官场。在担任汴州参军一职时，被下属诬告。阎立本负责调查，不但查明了真相，还从调查过程中发现狄仁杰是个难得的人才，于是举荐他为并州法曹参军。

唐高宗年间，狄仁杰担任大理丞，他善于断案，一年之内就将大量积压的涉及 1.7 万多人的案件审理得清清楚楚，没有一个人说自己是冤枉的。从此名声大噪，成为当时有名的青天大老爷。狄仁杰还敢于直谏。当时有两个大臣不小心把唐太宗陵前的树砍了，这种行为被看作是对皇帝的极大不敬，但他们确实不是故意的，应当免罪。唐高宗知道后大发雷霆，下诏要将他们处死。狄仁杰上奏说他们不应该死，高宗说："那些人让我成为不孝之子，我杀定他们了！"狄仁杰冒死上奏："他们本来就不该死，陛下非

狄仁杰像

要杀他们，这就是为了几棵树而杀大臣，天下人以后如何看待陛下？"唐高宗醒悟过来，免去了这两个人的死罪，几天后，还升狄仁杰为侍御史。狄仁杰不怕得罪权贵，凡是犯法之人他一个也不纵容。左司郎中王本立仗着皇帝的恩宠而桀骜不驯，狄仁杰根本不怕他，上奏朝廷将其论罪。

越王造反的时候，余党两千多人被判了死罪。狄仁杰上书密奏，请求免他们一死，朝廷同意了，只将那些人判处流放。那些人从死牢里出来后，他们的家人拉着他们的手说："多亏狄大人救了你们的命啊！"那些人在流放的地方给狄仁杰立了块碑，感谢他的恩德。当初张光辅讨伐越王的时候，他的军队在当地横征暴敛，狄仁杰在当地做官，限制了他们的行为。张光辅很生气，说："一个小小州官居然敢看不起我！"狄仁杰说："现在作乱的只是一个越王，而大人带领的这些兵涂炭生灵，会激起更多的人作乱。如果觉得我做得不对，可以用尚方宝剑杀了我。"

武则天掌权后，狄仁杰被朝廷委以重任。武则天对他说："你当官当得很好，但还是有人说你坏话。你想知道是谁吗？"狄仁杰说："陛下认为我有错，我就改，认为我没有错，那是我的荣幸。但我并不想知道是谁说我的坏话。"武则天赞叹他是个厚道的长者。

来俊臣诬陷狄仁杰造反，把他抓进了监狱。来俊臣审问狄仁杰，让他

承认自己造反。狄仁杰说："现在是周的天下了，我作为唐的臣子，也可以说我造反。"王德寿劝他道："我想减轻您的罪，您只要把杨执柔说成是您的同党，就不会死了。"狄仁杰仰天叹道："皇天在上，我狄仁杰怎么能做出这种事！"说完就一头向柱子撞去，血流得满脸都是，王德寿吓得赶紧放弃让他牵连无辜的想法。

来俊臣见狄仁杰一身硬骨头，拿他没有办法，于是伪造了一份谢死表交给武则天。武则天召见狄仁杰，对他说："你为什么要承认造反？"狄仁杰说："我不承认的话早被活活打死了。"武则天把那份谢死表拿给他看，狄仁杰说不是他写的。武则天知道他是冤枉的，就把他放了。武承嗣因为狄仁杰坚决反对他做太子，很恨他，就多次诬陷狄仁杰，要武则天杀了他，但武则天都拒绝了。

狄仁杰一心想恢复唐朝江山，所以多次向武则天提议立庐陵王李显为太子。但武则天想立武三思为太子，于是向宰相们咨询。狄仁杰说："我觉得人们还是更支持庐陵王多一些。当初匈奴来犯，陛下让武三思去募兵，结果1个月还没招到1000人，后来让庐陵王去募兵，没几天就招了5万多人。所以让庐陵王继承大业更妥当。"武则天很生气，没有说话。后来狄仁杰多次劝说武则天，终于让她动了心。武则天把庐陵王叫来，让他躲在帐后，然后找来狄仁杰，跟狄仁杰说庐陵王的事。狄仁杰越说越激动，说到最后哭得话都说不出来了。武则天被感动了，把庐陵王叫出来，对狄仁杰说："我把太子还给你！"狄仁杰趁机劝武则天将太子复位一事诏告天下，以免有反复。当初李昭德等人也经常劝武则天把太子接回来，但没有成功。只有狄仁杰以母子天性为理由劝说，才感动了武则天。

可惜狄仁杰并没有等到中宗复位的那一天，不久他就因病去世了，享年71岁。

诗仙李白

李白字太白，他祖先和唐朝皇帝同出一脉，但却因为犯罪被流放到了西域。直到武则天统治时期，他父亲才从西域逃回来，在四川安了家。

据说李白母亲生他的前一天晚上梦到了太白星，所以给他取字太白。李白10岁的时候就通晓诗书，长大后在岷山隐居。州郡长官以他有道而举荐他，但他没有应举。益州长史苏颋见到李白后，对他的才华惊叹不已，说："这个年轻人是个非常特别的天才，如果再稍微努力一点的话，就可以和司马相如相比了。"李白喜欢纵横之术，对剑术也很感兴趣，想当个游侠，为人重义轻财、乐善好施。后来他到任城居住，和孔巢父、韩准、裴政、张叔明、陶沔一起在徂徕山隐居，成天喝得大醉，号称"竹溪六逸"。

天宝初年，李白到会稽游玩，和吴筠交上了朋友。吴筠应召入京，李白也跟了去。他到了长安后去拜访了贺知章，贺知章看了他的诗文后，感叹道："您是从天上贬到人间的仙人啊！"贺知章认为李白才华惊人，就在唐玄宗面前屡次提及。唐玄宗也爱好文学，就在金銮殿召见了李白，和他谈论天下大事和诗歌文学，李白为此献上了一篇赋。唐玄宗曾赐给李白食物，并亲手为他调羹，可见玄宗对他的宠爱。过了几天，唐玄宗任命李白为翰林供奉。一天，唐玄宗在沉香亭闲坐，忽然心血来潮，想要听李白为他填词而作的歌曲，于是马上下令召李白入宫。当时李白正在街市上和别人喝酒，已经喝得酩酊大醉。派去找他的使者生拉硬拽地把他弄进了宫，到了宫里李白还醉着。皇帝命侍从用清水给他洗脸，好不容易才让他清醒了点。李白问清楚唐玄宗让他来的原因后，拿起笔一挥而就，写了3首《清平调》，辞藻华丽，言简意赅，是不可多得的好诗。唐玄宗拿到歌词后爱不释手，认为李白确实很有才华。唐玄宗对李白越来越宠爱，几次专门召见他赴宴。有一次李白陪唐玄宗喝酒喝醉了，让高力士为他脱鞋。高力士当时的权力大得没边，连太子见到他都很恭敬，一般的亲王都叫他"爷爷"，唐玄宗也把他当兄弟看待。他听到李白居然让自己给他脱鞋，气得七窍生烟，可唐玄宗当时也喝多了，笑眯眯地同意了李白的请求。高力士没有办法，只好跪下来给李白脱了鞋。高力士把这件事看成自己毕生的耻辱，由此恨透了李白。

杨贵妃也很喜欢李白的诗，经常吟诵不止。有一天杨贵妃正在吟诵李白的《清平调》，高力士在一旁插话了："娘娘觉得这首诗很好吗？"杨贵妃说："当然了，这诗实在太美了！"高力士指着诗中的一句"借问汉宫谁得似，可怜飞燕倚新妆"，对杨贵妃说："这首诗是形容娘娘您的美貌的，可他居然用赵飞燕来比喻娘娘，这不是骂您吗？"赵飞燕是汉成帝的皇后，长得虽然很美丽，但生性阴毒，淫荡成性。杨贵妃听高力士这么一挑拨，认为李白把她当成赵飞燕那种女人，心里很不高兴，从此经常在唐玄宗面前说李白的坏话。唐玄宗每次想提升李白的官职，杨贵妃都会从中作梗。唐玄宗见贵妃讨厌李白，渐渐地，他也对李白疏远起来。

李白知道自己得不到唐玄宗身边人的好感，他的政治抱负也难以实现，越发狂傲不羁。他和贺知章、李适之、汝阳王李琎、崔宗之、苏晋、张旭、焦遂交好，成天在长安酒店狂饮，并称"酒中八仙"。后来李白请求让自己辞官回家，唐玄宗赐给他金帛，让他回去了。

李白走到并州的时候，遇见郭子仪，对他的外貌气质暗暗称奇。当时郭子仪犯了法，正要被拉去斩首，李白找到当地官员，免了他的死罪。

安禄山造反后，李白到处流浪。永王李璘请他当了自己的幕僚，后来李璘起兵，李白知道他心怀不轨，赶紧逃走了。李璘造反失败后，李白也被牵连了进去，论罪当杀头。当时郭子仪已经成为唐朝举足轻重的大将，他听说李白出事以后，赶紧上表表示愿意用自己的官职来给李白赎罪，李白这才免去一死，只是被流放到了夜郎。

一天晚上，李白在江边的一条小船上喝酒，喝醉后把江中倒映的月亮当成了真月亮，趴在船边想去捞，结果不小心掉进水里淹死了。但民间传说却都说李白是被江里的一条大鱼驮到天上去了，他不是太白金星转世吗？所以人们宁愿相信他回到了天宫，继续写他那些千古传诵的诗句去了。

李白受南朝诗人谢朓影响很大，他特别喜欢谢朓隐居过的青山，所以他也想在那里终老一生。他死后被埋葬在龙山，后来范传正去祭奠他的墓，下令禁止在李白坟墓周围砍柴和放牧。范传正寻访李白的后人，只找到他的两个孙女，她们虽然流落民间，但言行举止还保留着大家风范。她们哭着对范传正说："爷爷一直想去青山，现在他被埋在龙山，这不是他的本意。"范传正就将李白的墓迁到了青山。他还想把李白的两个孙女改嫁给士族青年，可她们说自己已经和平民成亲，不愿意改嫁。范传正为她们的节操所感动，下令免去了她们丈夫的徭役。

唐文宗即位后，下诏将李白的诗列为"三绝"之一。

阴险的安禄山

安禄山是胡人，不知道父亲是谁。他母亲带着他嫁给了安延偃，从此就姓了安。安禄山很狡猾，善于揣摩人情，懂6种少数民族的语言，担任了互市郎。

张守珪担任幽州节度使时，安禄山因为偷羊被捕，正准备杀他的时候，他大喊："大人不想消灭两蕃吗？为什么要杀我？"张守珪觉得他说话很有自信，又见他体格强壮，就把他放了，还让他做了小军官。安禄山善于打仗，有一次他只带了5个人就俘虏了几十个契丹人回来。张守珪很看重他，给他增加了士兵人数，从此逢战必胜，很快就升到偏将，被张守珪收为养子。

御史中丞张利贞来河北调查的时候，安禄山拼命巴结他，送了很多财物。张利贞回朝后极力赞扬安禄山，从此安禄山得到了朝廷的信任，官越当越大。

当时有个不成文的规定，地方上的节度使卸任后一般都会进入朝廷当宰相。李林甫生怕那些有文化的将领当上节度使后影响自己的地位，他认为胡人没文化，朝廷不会让他们当宰相，所以建议多用胡人为节度使，安禄山就凭借这个机会当上了节度使。

安禄山很有心机，却故意在唐玄宗面前装出一副傻里傻气的样子。有一次他见到太子，却不跪拜行礼。唐玄宗告诉他这是太子，安禄山故意说："我不懂朝廷礼仪，请问太子是什么品级的官？"皇帝说："太子是我儿子，我死后要把位子传给他的。"安禄山赶紧装出一副慌乱的样子跪下谢罪道："我这人笨，光知道有陛下而不知道有太子，罪该万死。"这让唐玄宗很高兴。杨贵妃没有小孩，安禄山为了巴结她，不顾自己比杨贵妃大了20多岁，非要当她的养子，唐玄宗乐得哈哈大笑，居然同意了。从此安禄山每次都是先给贵妃行礼，再向皇帝行礼。唐玄宗觉得很奇怪，问他为什么这样做。安禄山回答道："按我们胡人的规矩，母亲在父亲前面。"唐玄宗听了之后笑得更厉害了。

安禄山是出了名的肥胖，肚子都快到膝盖了，但是他却能跳胡旋舞。每次唐玄宗看他捧着个大肚子跳胡旋舞，都笑得半死。一天，唐玄宗摸着他的肚子说："你这么大个肚子，里面都装的什么呀？"安禄山回答："只有一颗忠诚的心。"把唐玄宗哄得很开心。

当时唐朝多年没有经历过战争，唐玄宗也变得很昏庸，加上奸臣乱政，安禄山认为夺取天下的时候到了，于是到处招兵买马，建立了一支极具战斗力的军队。他为了麻痹唐玄宗，知道唐玄宗喜欢打胜仗的消息，就把契丹人骗来请他们喝酒，并在酒里下药，等把他们麻倒后再砍下脑袋送往朝廷，说是打胜仗得到的敌人首级。唐玄宗哪儿想得到这一手？还觉得安禄山又能干又忠心呢。

安禄山的伎俩能骗住唐玄宗，却骗不了别人。太子和宰相屡次向皇帝进谏说安禄山有异心，唐玄宗根本不信。杨国忠也对安禄山不放心，他建议让唐玄宗突然召安禄山入朝，如果稍微有所推托的话，那就有问题了。结果安禄山猜到了杨国忠的心思，当唐玄宗召他入朝的时候，他快马加鞭地去了，这让唐玄宗打消了怀疑。从此以后，不管杨国忠说安禄山什么坏话，他一律不听。

安禄山还恶人先告状，他在华清池朝见唐玄宗时哭着说："我是个胡人，没有什么文化，全亏陛下提拔我，可杨国忠就是非要杀了我才肯甘心。"皇帝亲自安慰他好久。很多人都说安禄山要反，但谁在唐玄宗面前告安禄山的话，唐玄宗就把他捆起来交给安禄山处理，结果再也没人敢说什么了。

天宝十四载（公元755年）十一月，安禄山假称接到皇帝密旨，让他带兵入京除掉杨国忠，他点齐15万人后正式造反，揭开了安史之乱的序幕。

忠烈名臣颜真卿

颜真卿学问渊博，品行很好。开元年间，他中了进士，后来升任监察御史。他去外地巡视的时候，在五原县审理清楚了一件疑案，当时本来大旱，案子审清楚后就下了场大雨，当地人把那雨称为"御史雨"。颜真卿执法严明，弹劾违法官员无所畏惧。杨国忠的亲信吉温陷害宋浑，颜真卿说："怎么能因为一时的愤怒而陷害人呢？"杨国忠因为这件事对他很不满，把他排挤到平原当了太守。

颜真卿料定安禄山会造反，他借口连日阴雨，城墙倒塌，下令加固城墙，挖掘壕沟，选拔士兵，做好抵抗的准备。他为了麻痹敌人，成天都和人一起喝酒，安禄山以为他一介书生，没有对他产生疑心。安禄山叛乱的时候，河朔一带除了平原全部都沦陷了，颜真卿派人向唐玄宗禀报了安禄山叛乱的消息。

敌人攻破洛阳后，派段子光把李登、卢奕和蒋清的首级拿到河北各郡传示，恐吓他们。段子光到了平原后，颜真卿担心部下害怕，故意说："这些首级不是他们的。"还杀掉了段子光，把李登等人的首级藏起来。后来他用草扎成三人的身体，把首级放在上面安葬了。

颜真卿在河北一带坚持抵抗，一直坚持到唐军收复河北。后来河北再次沦陷，颜真卿认为敌人士气高涨，不能和他们硬拼，就放弃了平原，来到凤翔朝见肃宗，被任命为御史大夫。他一直坚持原则，弹劾不合格的官员，维护了纲纪。颜真卿的耿介得罪了不少人，宰相元载道德败坏，有一次他反对颜真卿的一个建议，颜真卿生气了，对他说："用不用我的建议是由你决定的，但是提建议的人是没有错的。朝廷的政事还经得起你的破坏吗？"元载从此对颜真卿恨得咬牙切齿。元载担心别人告发他以权谋私，对皇帝说："大臣们上书言事，往往都带有毁谤的言语。我请求以后凡是议论政事的奏章，必须先交给本部门的长官，再送到宰相那里，经宰相审查后再决定是否上奏。"这很明显是为了堵住大臣的嘴，颜真卿坚决反对这个馊主意，专门上书请求皇帝不要接受这个意见。颜真卿主持祭祀太庙的时候，反映祭祀的器物不整洁，元载就诬陷他诽谤，把他贬到陕州当了别驾。

元载被处死后，颜真卿被任命为刑部尚书。杨炎当政的时候，不喜欢颜真卿的耿介，把他改任为太子少师，剥夺了他的权力。卢杞当了宰相后更看不惯颜真卿，多次想方设法陷害他。

李希烈发动叛乱，攻下汝州，卢杞上书建议把颜真卿派去劝说李希烈，皇帝居然同意了他的请求。消息传出后，满朝文武大惊失色，李勉认为，朝廷会因此失去一个元老，是耻辱，他秘密上表请求皇帝收回成命，但没有成功。颜真卿经过河南的时候，河南尹认为李希烈造反的迹象已经很明显了，劝他不要去送死。颜真卿说："君命不能违背。"他见到李希烈后，李希烈的养子拔出刀将他团团围住，将领们也破口大骂，但颜真卿仍然不动声色地将圣旨宣读完毕。李希烈一向敬重颜真卿，用身体护住颜真卿，把那些人骂了下去，好不容易才让颜真卿回到客栈。李希烈逼颜真卿上书为自己辩解，颜真卿不答应。李希烈就骗颜真卿的侄子和手下，让他们向朝廷请求为自己平反，但皇帝没有理睬。事实上颜真卿给他们写信的时候，只是在信中教导他们要好好为朝廷效力，守护好家庙，并没有别的话。李希烈派人劝说颜真卿，颜真卿对来人说："你受国家栽培，却不好好报效朝廷。只恨我手里没有刀，如果有刀的话早把你宰了，还用得着你来劝说？"李希烈举行宴会，把颜真卿也找来，他让表演节目的伶人演唱辱骂朝廷的话，颜真卿大怒，指着李希烈骂道："你是朝廷的臣子，怎么能这么做！"李希烈很羞愧，当时别的叛臣的使者都在，他们对李希烈说："早就听说颜太师声望很高，大人您想称帝，要找个宰相，谁能比得上颜太师？"颜真卿痛骂："你们听说过颜常山吗？他是我的哥哥，当年安禄山叛乱的时候，他第一个起来反抗，后来虽然被俘，但骂贼不绝，不屈而死。我快80岁了，坚守节操，并不怕死，难道还怕你们胁迫我吗？"那些人都大惊失色。

李希烈在院中挖了个大坑，扬言要活埋颜真卿，但颜真卿并没有被他吓倒。李希烈称帝后，派人向颜真卿请教登基的礼仪，颜真卿回答："我老了，只记得诸侯朝见皇帝的礼仪！"朝廷的军队逐渐占据了优势，李希烈怕形势发生变化，派人到颜真卿那里，在院子里堆满柴草，点燃后对他说："你今天要是不投降的话，就把你活活烧死！"颜真卿二话不说，站起来就向烈火扑去，叛贼们赶紧把他拉住。李希烈见颜真卿不可能投降，终于动了杀机。他派人去杀颜真卿，使者对颜真卿说："圣旨到。"颜真卿赶紧跪拜接旨。使者说："应赐你死。"颜真卿问道："我没有能完成使命，罪该万死，只是想问您是哪天从长安出发的？"那人说："我是大梁来的（李希烈首都定在大梁）。"颜真卿大怒，站起来骂道："原来是叛贼派来的，还敢称圣旨！"最后颜真卿被勒死了，享年 76 岁，唐朝三军将士听到这个噩耗后都痛哭流涕。

颜真卿在当时威望很高，人们都不称呼他的姓名，而叫他"鲁公"（颜真卿曾被封鲁郡公）。他是有名的书法家，尤其精通楷书，人们把他的楷书称为"颜体"，至今仍然有很多书法爱好者临摹颜真卿的字。

冲天大将军黄巢

黄巢出身盐贩世家，家里世世代代都是卖私盐的。他从小就喜欢舞刀弄剑，喜欢和逃亡的人交朋友，很讲义气。

唐懿宗统治时期，连年饥荒，而官员们仍旧横征暴敛，很多人干脆揭竿而起，用武力反抗唐王朝的黑暗统治。濮州人王仙芝率领 3000 人起兵，逐渐扩大了势力。王仙芝自称大将军，送檄文到各地，说官吏贪得无厌，不让老百姓活命，所以要除暴安良。黄巢听说这个消息后，和兄弟们拉起几千人的队伍起兵响应王仙芝。

黄巢和王仙芝合兵，推王仙芝为首，连败官军。这个时候唐懿宗已经知道起义军的事情了，他派人前往剿灭，但并没有什么成果。朝廷决定对其招安，任命王仙芝为左神策军押衙。王仙芝本人倒是很高兴，但黄巢却很不满，他骂王仙芝："你倒是投降了，将士们怎么办？要走可以，把士兵留给我！"还把王仙芝打了一顿。王仙芝害怕激起众怒，拒绝了朝廷的招抚，继续带兵和朝廷作战。不久，王仙芝被官军打败处死。这时黄巢正在攻打亳州，王仙芝的残部前来归附他，大家推举黄巢为王，号称"冲天大将军"，建立了起义军政权。

当时起义军中有种传言，说如果杀儒生的话就会失败。所以许多百姓都说自己是儒生，才没有被杀。黄巢攻下福州后，经过校书郎黄璞的家，下令不许骚扰。后来又抓到隐士周朴，想让他为自己效命。周朴说："我连天子的官都不当，哪里会追随贼寇！"黄巢大怒，将周朴杀害，从此开了杀儒生的先河。

当时官军内部也有矛盾，给了黄巢可乘之机。黄巢占据荆南后，和官军交战。官军让沙陀人将500匹战马故意放入阵中然后逃走，起义军以为官军胆怯。第二天，起义军将领骑上那些马出战，那些马能听懂沙陀语，被沙陀人一叫就跑回官军那边，然后官军出动伏兵，将起义军杀得大败，俘虏了起义军4/5的人。有人劝官军将领刘巨容继续追击，刘巨容却说："朝廷经常辜负我们，有难的时候不吝惜赏赐，但没难的时候就猜忌我们了。还不如留下部分贼寇，这样朝廷才会继续倚重我们。"黄巢因此才得以摆脱追击，重整旗鼓。

黄巢吸取了过去的教训，下令不准乱杀老百姓，也不许抢劫。所经之地只选取精壮男子补充军队，由此得到了老百姓的支持。黄巢渡过淮河后，官吏纷纷逃亡，这时候的皇帝是唐僖宗，他听说黄巢打来的消息后吓得直哭。宰相们建议把现有的15万人全部调集起来把守潼关，大宦官田令孜一方面请求让自己率兵守卫潼关，另一方面劝皇帝去蜀地避难。这个时候黄巢已经攻下了洛阳，进城之后秋毫无犯。皇帝把希望全部寄托在田令孜身上，亲自为其钱行。但是田令孜手下的禁卫军都是富家子弟，只是在禁卫军里面挂个名混饭吃的，根本不懂得打仗，而且拿到朝廷的赏赐后只会向别人夸耀，等到得知真要去打仗后，都躲在家里哭。他们私下雇用贫民，让他们代替自己去送死。那些人有的连兵器都握不稳，看到的人都很吃惊，觉得这下肯定要完蛋了。张承范带领3000人守卫潼关，他对皇帝说："当年安禄山只有5万人就攻破了潼关，现在敌人有60万，我估计守不住的。"但皇帝没有听他的。禁卫军只带了3天的粮食，士兵们都吃不饱，毫无斗志。

黄巢率军攻打潼关，官军齐克让在关外作战，将黄巢的前锋击退。黄巢随即赶到，鼓舞了士气。齐克让的士兵根本没有吃饱饭，饿得受不了，暗地放火烧了营寨后逃跑了。张承范拿出金子对潼关守军说："大家一定要守住，援兵马上就到！"好不容易才把士气提升起来，实际上并没有什么援兵，很快潼关就失守了。

唐僖宗听说潼关失守，逃到蜀地避难去了。黄巢很轻松地占领了长安，士兵们见到贫苦百姓就扔钱帛给他们，还宣传："黄王不像唐家那样不爱惜你们，大家不要害怕。"起义军对那些达官贵族却是另一副面孔，抓到官吏全部斩首，并焚烧了他们的房子，留在长安的皇室宗亲全部被杀，一个都没活下来。

黄巢随即登上皇位，定国号为大齐，起义暂时取得了胜利。可惜起义军长期流动作战，并没有建立根据地，占领过的地方也没有分兵把守，他们一走，官军就回来占领了。实际上黄巢所能控制的也就是长安周围一小块地方，官军把他们包围了起来，不久，长安的粮食供应出现了危机。

这个时候，黄巢手下大将朱温投降了官军，雁门节度使李克用也率领部下讨伐黄巢，连续击败起义军。黄巢军粮很快就吃光了，部下逐渐不服从命令，开始策划逃跑。撤退的途中，起义军和官军在长安附近的渭桥发生激战，死伤惨重，黄巢只好连夜逃走。

黄巢在撤退途中一直受到朱温和李克用的追击，身边的士兵越来越少，最后在泰山躲了起来。不久，黄巢在泰山狼虎谷战死，起义最终失败。黄巢起义沉重打击了唐朝的统治，在剿灭黄巢的过程中，各地节度使扩充了实力，形成了新兴军阀势力，很快就推翻了唐王朝的统治。

旧五代史

野心家朱温

朱温本来是河南的一个小流氓，他母亲给人当佣人，好不容易才把他养大。可是朱温长大后成天游手好闲，周围的人很讨厌他。黄巢起义后，朱温觉得这是个机会，就加入了起义军。由于他足智多谋，武艺高强，逐渐成为起义军中的重要将领。他见黄巢的力量越来越弱，就带领部下投降了朝廷。唐僖宗很高兴，特地赐名全忠，封他为河中行营副招讨使，不久，又封他为宣武节度使，朱温由此变成了镇压农民起义的帮凶。很快，他借镇压起义军的机会吞并了好几个节度使的地盘，成为唐末最强大的一个藩镇。

当时的皇帝唐昭宗被宦官囚禁在凤翔，朱温觉得这是个控制朝政的好机会，便率军以勤王的名义包围了凤翔，将唐昭宗接回长安，从而控制了朝政，顺便把那些作恶多端的宦官全部杀掉了。

不久，朱温逼唐昭宗迁都洛阳，还下令把长安的居民也全部迁走。他把长安的建筑物全部拆毁，把木料扔到渭河里面，顺流直下，一直漂到洛阳。到达洛阳后，朱温先想办法把跟随昭宗的亲王、宦官和杂役全部毒死，将皇帝身边的侍从换成自己的人。朱温见昭宗的儿子李裕相貌不凡，有王者气派，他担心李裕即位后对自己不利，于是想办法想害死他。昭宗很清楚自己只不过是一个傀儡，他成天都和皇后一起哭泣，时刻担心被杀。朱温派蒋玄晖暗中监视昭宗，昭宗有一次对蒋玄晖说："李裕是我的爱子，为什么要杀他呀！"说着说着就痛哭起来。朱温知道这情况后觉得应该早点下手除掉昭宗。当时很多节度使都在外面蠢蠢欲动，朱温早就想对付他们了，他怕自己带兵出去的话，昭宗会对他不利，于是决定立个年幼的皇帝，便于自己控制。

一天晚上，唐昭宗正在睡觉，朱友恭受朱温指使，派蒋玄晖带了 100 人谎

朱温像

称有紧急军情汇报。裴夫人打开门一看外面全是士兵，就大声呵斥他们。一个士兵冲上去一刀将裴夫人杀死，然后到处搜查昭宗。昭仪李渐荣大喊："你们杀我吧，不要伤害陛下！"昭宗从睡梦中惊醒，披上衣服就跑。一个士兵挥刀向他砍去，李渐荣用身体去挡，结果死于刀下，昭宗也被杀害了。第二天，蒋玄晖对外宣布是裴夫人和李渐荣杀害昭宗，于是立李柷为太子，择日即位。李柷就是唐哀帝，当时才 13 岁。

朱温得到昭宗被杀的消息后心里非常高兴，但却装出一副很震惊的样子瘫倒在地上，号啕大哭："这帮混蛋把我出卖了，居然干出这种大逆不道的事，让我背上这个骂名啊！"回到洛阳后，他一头扑在唐昭宗的棺材上，哭得死去活来。然后他又向哀帝诉说这事和他无关，并请求让他追查凶手。正好朱友恭等人的部下在外面闹事，于是他以朱友恭等人管教下属不严上奏，贬了他们的职，后来干脆让他们自尽。

接下来，朱温又把朝廷当中可能会反对他的大臣全部杀掉。他手下有个谋臣当年考进士没有考上，特别讨厌那些大臣，对朱温说："这些人平时自称'清流'，我看还是把他们扔到'浊流'去最好！"于是朱温在一天晚上把那些大臣召来，将他们全部扔到了黄河里。

朱温觉得差不多可以当皇帝了，不过他还想听听各地节度使的意见，就派人把自己想称帝的意思告诉了各地的节度使。当时只有襄州节度使赵匡凝反对，朱温派人把襄州打了下来，赶走了赵匡凝，从此再也没有人敢公开反对了。

哀帝拼命讨好朱温，还赐给朱温九锡。九锡就是九种礼器，一般只赐给德高望重的大臣，很多权臣在篡位之前都接受过九锡的赏赐。朱温明明很想篡位，但他觉得哀帝这样做是在讽刺他，更加生气了，竟不肯接受。不久朱温诬告蒋玄晖和太后私通，将蒋玄晖杀死，又杀了太后和另外几个大臣。

第二年，朱温的手下罗绍威计划除掉牙军，也就是最后一支效忠于皇帝的军队。朱温发兵援助罗绍威，将牙军将士全部杀死，除去了篡位的最后一个障碍。

一年后，朱温终于灭掉了唐王朝，登上了皇帝的宝座，定国号为梁。朱温把儿子们派出去打仗，自己却把儿媳们招进宫里供自己淫乐。最后他的二儿子实在忍受不了禽兽父亲的暴行，于是发动政变将其杀死。梁朝没过多久就灭亡了，从此中国陷入了分裂局面。

儿皇帝石敬瑭

石敬瑭是唐庄宗手下一员大将，没有发迹的时候他沉默寡言，但熟读兵法，从军后李嗣源很器重他，把女儿嫁给了他。石敬瑭有万夫不挡之勇，曾经率领十几个骑兵在敌阵中左冲右突，敌人根本不敢抵挡，最后一个人也没损失就得胜而归。唐庄宗为了表彰他的勇敢，还亲手给他调制乳酥，把别人羡慕得不得了。

李嗣源即位后，石敬瑭被任命为光禄大夫、检校司徒、陕州保义军节度使等官职，此后连连升职，成为后唐举足轻重的大将。

石敬瑭和李嗣源的儿子李从珂一向不和，李从珂篡位后，将石敬瑭逐出了朝廷，任命他为太原留守和节度使。本以为从此可以抑制石敬瑭了，殊不知太原地势险要，可攻可守，士兵强悍，石敬瑭还把洛阳的财物运往太原，将太原作为自己稳固的根据地。这样，石敬瑭渐渐摆脱了李从珂对他的控制。

当时北方少数民族契丹已经逐渐强大起来，首领耶律德光对中原虎视眈眈。石敬瑭知道自己的实力不如李从珂，和部下商量了半天，决定投靠契丹，利用契丹的力量来保护自己，并夺得皇位。

李从珂对石敬瑭一向不满，他听说石敬瑭有所举动后，先发制人，派了几万人马前去攻打晋阳。石敬瑭觉得形势危急，决定立刻向契丹求援。

石敬瑭命桑惟翰给契丹写了一封求救信，上面说如果契丹帮助他把唐军打败的话，他愿意认耶律德光为父亲，并且割让幽州、云州等16个州。石敬瑭不顾民族尊严的行径引起了部将们的反对，刘知远就说堂堂中原大将，认契丹人为父亲实在太丢脸了，再说那16个州是中原的屏障，怎么能随便割让呢？可急疯了的石敬瑭哪儿管得了这么多，还是把那封信送了出去。

耶律德光早就对中原垂涎三尺，见石敬瑭开出这么优厚的条件，高兴还来不及呢，亲率5万人马前去援救石敬瑭，很快就打败了唐军。李从珂调集军队组织第二次进攻，可带兵的赵德钧却贿赂耶律德光，请求立自己做皇帝，和契丹约为兄弟之国。他的条件比石敬瑭的差多了，不过耶律德光觉得赵德钧的实力很强，不是那么好对付，决定答应赵德钧的请求。石敬瑭知道这一消息后急得和热锅上的蚂蚁一样，赶紧派桑惟翰跑到契丹军营前跪下，哭哭啼啼地请求契丹不要和赵德钧合作。耶律德光没有办法，只好撤销和赵德钧合作的打算。

不久，耶律德光册封石敬瑭为皇帝，定国号为晋，并约定双方以后永为父子之邦，石敬瑭将雁门关以北的16个州割让给了契丹。石敬瑭比耶律德光大了11岁，可他还是恬不知耻地称呼耶律德光为父亲。

石敬瑭有了契丹做靠山后，就变了一个人，他气势汹汹地率领人马向后唐发起了进攻，后唐军队纷纷望风而降。联军一直打到了潞州，赵德钧父子投降。这个时候契丹军队停止前进，石敬瑭率领自己的部队单独南下，借着余威迫使唐军投降，一直打到了洛阳城下。李从珂见大势已去，只好和太后、皇后等人登上高楼自焚。石敬瑭终于得偿所愿，正式成为中原的皇帝。

石敬瑭对契丹感恩戴德，给契丹上奏章的时候，都自称"儿皇帝"，称耶律德光为"父皇帝"，每年除了要送30万匹丝帛和大批金银外，逢年过节还得送上各种礼品给耶律德光和他手下的大臣们。契丹对石敬瑭稍有不

五代十国兴亡表

朝代和国名	创建人	公元年代	灭于何朝何国
后梁	朱温	907~923	后唐
后唐	李存勖	923~936	后晋
后晋	石敬瑭	936~947	契丹
后汉	刘知远	947~950	后周
后周	郭威	951~960	宋
吴	杨行密	902~937	南唐
南唐	徐知诰	937~975	宋
吴越	钱镠	907~978	宋
楚	马殷	927~951	南唐
闽	王审知	909~945	南唐
南汉	刘龑	917~971	宋
前蜀	王建	907~925	后唐
后蜀	孟知祥	934~965	宋
荆南（南平）	高季兴	924~963	宋
北汉	刘旻	951~979	宋

满，就派使者来斥责他，可石敬瑭丝毫也不动怒，而是唯唯诺诺，卑躬屈膝地道歉。后晋的使者出使契丹，契丹人都不把他们放在眼里，故意说很多侮辱性的话。而契丹使者出使后晋，却比中原皇帝还威风，稍有怠慢便大发脾气，指着石敬瑭的鼻子骂。朝廷上下对此非常不满，觉得把中原人的脸都丢尽了。可石敬瑭却满不在乎，照样我行我素。

石敬瑭当了 7 年儿皇帝，病死了。他的侄子石重贵继承了皇位，在给契丹的奏章中自称"孙"而没有称臣，契丹人认为这是对他们的不敬，于是大举南下侵略中原。由于燕云十六州被割让给了契丹，所以契丹军队入侵中原如入无人之境。但进入中原后，遭到中原军民的顽强抵抗，连续两次都失败了。最后由于内奸的出卖，契丹人还是攻下了洛阳，将石重贵俘虏，后晋从此灭亡了。

虽然契丹人最后还是被赶走了，但那 16 个州始终都掌握在他们手中，导致日后的中原王朝在和契丹作战的时候无险可守，始终处于被动的局面。

新五代史

周世宗柴荣

周世宗柴荣是周太祖郭威的皇后的侄子，郭威没有儿子，他很喜欢年少有志的柴荣，所以收他为养子。郭威登上皇位后，将柴荣内定为自己的继承人，全力培养他。郭威死后，柴荣顺利登上了皇位。

北汉刘崇听说郭威去世，新登基的周世宗柴荣又是个年轻人，认为进兵中原的时机到来了，于是联合契丹人想入侵中原。周世宗听说刘崇和契丹人居然不顾道义，趁自己国丧期间兴兵，顿时大怒。他排除众议，决定御驾亲征。当时后周的军队素质并不是很高，周世宗知道凭借这么一支军队对付刘崇还勉强可以，但要对付身经百战的契丹骑兵可就麻烦了。他下诏招募亡命之徒，知道那些人武艺高强，而且不怕死。他下令，即使是山贼强盗，只要来从军，一律免罪。周世宗用这个办法招募了不少勇武之人，组成了一支强大的军队。

周世宗带领部队亲征，在高平遇上了敌军。有人来报："刘崇手下有 3 万骑兵，另外还有 1 万多契丹骑兵，已经摆好阵势了。"周世宗下令出击，刘崇阵势严整，第一次冲锋并没有奏效。周世宗

周世宗柴荣像

重新摆列好阵势，发动了第二次猛攻。没多久，大将樊爱能和何徽不战而逃，东面的部队顿时乱了阵脚。周世宗大怒，命人前去命令两人重新回来指挥作战，谁知道那两个胆小鬼居然说已经失败，不愿意再打了。周世宗亲自来到东面督战，他身先士卒冲入敌阵，将士们见皇帝都如此勇敢，一个个热血沸腾，不要命地猛攻敌阵，把敌人杀得大败。天黑的时候，敌人在江边摆好阵势，阻止周军的攻势，又被周军杀得大败。一开始，风向对周军不利，但一交战，风向却突然发生变化，朝着敌人方向吹去。一时间飞沙走石，敌人连眼睛都没办法睁开，结果被打得根本无法还手。打了胜仗之后，周世宗下令追查那些临阵脱逃的人，把他们全部抓起来斩首示众，而那些英勇作战的将士都受到了很优厚的赏赐。在此之前，很多将领仗着手握兵权而不太听皇帝的命令，经过此事以后，那些骄兵悍将才开始有所收敛。

周世宗回国后推行了一系列改革措施。他最讨厌借佛教骗人害人，当时那些信佛的人动不动就伤害自己的身体，以示对佛的虔诚。更有些僧侣要把戏骗人，且很多人出家是为了不劳而获，逃避赋税，给国家造成了极大的损失。周世宗下令，从此以后禁止私度僧尼，不准随便兴建寺庙，男子15岁以上，能够背诵佛经100页或读500页，女子13岁以上，能背诵70页或读300页的，经家人准许，向官府申报后，才能剃头出家。而且严禁妖术和毁坏自己身体的行为。僧侣都要登记，如果查出没有登记的僧侣，一律还俗。结果第一年就废除了3万多所不符合规定的寺庙，极大节省了社会财富，为后周经济的发展打下了基础。

周世宗还重用儒生，让他们制定出新的刑法和礼仪制度，成为日后政法的典范。当时国家缺少流通货币，他下令将全国的铜制佛像销毁，将那些铜用来铸造钱币。他对大臣们说："我听说佛祖教导人们要把人生看成是虚妄的，而要把拯救苍生看得最重。如果佛祖还在的话，只要是对世人有利，他连自己身上的肉都肯割下来，更何况这些佛像呢？"周世宗的话说得很有道理，所以当时的人都没法反驳他。周世宗还很喜欢读书，注重提高自身修养。他看到元稹的《均田图》后感叹道："这就是达到国家大治的根本啊！"于是下诏颁布了均田法，将全国的土地合理地分配给老百姓，推动了生产的发展。

　　周世宗能够虚心接受大臣的正确意见，他虽然杀了很多大臣，但从来没有哪个大臣是因为进谏惹怒他而被杀的。征讨南唐的时候，宰相李谷向他提出了好建议，周世宗将其写好放入锦囊之中，经常拿出来阅读。

　　周世宗很想统一天下，除了征讨南唐之外，他还发动了对北方的战争，收复了大片失地。可惜这么优秀的一个皇帝却短命，在位仅仅6年就去世了。他死后不久，大将赵匡胤夺取了皇位，建立了北宋王朝。

可悲的才子皇帝李煜

　　李煜是南唐皇帝李璟的第6个儿子，他5个哥哥都死得早，所以他才能被立为太子。李璟死后，李煜继承了皇位。他虽然是个很聪明的人，但并没有把自己的聪明才智用在处理国事上面，而是成天沉溺于填词作诗，根本不关心国事。当时中原是北宋的天下，李煜害怕北宋的强大，每年都进贡很多金银珠宝，想让北宋放自己一马。雄才大略的赵匡胤哪里会满足于这点小恩小惠？只是他当时的精力都集中在攻打其他国家上面，所以暂时没有动南唐的心思。

　　李煜见赵匡胤对自己不错，也就放下心来，更加无忧无虑地玩乐起来。他很器重一个叫韩熙载的大臣，认为他敢说真话，有政治才能。但实际上韩熙载是个放荡的人，他家里养了几十个小妾，那些小妾经常和他的宾客们勾搭，而韩熙载对此睁只眼闭只眼。李煜觉得这件事影响太坏，就降了他的官职，让他到外地任职。韩熙载出发之前把那些小妾都打发走了，独自上路。李煜认为韩熙载知错就改，就改变主意把他留了下来，并恢复了他的职位。谁知道那些小妾又被他招回来了，李煜对此非常失望。

　　韩熙载以前和李谷是好朋友，一起在北方为官。唐明宗即位后，韩熙载来到了南方。在临行的时候，李谷来送他，两人话别。韩熙载对李谷说："江南如果让我当宰相的话，我一定能带兵北上，平定中原。"李谷却说："中原如果让我当宰相的话，我收复江南就和探囊取物一样容易。"李谷在后周时期果然当上了宰相，他率军攻打南唐，收复淮南。而韩熙载却毫无作为，可见这个人没有什么真本事。李煜器重这种人，说明他不善于观察人和用人。

当时南唐有个大将名叫林仁肇，很有军事才能。赵匡胤很忌惮他，认为要进攻南唐，先得除去这个人，于是他施展反间计，陷害林仁肇，李煜本来就没有什么才能，居然相信了这个阴谋，干脆给林仁肇赐了杯毒酒，把他害死了。

林仁肇一死，北宋就再也没有怕的人了，公开准备灭南唐的计划。李煜很害怕，他赶紧派人给赵匡胤送了封信，表示自己愿意取消南唐国号和皇帝称号，改称"江南国主"。

不久，赵匡胤派曹彬和潘美为大将，率领大军攻打南唐，一直打到长江以北，最后被江水挡住了去路。宋军决定搭浮桥过江，这个消息传到金陵后，李煜问大臣们该怎么办，有个大臣说："从古到今也没听说过搭浮桥过江的，陛下不用担心。"李煜听了之后哈哈大笑，没有放在心上，也没有组织起有效的抵抗。

几天后，宋军搭好了浮桥，渡过了长江。南唐各地守军节节败退，宋军很快就打到了金陵城附近。这个时候李煜才着急起来，他派大臣徐铉赶赴东京向赵匡胤求和。徐铉是出了名的有口才，但是赵匡胤又岂是凭口舌就能说服的人呢？徐铉说："李煜待陛下就像儿子侍奉父亲一样，陛下怎么还要讨伐他呢？"赵匡胤说："那么父亲和儿子能分家吗？"徐铉还是不死心，苦口婆心地劝说，赵匡胤不耐烦了，斥责道："你别废话了！我知道李煜没有罪，但是你要知道，我的床边是容不下别人睡着打呼噜的！"

李煜见没有希望求和，于是孤注一掷，调来15万大军，想火攻宋军。谁知道风向不对，反而把自己给烧了，15万人马全军覆没。李煜最后只好开城投降，被俘虏到东京。

赵匡胤对李煜倒还不错，但李煜知道亡国奴的日子不好过，他每天都流着眼泪过日子，写下了许多悲郁之词，像"问君能有几多愁，恰似一江春水向东流""剪不断，理还乱，是离愁。别是一般滋味在心头"等都是他词中的名句。这些词后来被宋太宗看到，觉得他心怀不满，为了免除后患，宋太宗用毒酒将他杀害了。

宋　史

陈桥兵变

赵匡胤是北宋开国皇帝，他本来是后周大将，因为作战英勇而受周世宗的器重。赵匡胤治军严厉。他父亲也是个将军，有一次他父亲带兵作战，回来时天已经黑了。他父亲在城门外叫门，当时守城的正是赵匡胤，他对父亲说："虽然我们是父子，但城门开闭关系到国家大事，现在天已经黑了，按规定是不准开门的，所以我不能让您进来。"结果他父亲一直等到第二天天亮后才进门。

周世宗很怕那些掌握兵权的将军会对他不利，经常杀害那些面相奇异的人。有一次他发现了一块小木头，上面写着"点检做天子"5个字。当时担任殿前都点检的是张永德，周世宗就撤了他的职，改任自己信任的赵匡胤为殿前都点检，谁知道正是这个赵匡胤夺去了他的江山。

周世宗死后，他儿子才7岁，朝政大权都控制在赵匡胤手中。正在这个时候，北汉勾结契丹入侵。朝中大臣一听到敌军入侵的消息都慌作一团，只有赵匡胤很镇定，朝廷下令让他带兵抵御。经过一番准备后，赵匡胤领兵出征。刚走到京城外面的陈桥驿就停了下来，驻扎在那里。士兵们纷纷议论道："皇帝年幼，我们在外面卖命打仗，可不一定能得到赏赐，还不如立赵匡胤为皇帝呢。"五代时期，武将篡位是很平常的事，士兵们有那种想法倒也不奇怪。那些人找到赵匡胤的弟弟赵光义和谋士赵普，对他们说了这个想法，取得了两人的支持。当天晚上，士兵们发动了兵变，声言要立赵匡胤为天子，有人劝阻也不听。他们围住了赵匡胤的大营，在外面叫嚷。赵匡胤还不知道出了什么事，赶紧披上衣服出来看。那些士兵拿着兵器大喊："现在军队没有主人，我们要立点检做皇帝！"赵匡胤还没来得及说话，有人就拿了一件只能皇帝穿的黄袍披在了他的身上，大家围着他下拜，称他为万岁，将其扶上了马。这时候赵匡胤才有点明白过来，他对众将士说："让我当皇帝，那我的话你们能听从吗？"大家齐声回答道："愿意听从皇上差遣！"赵匡胤说："我本来是太后和皇上的臣子，所以你们不能欺凌他

宋太祖赵匡胤像

们，朝中大臣都是我的同事，你们不能侵犯他们，也不准到处抢劫，一定要严肃军纪！服从我命令的人有赏，违反者格杀勿论！"大家纷纷表示同意。于是赵匡胤带着部下回到了京城，副都指挥使韩通听说发生兵变，赶紧指挥抵抗，结果被赵匡胤手下的王彦升杀死，全家遇害。王彦升因为杀了人，后来虽然立了很多功劳，但一直都没有晋升为大将军。

赵匡胤登上明德门，命令将士们都回军营，自己也回到了官署。不一会儿，宰相范质等人被押了过来，赵匡胤哭着对他们说："我违背天地，已经弄成这样了，你们看怎么办？"范质等人还没来得及说话，站在旁边的罗彦瑰手按宝剑大声说道："现在国中无主，今天一定要点检做天子！"范质等人迫于无奈，只好对赵匡胤下拜。第二天，赵匡胤带领群臣上朝，举行完登基大典后，将小皇帝封为郑王，把太后封为周太后，并没有为难他们。后来宋朝的皇帝对柴氏也一直很好，没有做出杀害前朝皇族的缺德事。

赵匡胤当了皇帝后不久，就有两个节度使起兵反对他，他花了很大力气才平定叛乱。为此，他心里很不踏实，觉得让大将掌握兵权对自己很不利。一天，他把一些和自己关系很好的将军请到宫里喝酒，委婉地表示想

解除他们的兵权，那些将军见皇帝猜疑他们，吓得赶紧表示会交出兵权。史称"杯酒释兵权"。赵匡胤用这个办法解除了将军们的兵权。收回兵权后，赵匡胤也没有为难那些大将，而是赐给他们很多财宝田地，让他们颐养天年。赵匡胤一直执行优待大臣的政策，并将其作为祖训传了下去。整个宋朝统治期间，大臣很少有被杀的，就是赵匡胤立下的规矩。

赵匡胤还很节俭，他看到后蜀皇帝居然用7种珍宝装饰夜壶，气得命人将其打碎，说："用7种珍宝来装饰夜壶，那又用什么东西装饰餐具呢？像这样，不亡国才怪！"

半部《论语》治天下

赵普是赵匡胤的好朋友，当年陈桥兵变的时候，赵普也是发起者之一，赵匡胤为了表彰他的功劳，即位后将其任命为右谏议大夫、枢密直学士。

范质等后周宰相被免职后，赵匡胤觉得赵普是个人才，将他任命为宰相。赵匡胤把赵普看成是自己的左右手，什么事都要和他商量后再做决定。

赵普虽然足智多谋，但他没有读过多少书。赵匡胤劝他多读点书，增长见识。于是他每天回到家，都把自己关在房间里埋头苦读，第二天处理政务的时候总是得心应手。他死后，别人打开他的书箱一看，发现里面只有20篇《论语》（《论语》共40篇），所以后人称赵普是"半部《论语》治天下"。

有一天晚上，天降大雪，赵普听到有人敲门。开门一看，原来是赵匡胤，赶紧把他迎进了屋。赵匡胤说："我已经约了赵光义了。"过了一会，赵光义也来了。赵普在屋子中间铺了两床褥子，3个人就坐在地上谈话。赵匡胤对赵普说："我想统一全国，但不知道应该先打南方还是北方。"赵普说："北汉以北是辽国，如果我们先打北汉的话，就会和辽国直接对敌了。再打南方的时候，如果辽国来偷袭，对我们很不利。所以我觉得应先打南方，等南方统一后，一个小小的北汉还能跑到天上去？"赵匡胤很高兴地对他说："你说的话和我想的一模一样，我只是来试探下你的意思而已。"于是定下了先南后北的统一战略。

赵普出身小吏，有的时候对自己的行为不够慎重，渐渐引起了赵匡胤的反感。有一次吴越王钱镠送了 10 个坛子给赵普，说是海货。赵普还没有来得及打开，赵匡胤就突然来看他。赵普赶紧把坛子藏起来，但还是被赵匡胤看到了。赵匡胤问坛子里装的是什么，赵普回答是海货。赵匡胤说："哦，海货一定是好东西，打开来看看。"打开来一看，里面装的哪是什么海货啊，全是瓜子大小的黄金。赵普慌忙跪下解释，赵匡胤无奈地说："收下这些东西也没什么，他们以为国家大事都是由你这个书生决定的呢。"

宋太宗即位后，赵普被征召入朝。这时有人告发秦王赵廷美谋反，赵普为了讨好太宗，主动请求让自己查访此事。退朝后他告诉太宗，当年他也参与了立太宗为皇位继承人的计划，太宗听了之后很感动，升了他的官。

赵普不太能管住自己的嘴巴，他和赵匡胤是布衣之交，所以赵匡胤没发迹之前干的见不得人的事他全知道。赵匡胤即位后，赵普还是经常把那些事挂在嘴上。赵匡胤知道后很不高兴，但也不想惩罚他，于是委婉地对他说："如果在老百姓中就能认出以后的皇帝和宰相的话，那就不用物色人才了。"从此赵普才闭上了嘴。

赵普对人有时候不免刻薄一点，偶尔还会嫉妒人，但他仍然可以坚持以国事为重。他曾经举荐一个人为官，但赵匡胤不喜欢那个人，所以不肯任用。第二天赵普还是坚持上奏，赵匡胤还是不用。第三天还上奏，赵匡胤生气了，把那奏章抓起来撕碎扔在地上。赵普不动声色地把碎片捡起来，回家之后补好，过几天又递给赵匡胤看。赵匡胤被他的执著感动，又觉得那个人其实还是不错的，于是就任用了。还有一次，一个大臣按规矩应该升官的，但赵匡胤很讨厌他，所以不给他升。赵普知道后坚持要给他升官，赵匡胤气冲冲地说："我就是不提升他，你能拿我怎么样？"赵普回答："刑罚是用来惩罚坏人的，赏赐是用来赏给功臣和好人的，这些都是通行的道理。况且这个赏赐是国家的赏赐，又不是陛下私人的赏赐，怎么能因为陛下的好恶而有所改变呢？"赵匡胤被他说得哑口无言，转身就走。赵普站起来一直跟着他。赵匡胤进入后宫后，赵普就站在门外不动。赵匡胤拿他没办法，只好升了那个人的官。

宋太宗和赵普感情很深。当他得知赵普重病时，心里很忧虑，多次下诏书要赵普好好养病。不久赵普就去世了，太宗得知这一消息后非常震惊，为其流泪。赵普被追封为真定王，真宗年间又被追封为韩王。

范仲淹改革

范仲淹是北宋名臣，他在北宋大臣中的地位可以从他的谥号"文正"中看出来。一般一个朝代最重要、贡献最大的大臣才能用"文正"作为谥号，可见范仲淹是一个多么优秀的臣子。

范仲淹两岁的时候父亲就去世了，母亲带着他改嫁到朱家。范仲淹少年时期在外地求学，昼夜不停地苦读，冬天疲倦到了极点，他就用冷水来洗脸，清醒一下接着学习。他穷得只能靠喝粥来维持生活，这种生活是一般人难以忍受的，但他却坚持了下来，从来没有叫过苦。

功夫不负有心人，范仲淹终于考上了进士，从此出人头地。他没有忘记母亲的养育之恩，当官后第一件事就是把母亲接来侍奉。

应天知府晏殊听说范仲淹很好学，就请他主持应天书院教务。范仲淹在任期间，向朝廷递交了万言书，奏章里提出了一系列改革思想，但没有获得朝廷重视。

范仲淹教学一向诲人不倦。来向他请教学问的人很多，他在忙于公务之余，几乎把时间全部放在了教学上面。范仲淹经常用自己的俸禄购买食

范仲淹像

物，给那些来求学的人吃，结果导致自己的孩子穿不上新衣服。当时士大夫之所以注重品行节操，正是范仲淹倡导的结果。

西夏入侵以后，宋军连吃败仗。范仲淹请求让自己去边境保卫国土，于是被派到延州，负责那里的军事。北宋以前规定，不同级别的将领带兵数量不同，打仗的时候，先由地位低的军官出征，如果战事不利，再派高级点的去。范仲淹认为："将领不选择合适的人，只按照地位高低来决定出阵先后顺序，这是自取灭亡。"

他认真检阅了所辖的官兵，从中精选出 1.8 万人，把他们分成 6 部分，交给 6 个将领统率，分别给予训练。到作战的时候，根据敌人的形势调遣他们轮流出阵抗敌。

范仲淹苦心经营边防，取得了很大效果，在他的领导下，北宋官兵一改以前萎靡不振的作风，战斗力得到了明显提高。范仲淹还重视和少数民族搞好关系，把和西夏人勾结的羌族拉了回来，恩威并施，让他们死心塌地追随北宋，削弱了敌人的力量。

西夏求和后，范仲淹被召回朝廷，升任为枢密副使。当时的副宰相王举正胆子小，不敢得罪人，皇帝对他很失望。谏官欧阳修等人上奏称范仲淹有宰相之才，请求朝廷罢免王举正而改任范仲淹，于是朝廷任命他为参知政事。范仲淹很不高兴地说："这种官职是靠谏官的话就能得到的？"他坚决不肯接受这个官职，请求和韩琦一起到外地去视察边防。

宋仁宗对当时朝廷的种种弊端很不满，他想早日实现天下太平、富国强兵，所以经常向大臣们询问执政策略。范仲淹对别人说："皇上对我，真是非常信任了。不过凡事都有个先后缓急，以前长期积累下来的弊病，并不是一朝一夕就能革除的啊。"宋仁宗听说后，马上给他下了诏书，让他当面奏对。范仲淹觉得推脱不掉，于是写了一份《答手诏条陈十事》，里面详细地叙述了自己的改革措施。这些改革措施分别是：

一、严明官吏升降制度。

二、限制随意升官，比如大臣的子弟不能担任要职。

三、改革科举考试制度，使其更加公平。

四、改革地方长官制度。

五、均衡公田（官员在任时期归其所有的土地，其收入是俸禄的一部分），尤其要补助那些没有发给公田的官员。

六、重视农桑。

七、整顿军备，建立府兵制。

八、将赦令落实到底，各地官员不得拖延。

九、严肃法令。

十、减轻徭役。

宋仁宗看到后很高兴，除了建立府兵制这一条之外，其余的都颁布下去，命令各地实行。这些改革遭到了保守派的攻击，加上规模过于浩大，执行的官员又有很多借着改革机会徇私舞弊的，所以很多人都指责改革，不停地在宋仁宗面前说范仲淹的坏话。正好这个时候，边境传来警报，范仲淹被调出京城，他一走，反对派就肆无忌惮地攻击他。范仲淹压力非常大，只好主动辞去了宰相一职。没过多久，他的改革措施全部被废除了。

范仲淹对母亲很孝顺，因为母亲生前一直没能摆脱贫困，所以后来他虽然富贵起来，但没有客人时，他一顿饭最多只有一个荤菜。他注重家乡教育，还在家乡设了义庄来救济本宗族贫苦的人。范仲淹喜欢举荐贤才，很多名臣都是他的门生。范仲淹 64 岁那年去世，他死的时候，羌族首领数百人为他举哀，像死了父亲一样痛哭。宋仁宗也为他的死悲伤了很久，并亲自为他撰写墓碑。范仲淹家教非常好，他 4 个儿子日后都成为廉洁贤能的大臣。

欧阳修整顿文坛

欧阳修 4 岁的时候父亲就去世了，他母亲为了把他抚养成人，立志不改嫁。他母亲亲自教他读书写字，当时他家穷得连纸和笔都买不起，他母亲就用芦管当笔在地上划字教他。虽然条件恶劣，但欧阳修从小就聪明过人，在母亲的悉心教导下，欧阳修成长得很快，成年后就有了很高的声望。

当时宋朝的文章还是沿袭着五代的风气，文人们只知道盲目修饰雕琢，堆砌辞藻，文章内容空洞无物。读书人不知道变革，因循守旧，写出来的文章一点气势都没有，只会无病呻吟。很多人都想扭转这种风气，但是因为力量不够而没有成功。欧阳修一开始学习的也是这种文风，后来他在一家人的废纸篓里翻出一本韩愈的文集，读了之后大受启发。从此苦心研读，学习韩愈的文风，决心要成为韩愈那样的人。

欧阳修考中了进士，开始和尹洙交往。尹洙和欧阳修志同道合，都讨厌当时萎靡的文坛风气。他们俩常在一起写诗论文，议论朝政，把对方当成自己的良师益友。后来欧阳修又和梅尧臣交上了朋友，欧阳修从这些朋友身上吸取了很多优点，文章也越写越好，很快就名满天下了。

范仲淹被贬官后，谏官高若讷认为范仲淹是活该。欧阳修知道后愤愤不平，写信责备高若讷居然不知道人间有羞耻之事。高若讷看了信之后很生气，把这封信交给了皇帝，欧阳修因此获罪，被贬为夷陵县令。后来范仲淹想聘请他为自己的书记，欧阳修推辞说："以前我帮你说话并不是为了自己的私利，所以我觉得最好还是避嫌。"

当时宋仁宗任用了很多优秀的大臣，他还打算增加谏官的数量，起用天下名士，欧阳修就是他考虑的第一个人选。欧阳修议论朝政从

欧阳修像

来不会有所回护，那些被他批评的小人都很恨他，但宋仁宗却喜欢他敢说真话，对别人说："像欧阳修这样的人，上哪儿去找？"

庆历新政失败后，朝廷里正直的大臣一个接一个地被贬，欧阳修看了很是心痛，上书反对。那些小人对他恨之入骨，就给他罗织了一堆罪名，把他赶出了朝廷，11年后才被重新召回来。宋仁宗看到他头发都花白了，慰劳了他好久，那些小人害怕他再次被起用，就唆使别人假造欧阳修的奏章请求仁宗清洗内侍中为非作歹之人。这件事激怒了那些宦官，他们纷纷诬陷欧阳修。幸好吴充站出来为欧阳修辩白，宋仁宗才没有把欧阳修赶走。欧阳修出使契丹的时候，契丹皇帝特意让4个大臣为欧阳修主持宴会，对他说："这种规格的宴会并不是常例，只是因为是您，我们才破格这样做的。"

嘉祐二年（1057年），欧阳修奉命主持贡举考试。当时的读书人喜欢写稀奇古怪，但又没有什么内容的"太学体"。欧阳修很反感这种文风，凡是在卷子上写这种文章的，一律判不合格。考试成绩出来后，那些落榜的读书人在门口等欧阳修出门，他一出门就拦住他的马头放声大骂，连巡逻队都无法制止，欧阳修好不容易才从他们手中逃脱。虽然欧阳修的改革措施遭到了抵触，但此后考试的风气发生了彻底的转变，人们开始学习写作那些辞藻朴实无华但内容充实的文章了。

宋仁宗死后，宋英宗即位。宋英宗并不是仁宗的儿子，而是从宗室当中选出来的。宋英宗身体一向不好，有一次他得了病，无法亲自处理朝政，太后就临时垂帘听政。有人制造矛盾，搞得宋英宗和太后之间差点反目成仇。太后觉得很委屈，当着大臣的面哭诉了她和皇帝之间的矛盾。韩琦以皇帝有病来劝解，太后听了之后并没有高兴起来。欧阳修说："太后侍奉仁宗皇帝已经几十年了，您的仁德天下人谁不知道？以前有妃子被仁宗皇帝专宠，您都可以处理得很好。现在母子之间反而还不能宽容吗？"太后听后，情绪才稍稍缓和了些。过了很久，宋英宗和太后之间的矛盾才化解了。

欧阳修在滁州当官的时候，自号"醉翁"，晚年又自号"六一居士"。他虽然经常被流放，但从来没有改变过自己的志向。他被贬到夷陵的时候，闲着无聊，就把以前的旧案子拿出来看，结果看到无数冤枉的事例。他仰天长叹："一个边远小城尚且如此，天下的冤案又该何其之多啊！"从此他处理刑事案件再也不敢有半点疏忽。

欧阳修的文章浑然天成，文辞简要，分析论证有理有据。他和曾巩、王安石、苏洵、苏轼、苏辙，还有唐朝的韩愈与柳宗元8个人合称为"唐宋八大家"，而曾巩等5人都是欧阳修提拔赏识他们的，所以欧阳修也是宋代有名的伯乐。

欧阳修死后，朝廷追念他的功绩，追赠他太子太师的称号，谥号文忠。

王安石改革

王安石是抚州临川人，他少年时期就喜欢读书，记忆力惊人。王安石刚开始写文章的时候还没有引起别人注意，但写成之后，文章精妙得让别人一看就佩服得五体投地。

王安石考中进士后担任了知县。他上任后兴修水利，并在青黄不接的时候借贷粮食给农民，只收取很低的利息，百姓可在庄稼收获后再偿还。当地老百姓因此获得了很多便利，官府也增加了不少收入。

当时宋朝制度上的弊端已经暴露无遗，王安石决心要改变这种局面，曾经向宋仁宗上万言书，要求改革，这份万言书也成为他日后改革的蓝本。

但是宋仁宗刚刚经历了庆历新政的失败，听到改革两字就头疼，没有理会王安石。

王安石和韩维关系非常好，宋神宗当时还是颍王，韩维是王府的官员。韩维每次和颍王讨论问题，受到称赞时总是说："这些不是我的见解，而是王安石告诉我的。"就这样，王安石这个名字在颍王心里扎了根。宋神宗刚即位不久，就把王安石调入朝廷。

一天退朝后，宋神宗把王安石留

王安石像

了下来，宋神宗说："唐太宗有魏徵辅佐他，刘备有诸葛亮来辅佐，所以他们才有所作为。我觉得魏徵和诸葛亮真是天下少有的奇才。"

王安石回答道："陛下要成为贤君，一定要有人才来辅佐才行。现在国家那么大，人口那么多，人才并不是没有，但陛下却担心没有人才来辅佐。我觉得主要原因是陛下选择的治国之道还不明确，没有让天下人看到陛下的诚意。所以即使有人才，也让小人所蒙蔽了。"

宋神宗叹了一口气说："哪个朝代没有小人呢？即使是尧舜时期，也有三苗、共工、四凶这样的坏蛋啊。"

王安石不慌不忙地说："正因为尧、舜能够识别这些坏人，所以世人才称颂他们是贤王啊。如果让那些坏人得志的话，当时的贤人怎么能为国家出力呢？"

宋神宗觉得王安石说得很有道理，不久后把王安石提拔为宰相，然后问他："如果让你把书本知识用在政事上面，你会先用在哪儿呢？"

王安石不假思索地回答道："改变风俗、确立法度，这是目前的当务之急。"

宋神宗觉得他的话很对自己胃口，下令让王安石主持变法。王安石任命吕惠卿为自己的助手，先后制定出了青苗法、农田水利法、保甲法、募役法、方田均税法等法令，统称为新法。又任命40多人为提举官，把他们分派到各地推行新法。

讨论变法的时候，大家都认为行不通，但王安石排除众议，把他们说得哑口无言。其中有句话最有名："天变不足畏，祖宗不足法，人言不足恤。"这反映了他的激进思想。

王安石的新法本质上来说对国家是有利的，但是坏就坏在那些去执行这些法令的人身上。比如青苗法就是当年他当知县的时候借粮食给农民的措施，本来对农民是有好处的。但是那些贪官强迫农民借粮，即使不需要借粮食的人也必须借，后来更发展到不借出粮食，但收获的时候农民还要出利息，青苗法实际上成了盘剥百姓的手段。保甲法也是个例子，保甲法就是把十家归为一甲，十甲为一保，一家人如果有两个儿子，就派一个儿子出来，在农闲的时候接受官府的训练，作为民兵。这样既能节省开支，又增加了朝廷的军事后备力量。但后来发展到不管农忙农闲，都要从每家当中抽走一个壮丁训练，而且一训练就不准回家，直到家人送上贿赂才让走人。这样下去人民怎么忍受得了？所以反对王安石新法的人越来越多，就连宋神宗的母亲和祖母都天天哭着要他废除新法，宋神宗很快就动摇了。几年后，有人以天旱来攻击新法，宋神宗迫于无奈，只好暂时将王安石免职。虽然后来重新任用了他，但一年后又罢免了他，新法也逐渐被废除了。

司马光写《资治通鉴》

司马光和王安石本来是好朋友，但司马光是有名的保守派，王安石变法之后，两人关系就破裂了，等到司马光上台后，他做的第一件事就是把王安石新法全部废除。

司马光小的时候很聪明，有一次他和小朋友们一起玩，有个小孩爬到水缸上，不小心掉进去了。水缸里装满了水，眼看小孩就要被淹死了。别的孩子都吓得乱跑，年仅7岁的司马光却拿了一块石头把水缸砸破，把小孩救了出来。这件事让司马光出了名，很多地方还把这事画成图画到处传播。司马光20岁就中了进士，他虽然年轻，但很讨厌奢侈华丽，在朝廷招待新科进士的酒席上，只有他没有戴花。别人告诉他新科进士戴花是朝廷的礼仪，他才勉强戴上了一朵。

庞籍很赏识司马光，任命他到并州当了通判。当时西夏一直在打这个地方的主意，经常蚕食这块土地。庞籍命令司马光调查此事，司马光建议："修筑两座城堡来制约西夏，并招募百姓来开垦那里的土地，等耕种得多了，粮价就降下来了，还不用从远处运粮过来。"庞籍听从了他的计策。后来庞籍因为部下的疏忽而获罪，司马光连续3次上书把罪名推到自己身上，请求赦免庞籍，但没有得到答复。庞籍去世后，司马光对待庞籍的妻子如同自

司马光像

己的母亲，把他的儿子当成自己的兄弟来照顾。当时的人都认为司马光很讲义气，是个贤明的人。

宋仁宗生了重病，还没有确立继承人，天下人都很担心，但谁都不敢说这事。谏官范镇首先发起了立太子的讨论，司马光接踵而至，并写信给范镇要他坚持下来。后来他又当着宋仁宗的面说："我当初呈上的三份劝陛下立太子的奏章，希望陛下能够马上施行。"宋仁宗沉默了很久才说："我不想选个宗室继承皇位吗？这是忠臣才敢说的话，但一般人不敢跟我说啊。"司马光说："我说这事的时候，以为肯定没命了，没想到陛下居然能够采纳。"宋仁宗说："这又不是什么坏事，以前就有过先例的嘛。"司马光退朝后并没有听到皇帝立太子的诏命，又上书劝谏，宋仁宗看了之后非常感动。之后司马光又联合韩琦等人一起上书催促，很快就立了赵宗实为太子。

宋仁宗死后赐给百官的财物价值达100多万，司马光认为国家本来就不富裕，所以这笔钱不能要。但朝廷没有批准，司马光就把自己得到的那份钱一部分献给公家，一部分给了自己的舅舅，自己没有拿一文钱。

王安石变法后，司马光坚决反对王安石的新法，上书列举了新法的危害。朝廷让他在朝堂上和吕惠卿辩论。司马光把吕惠卿驳得无话可说，吕惠卿恼羞成怒，就用别的事来诋毁司马光。宋神宗看不下去，对吕惠卿说：

"相互争论是非，不要扯别的东西。"司马光针对青苗法说："老百姓把钱借出去吃利息还能盘剥穷人，更何况官府催债，谁敢说个不字？"吕惠卿说："青苗法规定的是谁愿意借就借，不愿意借也不勉强。"司马光说："那些百姓只知道借钱的好处，不知道还钱的坏处。当年太宗皇帝实行和籴法的时候，一斗米价值十钱，百姓都愿意和官府交易。后来物价贵了，和籴法反而成了当地老百姓的负担。我只怕青苗法以后也是一样。"吕惠卿说："在当地买米，就可以省去东南的漕运，省下的钱就可以供给京城。"司马光说："东南地区钱少粮多，现在不籴东南的米而要东南的钱，这不是损不足而补有余吗？"有大臣站起来说："司马光的话是对的。"

司马光知道自己受王安石排斥，干脆闭门写书。司马光精通历史，他决心写一部历史书出来，作为帝王的历史教科书。宋神宗虽然不赞成司马光的政治见解，但对他写书还是很支持的，专门把自己收藏的2400本书送给司马光，让他参考。司马光花了19年时间才把书稿写完，呈进给宋神宗看。宋神宗看了之后非常满意，将书名定为《资治通鉴》，就是可以当成镜子来看待历史上的经验教训的意思。司马光虽然并没有当宰相，但天下人都认为他才是真正的宰相，连一般的劳苦大众都称他为司马相公。

宋神宗去世后，司马光去奔丧，卫士们远远看到他过来，都为他行礼，说："这就是司马相公。"百姓们聚众观看，都想一睹真容，把路都堵住了，百姓大喊："司马相公不要回洛阳了，留下来辅佐天子，让百姓存活吧！"

朝廷见司马光威望很高，就任命他为宰相。司马光上台后，把新法全部废除了。有的人觉得新法是宋神宗留下来的法令，贸然废除不太好，司马光斥责他们道："先帝的法规，如果是好的，那到什么时候都不能更改。但像王安石那些祸国殃民的新法，是天下的祸害，为什么不能改？"王安石听说自己的新法被废除后，气得说不出话来，很快就病死了。

司马光毕竟岁数太大，身体又不好，很快也病倒了。当时辽国和西夏的使者来宋朝，都要问候司马光的身体，还对他们的官吏说："宋朝用司马光为宰相，我们可不要轻易惹事啊。"司马光弥留时，已经说不清楚话了，只能有气无力地自言自语，但说的都是国家的要事。不久，司马光去世，太皇太后和哲宗亲自去为他哭丧。司马光出丧那天，整个京城为他罢市，全都跑去为他吊唁，百姓们哭得死去活来。到处都有人画了司马光的像来祭祀，吃饭前一定要先祭拜他。

文坛奇才苏东坡

苏东坡本名苏轼，是眉州眉山人。他父亲苏洵、弟弟苏辙也都是文学家，母亲也很有才学，苏轼从小就接受了父母良好的教育。

苏东坡成年后参加了欧阳修主持的贡试，欧阳修阅卷的时候看到他写的《刑赏忠厚论》后拍案叫绝，十分欣赏他的才华。可欧阳修觉得这文章很像自己的门生曾巩写的，为了避嫌，他只把这篇文章取为第二。后来苏东坡又在《春秋》对义考试中得到第一名，中了进士。考试完毕后，苏东坡去拜访欧阳修，欧阳修对梅尧臣说："我应当设法避让这个人，让他高出别人一头（这就是出人头地这个成语的由来）。"当时很多人听到这话后都不服气，然而看到苏东坡的文章后，就被他的才气所吸引，不由他们不服。

苏东坡母亲去世后，他回家守孝。守孝期满后，欧阳修认为苏东坡人才难得，就推荐他去秘阁。在考试中，苏东坡考的六论，在此以前，六论很难出好文章，但苏东坡却写得非常好。考制策，苏东坡被列入了三等，也就是最高等。整个北宋，制策能列为三等的只有两个人，苏东坡就是其中之一。

苏东坡不光有文学天赋，政治才能也是有目共睹的。他在凤翔当官的时候，当地经常遭受西夏的骚扰，百姓生活很苦。他们还要运输木材，从渭水一直到黄河，途中要经过很多关口，被衙吏们敲诈勒索。苏东坡了解了这事以后，就重新制定了政策，让百姓自己选择水工，不用再受衙吏们的骚扰了。

宋英宗很欣赏苏东坡的才能，想破格提拔他入翰林院。宰相韩琦说："苏轼的才

苏轼像

能是大器之才，以后自然会被重用。现在关键是要培养他，让天下人对他心服口服之后再录用他，这样就不会有人反对了。如果现在骤然提升他的话，很多人会不以为然，反而害了他。"韩琦建议先面试他一下，宋英宗担心苏东坡不一定能通过，但韩琦坚决要求面试，要求等到他面试通过后再任用。苏东坡知道这件事后说："韩公真可以算得上用德来爱护人才了。"

王安石推行新法时，苏东坡虽然并不保守，但认为新法还有很多缺陷，上书表示反对。他在担任考官时，用独断专任的典故来出题。王安石知道之后很生气，认为是在讽刺自己。于是让人弹劾苏东坡，苏东坡知道这样下去对自己不利，就请求外放，到杭州当了通判。

杭州因为靠海，水质又咸又苦，唐朝白居易疏通西湖后，使湖水流入漕河，再从漕河把水引入农田，从此才发展了起来。后来年久失修，漕河和西湖水越来越少，只好取钱塘江的潮水。但潮水中淤泥很多，所以每三年就要挖一次水道，成为当地百姓的一大负担。苏东坡带领当地人民开凿了两条河道以通漕运，又修建了很多水利工程，还在西湖修筑了长达三十里的堤岸。从此西湖的景色越来越美，当地百姓都把那堤岸称为苏堤。

当时新政已经在全国推行，弊病不少。苏东坡在任上常常用变通的方法来方便百姓，百姓靠他才得以安定。

苏东坡后来因为在诗歌中讽谏朝廷，被人抓到把柄，诬告他诽谤朝政，把他关了起来，差点被处死。宋神宗念及他的才华，没舍得杀他，把他安置在黄州当了团练副使。苏东坡在黄州成天游山玩水，还在东坡造了所房子，自号"东坡居士"，所以后人都叫他苏东坡。

苏东坡的仕途是比较坎坷的，新旧党争期间，他又被贬到了惠州和琼州，都是穷山恶水之地，但他都能泰然处之，在那里著书为乐，怡然自得。苏东坡66岁那年在常州去世，高宗时期被追赠为资政殿学士，谥号文忠。

靖康之变

金朝在灭了辽国后，就把矛头对准了宋朝。他们借口宋朝收留了一个辽国的将军，违背了盟约，于是兴兵南下，想一举灭掉北宋王朝。

北宋当时已经非常腐朽了，沿路的官兵根本不堪一击，很快就被金国军队突破防线，直逼东京汴梁。正在寻欢作乐的宋徽宗听到金国军队大举南下的消息后十分害怕，干脆把皇位传给太子，自己带上两万人马逃到南方避难去了。

即位的是宋钦宗，他一上任就把主张抗金的李纲提拔为兵部侍郎，并下诏讨伐金兵。很快，金兵节节胜利，已经快要攻到东京城下了。宰相白时中和李邦彦两人都劝钦宗逃跑，钦宗也觉得逃跑是个好主意。李纲知道后气得不得了，赶紧求见钦宗，信誓旦旦地保证自己一定能守住东京城。

几天后，金兵兵临城下，李纲率领京城守军死守不退，将金兵杀得大败，粉碎了敌人一次又一次的进攻。

金兵撤退后，宋钦宗和投降派觉得从此可以高枕无忧了，干脆把逃在外面的宋徽宗接了回来，大家一起过太平日子。李纲认为金兵迟早会卷土重来，他多次向朝廷提意见，要求加强京城的防备，防止金兵再次进攻。可他的话没有人能听进去，反而觉得这个人多嘴多舌，对他更加不满了。

得意的北宋君臣们没有想到完颜宗望虽然已经撤兵，可另一支由完颜宗翰率领的金兵仍在攻打太原。消息传来后，宋钦宗派兵前去援救，谁知道援军在半路上中了埋伏，带兵大将不幸战死。宋钦宗觉得李纲挺碍事的，下令让他去河北支援太原城。

很多人都觉得不应该在这个时候把李纲调走，但宋钦宗一意孤行，谁也拦不住。李纲也知道自己受到了排挤，但毕竟是调他去打金人，所以没有推辞。宋钦宗给了他1.2万人的军队，李纲请求朝廷给他军饷300万，因为他觉得这点人太少，沿途肯定要招兵买马，多带点军饷方便稳定军心，可朝廷只给了他20万军饷。李纲想多准备下再走，朝廷觉得他是在故意拖延，连连下诏要他快点出发。李纲没有办法，只好出发了。

李纲走到河阳，在那里招兵买马。很多人听说是去打金人，纷纷跑来投军。可朝廷听说他扩大军队，担心他图谋不轨，下令让他解散刚刚招募的士兵，立刻前去太原增援。李纲名义上是河北地区军队的总指挥，但实际上并没有实权，那些将领根本不听他的调度，最后打了个大败仗。

李纲因为自己没有兵权，于是引咎辞职。那些投降派却落井下石，说他平时喊着要抗金，真打起仗来又吃败仗，是个哗众取宠的小人。宋钦宗听信了那些人的谗言，把李纲贬到南方去了。

金人一听李纲被贬走了，高兴坏了，赶紧派宗翰和宗望重新率军向东京发起攻击。这个时候太原已经被攻破，两路大军共同南下，形势已经非常不妙了。各地将领听说金人卷土重来，纷纷带兵前来支援京城。宋钦宗担心他们的到来不利于求和，竟然命令他们全部回去。

宗翰的西路军轻松渡过了黄河，宗望的东路军也攻下了大名，两路大军离京城越来越近了。宋钦宗听到这个消息后差点被吓死，那些贪生怕死的投降派又成天嘀咕除了求和别无他法，最后决定派钦宗的弟弟康王赵构去金营求和。

赵构走到半路上，害怕被金人扣留，干脆停下不走了。而金人很快就攻到了东京城下。这个时候种师道已经去世，城里再也没有可以用的良将。有个大骗子名叫郭京，他声称只要能让他带领生辰年月符合六甲的人守城，金人就会不攻自破。而当时守卫京城的士兵士气已经低落到了无法想象的地步，李回奉命率领 1 万骑兵在黄河设防，结果还没有交战人就跑光了。宋钦宗没有办法，居然听信了郭京的鬼话。

郭京在城上行起"六甲"法术，命令所有的守军全部下城，打开宣化门，所有军队出城攻打金兵，结果被杀得大败。郭京谎称下城作法，带领剩下的士兵逃跑了。金兵很快就占领了城池，很多将官率领部下与金兵展开巷战，但根本没有办法阻止金兵入城，最后整个京城还是陷落了。这一年宋钦宗的年号是靖康，所以称为"靖康之变"，北宋王朝就此灭亡了。

宗泽抗金

宗泽从小为人豪爽，他参加进士考试的时候，在朝廷上公开针砭时弊，考官觉得他太没分寸，故意把他放在最后一名录取。宗泽被任命为馆陶县尉，和知县一起巡视黄河堤坝。当时宗泽的大儿子不幸夭折，但他并没有因此而耽误公务。吕惠卿听说这事后赞叹道："他可以说是为了国家而忘记自己的人。"

宗泽到了好几个地方当官，每到一处都留下了好名声，不过由于他经常直言敢谏，得罪了不少权贵，所以一直不受重用。后来朝廷想派他作为使者和金人和谈，投降派觉得宗泽为人刚直，恐怕不利于和谈，就没有让他去，而改派他出任磁州知州。

当时太原已经失守了，被任命到两河地区做官的人全都借故不去上任。宗泽却带了十几个老弱残兵毅然赶赴磁州。他到了磁州后，修缮城墙，囤积粮草，招兵买马，积极准备抗击金兵。金人攻占真定后，想渡过黄河，但又担心宗泽会偷袭他们，就派了几千人马攻打磁州。宗泽见敌人来袭，亲自率领部下用神臂弓将敌人射退，然后带兵出城追击，杀伤敌军无数，把得来的战利品全部分给了士兵。

京城沦陷后，康王赵构出任大元帅，统领各路抗金义军。宗泽在开德连打了13场胜仗，写信劝赵构号令各路人马会聚京城。他又亲自写信给3个将领，想让他们和自己一道增援京城。可他一腔爱国热情没有得到回应，那3个人居然认为他发疯了，根本不理睬他。宗泽很生气，带着自己的部下孤军前往救援。他手下的都统陈淬说敌人气势正盛，不要轻举妄动。宗泽大怒，想杀了他，幸好部下求情才让陈淬将功折罪。宗泽下令陈淬进军，打败了敌人。

宗泽进军到卫南的时候，考虑到自己手下人马不多，必须深入敌后。结果不小心遇到大批敌人，把宗泽团团围住。他下令说："今天是进是退都是一死，干脆死中求生！"士兵们知道不拼命就肯定是死，个个都拼死杀敌，居然把金人打败了。宗泽盘算敌人数量是自己的10倍，肯定还会再来，所以天一黑他就带着部队转移了。果然不出他所料，金人随后赶到，发现只剩下一座空营，都大惊失色。从此金人一听到宗泽的名字就害怕，不敢随便和他交战了。

宗泽在黄河以南扎下根来，发展义军的力量，决心收复失地。赵构称帝后（即宋高宗），宗泽前去朝见，流着泪向高宗陈述收复失地的大计。他与李纲一起和高宗对答，李纲十分赞赏他的忠勇。高宗想把他留下，但奸臣黄潜善等人却百般阻挠，最终还是把他打发到外地去了。

河东地区有个叫王善的人，拉起了一支70万人的队伍，想袭击开封城。

宗泽独自一人去见他，哭着对他说："朝廷正当危难之时，假如您这样的人再多上几个，哪里还会有敌患啊！今天是您为国立功的机会，不能失去啊。"王善被宗泽感动哭了，他说："我愿意为国家效力。"带领部下投靠了宗泽。当时还有好几支人数在数万到数十万不等的起义军，他们都被宗泽说服，成为抗金的重要力量。

金人力量十分强大，随时都有可能再次入侵，但以宋高宗为首的人却毫不担心，根本不加强防备。宗泽渡过黄河召集将领们共同商议御敌大计，他在京城周围招募士兵，联系河东、河北一带的起义军，陕西、京东、京西一带的人马都愿意听从宗泽指挥。岳飞当时还只是个小军官，不小心触犯了法令，将要受到处罚。宗泽一见到岳飞就说："这是个难得的将才啊！"下令释放了他。后来金兵来袭的时候，宗泽给岳飞500名骑兵，让他立功赎罪。岳飞把金兵杀得落花流水，得胜而归，从此岳飞才为世人所知。

宋高宗被敌人的威胁吓破了胆，决定放弃京城，迁都金陵。宗泽坚决反对这种逃跑的策略，他上了很多道奏章，但都被黄潜善等人扣留了。他们不但不体谅宗泽的爱国热情，居然丧心病狂地嘲笑他是疯子。

宗泽虽然被奸臣排挤，但他的一腔报国热情从来没有冷却过，他率领部下多次击败金人。金人对宗泽又恨又怕，都称他为"宗爷爷"。

宗泽前后向皇帝上了20多道奏章，请求皇帝返回京城，督促抗金。但这些奏章都被黄潜善扣留了下来。宗泽见朝廷里奸臣当道，气得火冒三丈。他已经是70多岁的人了，经不起这种打击，很快就在背上气出了毒疮。部将们都来探望病情，宗泽说："我因为国家有难，成天忧愤交加才弄成今天这个样子。如果你们能够消灭敌人的话，我就是死了也瞑目了。"大家都哭着说："不敢不尽力！"宗泽叹息道："出师未捷身先死，长使英雄泪满襟！"第二天，宗泽已经不行了，众将都让他安排后事，宗泽并没有留下任何和家事有关的遗言，他只是怒睁双目，用尽全身力量高呼三声"过河"（即收复黄河以北失地的意思）后与世长辞。宗泽去世的消息传开后，京城人民放声大哭，悲痛欲绝。

宗泽死后，京城人民请求让宗泽的儿子宗颖接替父亲的职务，但朝廷却派了一个叫杜充的人来。杜充所作所为和宗泽完全相反，人们大失所望，纷纷离去。宗颖多次和杜充争辩，但没有作用，于是请假回家守孝。从此义军再也不为朝廷所信用，宗泽苦心经营起的一番事业就这样被毁掉了。

岳飞大破兀术

岳飞出生的时候，有一只大鹏在他们家房顶上鸣叫着飞过，所以给他取名为飞，字鹏举。岳飞少年时期就很注重气节，虽然家里很穷，但他学习却非常刻苦。岳飞天生神力，能拉开三百斤的硬弓。他拜周同为师学习武艺，周同死后，他每个月的初一和十五都会去拜祭。他父亲认为儿子很忠义，对他赞不绝口。

岳飞在宣和四年（1122年）投军，很快就因为作战英勇而被提拔为小军官。金人入侵后，岳飞参加了抗金战争。有一次他带了100个骑兵到黄河边操练，遇到一大群敌人，士兵们都吓呆了。岳飞却说："敌人虽然人多，但不知道我们的虚实，我们应当趁他们还没注意到我们的时候出击。"于是他单枪匹马杀入敌阵，斩杀了一员敌将，敌人吓得狼狈逃窜，从此岳飞出了名。宗泽很欣赏岳飞，对他说："以你的勇猛和智谋，古代的良将都超不过你。但是你喜欢野战，这不是万全之计。"宗泽送给他阵图，要他好好研究。岳飞说："列阵之后打仗是兵法的常规要求，但要运用精熟，还得靠自己的潜心体会。"宗泽很赞赏他的话。

宋高宗即位后，岳飞上奏请求北渡黄河收复失地，但宋高宗却觉得他只是个小军官，居然敢越级上书，不但不听从，反而把他革了职。

岳飞投奔了河北招讨使张所，张所很器重他，让他跟随王彦渡过黄河一起作战。但岳飞和王彦有矛盾，粮食吃光后王彦也不肯借粮给他。岳飞继续北上，在太

岳飞像

行山和金兵激战，生擒金将拓跋耶乌。几天后，再次和敌人大战，岳飞手持丈八长枪冲入敌阵，刺死敌将黑风大王。岳飞回军后投奔了宗泽，宗泽死后，他就在杜充手下效命。

杜充的部下大多烧杀抢掠，但岳飞的队伍却秋毫无犯。兀术攻打杭州的时候，岳飞在广德阻击他，六战六胜。岳飞行军打仗，即使粮食吃光了，也不准士兵骚扰百姓，士兵们饿着肚子也不敢去问百姓索要粮食吃。金军里面那些被强征去的士兵都说："那是岳爷爷的部队。"纷纷逃出来投奔岳飞。

兀术攻打常州，岳飞四战四胜，把敌人一直追到了镇江，击败了兀术，清水亭一战，金军尸体排满了十五里地。兀术带领部下逃往建康，岳飞在牛头山设下埋伏等待他的到来。天黑后，岳飞派了100人穿上黑衣服混入金军大营骚扰。金人惊乱起来，自相残杀。兀术只好带着士兵转移到龙湾，岳飞率领300骑兵和2000步兵火速进军，大败兀术。兀术逃跑，岳飞乘势收复了建康。

金兵进攻楚州的时候，宋高宗命令张俊去救，但张俊推辞，就改派岳飞去，并下令刘光世增援岳飞。岳飞三战三捷，杀死、俘虏敌将70多人。刘光世不敢进军，岳飞只好孤军奋战，楚州最后还是陷落了。皇帝下令岳飞赶紧回军守卫通州和泰州，并说能守就守，不能守就保护百姓撤退。泰州无险可守，岳飞只好保护百姓渡江，与金兵在南霸桥展开激战，大败敌军。他亲自率领200个骑兵殿后，金兵都不敢靠近他。

岳飞和金人在北方拥立的伪齐政权展开了多年的较量，最后巧施妙计除掉了大汉奸刘豫。他建议趁刘豫被废之际发动进攻，但朝廷没有理他。宋高宗绍兴九年（1139年），南宋和金国签署了和约，岳飞上书表示反对，但没有被朝廷接受。

一年后金人就撕毁了和约，派兀术率领大军南下。宋高宗慌了手脚，派岳飞出兵抵抗，岳飞派出手下将领，让他们分兵把守重镇，自己则亲率大军准备进攻中原。不久，他派出的将领纷纷传来捷报，岳飞将主力留下，自己则率领轻骑兵驻扎郾城，准备和兀术决一死战。

兀术听说岳飞来了，就把手下大将召集起来商议，他们认为宋军其他人倒不足为惧，只有岳飞这块硬骨头不好啃，于是兀术打算引诱岳飞的部队前来，然后集中兵力消灭他们。消息传出后，朝廷内外都为岳飞感到担心，宋高宗也下令岳飞要慎重。岳飞说："金人的伎俩已经用光了。"他天天派兵挑战，还大骂兀术。兀术十分生气，率领大军进攻郾城。岳飞派儿子岳云出战，对他说："输了的话，我杀你的头！"岳云挥舞银锤杀入敌阵，和敌人交战几十个回合，杀得敌人尸横遍野。

兀术见岳飞很难对付，决定派上王牌部队。他训练了一支骑兵，都身披重甲，每三人为一组，用牛皮绳串起来，号称拐子马，冲锋的时候三人一起冲，宋军很难抵抗，兀术这次想凭借这一招击败岳飞。岳飞下令步兵手持大刀冲入敌阵，只管埋头砍马蹄。拐子马都是连在一起的，只要一匹马倒地，另外两匹也就没用了，结果拐子马几乎全军覆没。兀术伤心得大哭道："自从参战以来，全靠拐子马取胜，今天全完了！"兀术还不死心，调集兵力卷土重来。岳飞部将王刚率领 50 名骑兵在侦察的时候遇敌，马上投入战斗。王刚斩杀了敌军将领，岳飞望见前方在作战，就带领 40 名骑兵前去增援，把这支敌人援军打败了。

兀术连吃败仗，老本都快拼光了，只好仓皇逃走。当时形势一片大好，河北一带百姓听说岳飞来了，纷纷揭竿而起，组织义军响应岳飞。岳飞一直打到离汴梁只有四十五里的朱仙镇，百姓们争先恐后地前来犒劳子弟兵。兀术还打算靠强行征兵来抵挡岳飞，但河北一带没有一个人理他。金国将军也有带领部下投降的。正在岳飞等人庆贺胜利，准备收复汴梁的时候，朝廷却下令退兵，好不容易建立起来的大好形势毁于一旦。

理学大师朱熹

儒学发展到宋代，出现了理学这种体系，理学家们认为伦理纲常是人的先天之性，而喜怒哀乐是后天的情欲，情欲是阻碍伦理纲常的东西，所以要提倡"存天理，灭人欲"，提倡忠孝仁义。南宋的朱熹就是宋代理学集大成者。

朱熹小时候很聪明，刚会说话的时候，父亲指着天告诉他："这是天。"

朱熹问道："那天上边是什么呢？"他父亲很惊讶儿子的问题。上学后，老师给他一本《孝经》，他读了后在上面题字道："不这样做，就不是人。"朱熹18岁的时候成为贡生，不久中了进士，担任泉州同安县主簿。他在任的时候挑选了很多优秀人才到学校里学习，天天和他们一起讨论修身养性之道。不久他被朝廷征召，但以生病为借口推辞掉了。

皇帝想奖励和任用廉洁有才之人，有人推荐了朱熹，朝廷想任用他为秘书郎，他极力推辞。三年后，朱熹被任命为南康军知军，他再次推辞，但没有得到允许，只好去上任。当时南康正逢旱灾，朱熹在当地实行抗灾救民的政策，老百姓才没有饿死。朱熹在当地考察了白鹿洞书院的遗址，上奏请求恢复原来的样子，重新恢复了白鹿洞书院，由此白鹿洞书院成为中国四大书院之一。

朱熹深受二程学说的影响，很多人就借攻击二程来打击朱熹。陈贾对皇帝说，近来士大夫中有标榜所谓"道学"的，多数都是欺名盗世之徒，指的就是朱熹。朱熹一生廉洁，穷得经常问人借钱，但不符合道义的钱财一文不取。朱熹治学的方法是穷究事物之理来推广知识，然后又用在自己身上来检验实际内容。他常说圣贤的理论都分散在古代的典籍之中，而那些书里面的义理又不明白，所以圣人之道才没有人了解。他用一生的精力来研究经典，对经典进行注释，他写了很多注释经典和阐述自己学术思想的书，后来的几个朝代把他为《大学》《论语》《孟子》《中庸》所做的注解作为学校里的必修课程。

王淮罢相后，朱熹被召入朝奏事，有个朋友告诉他说他提倡的东西是皇帝不爱听的，让他不要在皇帝面前说这种话。朱熹说："我平生所学就是'正心诚意'四个字，怎么能欺骗君主呢？"见到皇帝后，皇帝说："好长时间没有看到你了，现在我想请你担任清要的职务，不再用州县的小事来麻烦你了。"第二天就任命朱熹为兵部郎官。兵部侍郎林栗和朱熹讨论学术问题发生了分歧，他就弹劾朱熹说："朱熹本来没有什么学问，只是剽窃张载和二程的学说，称为'道学'。他还经常带着一批学生到处走动，模仿孔子和孟子，不肯担任官职，明显是和朝廷作对！"皇帝说："林栗的话好像过头了。"太常博士叶适弹劾林栗，说他说的话没有一句是对的。侍御史胡晋臣也说他无事生非，把学者说成是朋党，林栗因此被贬为泉州知州。

宁宗即位后，韩侂胄仗着自己拥立有功，很骄傲。朱熹担心他会危害社稷，多次和皇上谈到这个问题，因此被免官，赶出了朝廷。赵汝愚执政后，朱熹写信提醒他要多多注意韩侂胄，但赵汝愚认为韩侂胄容易对付，没有把朱熹的话放在心上，最后事实证实朱熹当年说的话是对的。

朱熹离开朝廷后，韩侂胄唆使党羽弹劾理学，请求辨别他们的真伪。刘德秀在长沙做官的时候不被理学家张栻的弟子所看重，后来他做了谏官，就攻击理学为"伪学"。太常少卿胡纮说："近年伪学猖獗，图谋不轨，希望朝廷能够给予限制。"还有人攻击赵汝愚等人是"伪党"，后来发展到干脆说他们是"逆党"。更有甚者说道学和权臣结为死党，企图谋朝篡位，导致攻击"伪学"的行动一天紧过一天，甚至还有人上书要求杀了朱熹。当时那些跟随朱熹的学子都没了容身之地，不愿意同流合污的人纷纷隐居山林，也有一些儒学中的败类为了个人前途而改换门庭，拜他人为师，和朱熹划清了界限。虽然朱熹的学说遭到朝廷内外的反对甚至迫害，但他仍然每天平静地和学生们讨论学术。有人劝他把学生们都解散，省得给人以口实，他笑笑却没有说话。朱熹死的时候，谏官上奏说全国各地的"伪党"约定在朱熹下葬那天聚会，为他送葬，希望能加以管束。朝廷采纳了这个意见。

朱熹71岁那年去世，他死后不久，朝廷对"伪学"的态度也慢慢有了转变。韩侂胄死后，朝廷为朱熹恢复了名誉。

文天祥就义

文天祥年少多才，20岁就考中了进士。他在对策的时候以"取法天道，自强不息"为题，洋洋洒洒写了1万多字。宋理宗很欣赏这个才华横溢的年轻人，亲自选他为第一名。

蒙古军队入侵的时候，朝廷下令各地勤王。文天祥接到诏书后泪如雨下，想方设法凑集了1万多人的军队，准备开赴京城。有人劝他说："现在元朝大军势不可挡，你带着1万多乌合之众开赴前线和他们作战，这不是送羊入虎口吗？"文天祥大义凛然地说："我也知道你的话很有道理。但是国家养了我们300多年，现在遇到危难，号召天下人起来响应，居然没有一个人来。我对此非常痛心，所以才不自量力以身许国，希望能激励起天下的忠臣义士一起保卫朝廷。"文天祥本来很喜欢奢华，他平时生活非常豪华考究，养了很多歌女。但是朝廷到了危难关头的时候，他就降低了生活标准，把家财全部捐献出来作为军费。文天祥率领自己组织的部队到了临安，被任命为平江知府。当时吕师孟掌握兵权，他不但不积极准备抗敌，反而成天玩乐，一心求和，文天祥很看不惯他。

文天祥进入平江后，元军已经攻入常州了。文天祥派部将支援常州，吃了败仗，多数人都战死了。朝廷下令让文天祥回到临安坚守。

临安陷落后，文天祥想办法逃了出来，他和张世杰等人联系上，赶到福州继续组织义军抵抗。福州陷落后，文天祥在潮阳一带流动作战，多次击败元军。不幸的是，义军内部出现了奸细，暗中给元军带路，文天祥猝不及防，被俘虏了。

文天祥被押到潮阳后，元军将领张弘范很尊敬他，以宾主之礼相见，并带他一起到厓山去。张弘范要文天祥写信招降张世杰，文天祥说："我不能保卫自己的父母，却让别人背叛父母，这怎么可能！"张弘范还要强迫他，文天祥就写了流传千古的《过零丁洋》一诗给他看。张弘范看了之后知道不可能打动他，只好干笑着走开了。

厓山战役结束后，张弘范对文天祥说："南宋已经灭亡了，你已经尽了自己的职责。如果你能侍奉我们大元皇帝的话，做个宰相是没有问题的。"文天祥沉浸在痛苦之中，他告诉张弘范："国家灭亡，当臣子的却不能拯救，本来就死有余辜了，难道我还敢为了逃避死亡而背叛国家吗？"张弘范对文天祥的忠诚佩服得五体投地，派人护送他去元朝首都。

到了大都后，客栈的人招待得非常丰盛，但他并不睡觉，而是一直坐到天亮。元人见他这样，就把他关了起来。当时忽必烈正在广纳人才，便派人去请文天祥。文天祥说："国家都灭亡了，我只有一死报国。如果元朝皇帝能够让我作为道士回故乡的话，那还说得过去。但要我当官，为异朝效命，那是办不到的！"很多人都请求忽必烈释放文天祥，让他当道士去，南宋降臣留梦炎却不同意："文天祥出去后，肯定会重新号令江南起来造反的。"释放文天祥这件事就这么算了。文天祥在大都一共被关了3年，忽必烈知道他肯定不会屈服，又爱惜他的才学，就和宰相商量释放他的事，这时有人把文天祥当年在江西起兵的事情说了出来，所以最终没有释放他。

　　不久，有人自称宋朝皇帝，聚集了人马，想要救出文天祥。在京城里也发现了匿名信，声称在某天以焚烧城墙上的苇草为号，率领士兵起义，请丞相不要再担心。当时元朝丞相阿合马刚被刺杀，忽必烈正处于紧张状态。他怀疑信中所说的丞相是文天祥，就把文天祥招到宫中，对他说："你有什么愿望？"文天祥说："我身受大宋恩惠，做了宰相，不能再侍奉别的皇帝了。我希望能够赐我一死，这就足够了。"文天祥被拉到刑场的时候，上万百姓前来见他最后一面。文天祥很从容地对旁边人说："我的事情完成了。"然后向南方叩拜，英勇就义，年仅47岁。

辽 史

耶律阿保机建立辽国

契丹是鲜卑人的一支，在辽河一带过着游牧民族的生活，唐朝末年在北方兴起。当时契丹人还没有自己的国家，而是分散成几个部落，每隔3年由各部落首领推选出全族的可汗。当时契丹各部落里面最强大的一个部落是大迭烈部，他们率先推行了农耕制度，边放牧边种地，还学会了冶铁技术，是契丹族中最先进的一个部落。

耶律阿保机被推举为大迭烈部首领后，就开始四处征战。由于他采用了铁制武器，加上学习了很多中原的战术思想，所以在草原上所向无敌，很快就统一了契丹各部落，成为契丹霸主。

耶律阿保机利用唐末中原战乱，将势力扩展进了中原。他先和李克用结拜为兄弟，后来又和朱温结盟，从中捞取了不少好处。

耶律阿保机通过和中原的交流，决定采用中原政治制度。他自立为帝，建立了契丹国。后来契丹改国号为辽，后人也称他为辽太祖。耶律阿保机称帝后，把契丹首领的继承制度改成世袭制。由于以前是选举制，本来很多部落首领，包括他的弟弟们都有希望继承他的皇位，可改成世袭制后他们的梦想就破灭了，因此他们对耶律阿保机非常不满。他的几个弟弟发动了反对他的战争，史称"诸弟之乱"。第一次把叛乱镇压下去后，耶律阿保机并没有忍心杀掉亲兄弟们，而是和他们对天盟誓，并没有加以处罚。可第二年，那些人又叛变了。他派弟弟剌葛率兵攻打平州，剌葛攻下平州后并没有收兵，转过头来将矛头对准了耶律阿保机，想强迫他参加改选可汗的大会。耶律阿保机并没有和弟弟开战，而是马上回师，赶在弟弟们的前面举行了改选可汗的仪式。这样候选人实际上就只有他一个，所以他轻松当选。

耶律阿保机当选可汗后的第二天，众兄弟就来请罪，再次得到了他的宽恕。可谁知道半年之后，那些人又叛变了。他们拥立刺葛为新可汗，想劫持耶律阿保机参加由他们控制的可汗改选大会。耶律阿保机识破了他们的阴谋，亲自带兵讨伐刺葛。刺葛趁耶律阿保机带兵攻打自己的时候，悄悄派了另一支部队来偷袭阿保机

叠胜金牌 辽

的大营，还夺走了象征可汗权力的旗鼓和象征祖先的神帐。耶律阿保机的妻子有勇有谋，她率领部下拼死抵抗，等援军到来后又追赶敌人，结果仅夺回了旗鼓。耶律阿保机整顿好部队后对刺葛发动了进攻，很快就打败了他。但他并没有紧追残敌，因为他知道刺葛的部下不久就会思念家乡，等他们士气低落的时候再出兵，就能事半功倍。果然，一个月后刺葛的部下纷纷逃了回来，耶律阿保机乘机发动进攻，将刺葛活捉。至此，耶律家族的反叛势力一蹶不振，但这几次反叛给契丹人民带来了极大的伤害。

然后，他又着手对付其他部落。当时另外几个部落都催促他把可汗之位让出来，耶律阿保机见众怒难犯，就交出了旗鼓，然后对他们说："我属下有很多汉人，可不可以让我带领他们去治理汉人的地盘？"那些人都同意了。耶律阿保机在自己的地盘发现了盐矿，除了自己吃之外，还供应给其他部落。他说："我把盐拿给你们吃，你们不能白吃，应该来犒劳我啊。"那些人觉得他说得有道理，于是带上酒肉到耶律阿保机那里去，等大家都

喝醉的时候，耶律阿保机就把他们杀了。

耶律阿保机把发展经济的重点放在了农业上，他鼓励各部落学习先进的农业生产经验。耶律阿保机还任用了汉族大臣韩延徽，让他帮助契丹人学习先进技术。在韩延徽的影响下，契丹国还引进了不少汉族国家的管理经验。契丹是游牧民族出身，擅长放牧牲口，所以耶律阿保机也很重视畜牧业。他推行群牧制度，由国家统一管理，大批量放牧。因为大批量放牧马匹的成活率远远高于小批量放牧，而且质量也不可相提并论，这样，契丹骑兵的优势就更加明显了。

耶律阿保机还东征渤海国，将其灭掉，统一了东北地区。但他在回师的路上病死，享年 55 岁。

金 史

阿骨打誓不低头

在辽国统治区的北方，有一支女真族，他们世世代代受辽国统治者的奴役，早就很不满了。女真族比较落后，虽然很想反抗，但缺乏实力，而且女真内部分裂成为大大小小很多部落，分散了女真族的力量。

辽国皇帝天祚帝到东北春州游玩，春州是女真的地盘，当地有个风俗，每年春天最早捕到的鱼必须用来祭祀祖先，然后设下酒宴庆祝，这种酒宴被称为"头鱼宴"。天祚帝来得正是时候，正赶上设头鱼宴，他摆下筵席，请各位酋长喝酒。天祚帝本来就是个昏君，也不懂得收买人心的道理。酒喝到一半的时候，他居然要酋长们起来给他跳舞。那些平时养尊处优的酋长哪里肯受这样的侮辱？但由于惧怕天祚帝，只好含怒站起来为这个昏君跳舞助兴。

但女真族完颜部酋长乌雅束的儿子阿骨打却一动不动，他表情冷漠，一直用仇恨的眼光盯着天祚帝。天祚帝很不高兴，觉得一个小小的酋长之子居然敢不给自己面子，下令让他跳舞。可阿骨打就是不起来，别的酋长都怕他得罪了天祚帝，也跑来劝他。阿骨打不管别人怎么劝，就是打定主意不跳舞。天祚帝看在当天是节日的分上，没有找他的麻烦，但却憋了一肚子气，这场头鱼宴也就不欢而散了。

天祚帝私下对枢密使萧奉先说："阿骨打这个人太狂傲了，不听我命令不说，居然还敢用那种眼神看着我。我觉得应该找个借口把他杀了，省得

215

"撒土浑谋克印" 金

留下后患。"萧奉先却说:"阿骨打是个粗人,他懂什么礼节?再说了这点小事就杀他的话,我怕会伤害女真人的感情,以后对我们的统治不利。况且阿骨打算什么东西,就算他想谋反,又能有什么作为?"天祚帝听了他的话,就没有找阿骨打的麻烦,时间一长,他也把这事忘掉了。

可阿骨打却没有忘记那天发生的事,他对辽国长期欺压女真族早就不满了。通过这次头鱼宴,他看出天祚帝不过是个庸才,而且辽国也越来越腐败,他决心脱离辽国的统治,开创一番自己的事业。

不久,乌雅束去世,阿骨打继承了酋长的位子。他积极准备反抗辽国的统治,修筑城堡,打造武器,训练军队,很快就拥有了一支强大的女真部队。他利用这支部队逐渐统一了女真各部,壮大了自己的实力。

天祚帝听说阿骨打举动异常,一开始也没有放在心上,只是派使者去责问,另外派了些人马到东北相威胁。阿骨打说:"辽人已经察觉到我们的行动了,不能等他先采取行动,我们应该先发制人!"他挑选出2500人,组成骑兵部队,对辽国军队发动突袭。女真军队虽然人少,但训练有素,作战英勇,而辽国军队长期缺乏训练,早就不堪一击了。辽国将领没有想到女真人会主动进攻,根本没有任何准备,很快就被击溃。天祚帝听说吃了败仗,暴跳如雷,立刻派大军前去镇压,在松花江边遭到袭击,辽国士兵望风而逃,阿骨打再次取得大胜。很多女真部落一开始只是在观望,并没有支援阿骨打的意思,但看到阿骨打节节胜利,纷纷跑来投奔他。阿骨打从各个部落中精选出强壮士兵,将他们吸收进自己的军队,很快就发展到1万人。阿骨打觉得时机已经成熟,于是自立为帝,国号大金。

天祚帝听说阿骨打自立为帝的消息后很生气,但他还没有来得及派兵镇压,阿骨打就率领大军攻打辽国重镇黄龙府了。天祚帝赶紧派了20万人马前去增援,谁知道这些人都是酒囊饭袋,居然被阿骨打的1万骑兵杀得大败，连武器都丢光了。天祚帝被女真人的骁勇善战吓坏了，想和他们议和，但阿骨打不给辽国喘息的机会，一口回绝了天祚帝的请求，还要辽国投降。

天祚帝大怒，亲自点了 70 万大军，决心以多胜少，灭掉金国。正在这个时候，辽国发生内乱，天祚帝只好撤兵。阿骨打瞅准机会对撤退的辽兵发动进攻，70 万人一下子就被打垮了，天祚帝好不容易才逃脱。

这个时候，北宋王朝想来占便宜，他们派来使者和金国结盟，约好两路夹击，灭掉辽国，条件是北宋要收回燕云十六州，阿骨打同意了。当时辽国的 4 座京城已经有 3 座被金人攻了下来，剩下一座燕京留给宋军攻打。谁知道辽国军队虽然打不过金人，但打宋军还是绰绰有余，15 万宋军不但没有攻下燕京，反而吃了好几个败仗。宋军统帅童贯没有办法，只好请金人帮忙攻打，花钱把燕京赎了回来。金人看穿了宋朝的腐败，在灭掉辽国后没多久，就把矛头对准了北宋。

元 史

成吉思汗统一蒙古

成吉思汗名叫铁木真，他出生的时候，父亲也速该刚刚打败蒙古塔塔尔部，俘虏了他们的首领铁木真。为了纪念这次胜利，就给儿子取名为铁木真。铁木真还没成年，父亲带他去一个朋友家给他定亲。回来的路上不小心遭到塔塔尔人暗算，也速该被毒死了。也速该一死，他的部落就作鸟兽散了。原本依附于也速该的泰赤乌部在离开的时候还带走了很多属于铁木真的牛羊和奴隶。他们害怕铁木真日后找他们算账，就把他抓了起来。铁木真好不容易才逃走，带着母亲和弟妹们躲进了深山。

铁木真长大后开始招兵买马，很多他父亲当年的部下都跑来投奔他。泰赤乌部的人觉得首领太残暴，也都归顺了铁木真，铁木真的实力逐渐强大了起来。

铁木真治军严厉，有一次作战之前说好不准抢夺敌人遗弃的财物，免得妨碍追击敌人，谁敢违反就剥夺他的战利品。大获全胜后，有 3 个人违反了规定。铁木真大怒，下令把他们抢夺来的财物全部给了别人。

由于铁木真治军严厉，又英勇善战，很快就成为蒙古草原上一支强大的势力。铁木真本来和王罕关系很好，还曾经认王罕为义父。但后来双方翻脸，铁木真多次打败过王罕。这一次，他又准备进攻王罕了。他派了两个人去王罕那里，假称是另一个蒙古部落首领哈撒儿派来的，说："我的哥哥的太子失踪了，妻子又被大王您俘虏，我现在是无路可走了。希望大王能够念在我们过去要好的分上，收留我和我的部落。"王罕相信了他们的话，派人跟随那两个使者去哈撒儿那里，准备和他结盟。等他们一到，铁木真就以他们为向导，带领军队找到了王罕的大本营，发动突袭，把王罕杀得大败。王罕好不容易才逃了出来，他长叹道："我被我儿子（指铁木真）害了，今天失败，后悔也来不及了。"王罕后来被乃蛮部落的人所杀。

铁木真消灭王罕后，又准备讨伐乃蛮

铁木真像

部落。当时大家都认为正值春天，马匹经过一个冬天后都瘦了不少，最好等到秋天把马匹养肥后再发动攻击。铁木真的弟弟说："应该早点办的事就要快点办好，不要以马瘦来拖延。"别勒古台也说："乃蛮部落一直看不起我们，叫嚣要消灭我们，我们更应该一鼓作气消灭他们。他们自以为很强，如果我们对他们发动突袭的话，一定可以胜利！"铁木真听了他们的话后非常高兴，说："你们有这样的信心，何愁不胜呢？"于是进军攻打乃蛮。

铁木真派忽必来和哲别两人为先锋，先行驻扎下来。乃蛮的太阳汗听说铁木真来袭，亲自调动了全部军队和盟友，兵力非常强大。当时铁木真军中有一匹瘦弱的老马不小心跑到了乃蛮的军营中。太阳汗见了后，对部下说："铁木真的战马如此瘦弱，我们可以诱敌深入，等他们的战马跑累后，再进攻，这样就能轻松获胜了。"太阳汗的部将火速入赤有勇无谋，他气冲冲地对太阳汗说："你的父亲当年打仗的时候，一向勇往直前，从来不考虑后面的事。你现在这样拖延，是不是害怕了？如果害怕的话，为什么不让你的妃子们来指挥军队？"火速入赤的话大大激怒了太阳汗，他被怒火烧昏了头，放弃了原先比较好的计划，立刻率军杀了出来，想和铁木真决一死战。当时铁木真的老对手札木合也跟随太阳汗一起出战，他原本把铁木真的军队看得很弱，以为可以轻松获胜。可是打着打着他就觉得不对劲了，于是率领部下偷偷溜出了战场。札木合逃走后，太阳汗的联军实力大受影响，士气也低落了很多。两军一直大战到傍晚，太阳汗战死，其他人见太阳汗死了，也都失去了斗志，被铁木真的军队杀得一败涂地。第二天，残余的敌人全部投降。很多部落见铁木真连草原第一霸主太阳汗都能打败，纷纷跑来归顺了他。不久，铁木真消灭了最后一个大的敌人蔑里乞惕部，基本统一了蒙古。

铁木真召开了草原大会，宣布自己为蒙古部落的大汗，大家给他上尊号"成吉思"（意为四海之主），铁木真就成了成吉思汗。

成吉思汗统一蒙古后，先后西征西夏、中亚和南欧等地，还和金朝分庭抗衡，建立了一个庞大的草原帝国。铁木真在攻打西夏的时候身患重病，不久就去世了。

元朝第一文臣耶律楚材

耶律楚材是辽国皇室后裔，他父亲担任过金国的尚书右丞。不过在他3岁那年，父亲就去世了，他并没有沾到父亲的光。他母亲很贤惠，从小就教他读书写字，含辛茹苦地把他抚养成人。耶律楚材十分博学，几乎没有他不知道的学问，是当时有名的才子。

耶律楚材当官后，被任命为燕京的左右司员外郎。成吉思汗打下燕京后，听说他很有本事，就召见了他。成吉思汗见耶律楚材相貌堂堂，一脸大胡子，很喜欢他，对他说："你是辽的后人，金和辽有深仇大恨，我可以为你报仇！"耶律楚材说："我虽然是契丹人，但我的父亲在金朝做过官，那么我就是金朝的臣子了。我怎么能以臣子的身份敌视君主呢？"成吉思汗很欣赏他的话，就把他留在了自己身边，为了表示亲近，成吉思汗不直呼他姓名，而称他为吾图撒合里，就是蒙古语中长胡子的人的意思。

成吉思汗百战百胜，成天忙于东征西讨，抽不出时间来管理中原地区。他的宠臣别迭说："汉人对国家一点好处都没有，我觉得占领汉人的地方后，就应该把他们都杀光，把他们的土地变成牧场。"耶律楚材极力反对这种荒唐的说法，他说："皇上马上要讨伐南方了，一定需要大量军用物资。如果能把我们占领的中原地区的赋税做个统一合理的管理的话，一年可以得到税收50万两白银、8万匹布和40多万石粮食。这些东西足够应付军队的开支了，它们都是汉人提供的，怎么能说汉人没用呢？"成吉思汗觉得很有道理，就把这事交给他去办。耶律楚材请求设立燕京等 10 个地方的课税使，主管官员全部任用读书人。那些读书人为人宽厚，督察严谨，为国家提供了大量税收。

成吉思汗到云中地区巡视的时候，当地所设的课税使把账目和收来的财物全部拿来给他看。成吉思汗笑着对耶律楚材说："你跟在我身边之后就能让国家有足够的财物用。汉人中有你这样的人吗？"耶律楚材说："汉人当中比我强的人多得很，我这点才干只能勉强为皇上所用。"成吉思汗很欣赏他这种谦虚。窝阔台继承汗位后，耶律楚材继续获得信任，被任命为中书令。

窝阔台南征金朝时，耶律楚材建议免去那些发誓永不再叛的农民死罪，再制作旗帜交给那些来投降的人，让他们回家种田。以后遇到蒙古军队，只要拿出旗帜就不会受到任何骚扰。窝阔台采纳了耶律楚材的意见，很多老百姓就是因为这样才免去一死的。

蒙古原来规定，凡是进攻城池，如果守城的人抵抗，攻下来之后就把守城的人全部杀死。后来蒙古攻打汴梁的时候，大将速不台对窝阔台说："金人长期抗拒，为了攻下汴梁我们死了很多人，我请求攻下来之后把全城的人都杀掉！"耶律楚材听说后，马上对窝阔台说："我们打了这么多年的仗，无非就是为了得到土地和人口。如果屠城的话，那只能得到土地。光有土地没有人，土地有什么用！"窝阔台还在犹豫，耶律楚材又说："汴梁这地方很富裕，居民大多很有才干。如果都杀掉的话，我们什么都得不到。"窝阔台被他说动了，下令只诛杀完颜氏一族，其他人都免死。当时汴梁有 100 多万人，都因为耶律楚材的几句话而留住了性命。

窝阔台非常器重耶律楚材，有一次在宴会上，他亲自为耶律楚材倒酒，说："我这样信任你是遵从了父亲的遗命。没有你的话，中原就没有今天。我之所以能睡上安稳觉，也全靠你啊！"但是伴君如伴虎，有一次两个道士在朝中争名夺利，一个诬陷另一个的两个下属是逃犯，于是把那两个人抓起来杀掉了。耶律楚材认为他们这样做不对，把相关的人抓了起来。窝阔台很生气，把耶律楚材捆了起来，后来又觉得后悔，命令给他松绑。但耶律楚材说："我身为辅国大臣，皇上下令把我绑起来，一定是因为我有罪，应当向百官宣布。现在放了我，就说明我没罪。皇上怎么能说抓就抓说放就放呢？这样下去，国家大事还怎么处理？"其他人都为他捏了把冷汗，窝阔台却向他道歉道："我虽然是皇帝，但也不能保证不犯错嘛。"好不容易才让耶律楚材消了气。

耶律楚材死得比较早，死时才 55 岁。当时窝阔台已经死了，皇后执掌了朝政。有人说耶律楚材的坏话，说他长期手握大权，天下的赋税他差不多侵吞了一半。皇后派人前去他家调查，结果在他家只找到十几张七弦琴、一些书画和古玩而已。

元世祖忽必烈

忽必烈是成吉思汗小儿子拖雷的第四个儿子，窝阔台死后，忽必烈的哥哥蒙哥继承了汗位，任命忽必烈负责南方的军事。忽必烈重用儒臣，他每到一个地方都会访求当地的贤才。当时汉人虽然被蒙古人看不起，但如果让忽必烈知道哪个汉人有本事的话，他一定会亲自去拜访，将其请到自己府上任职。

忽必烈灭掉大理后，采纳了徐世隆等人的意见，下令部下不准乱杀人，此后他一直遵守这个诺言，很大程度上减轻了人民的抵抗。

蒙哥在攻打合州的时候受了重伤，很快就死了。当时忽必烈正在湖北一带作战，一听到蒙哥逝世的消息，马上和南宋签订和约，跑回去争夺汗位。这个时候，留守的小弟弟阿里不哥已经擅自征兵，企图夺取汗位。忽必烈在一些大臣和王爷的支持下登上了汗位，不久，阿里不哥也在部分大臣的支持下称汗，两派势力发生了严重冲突。忽必烈手中控制了汉地的人力物力和财力，比阿里不哥的优势大得多，很快就将其击败。忽必烈以为阿里不哥从此失

元世祖忽必烈像

去了力量，就没有乘胜追击。一年后，阿里不哥卷土重来，在戈壁和忽必烈打了一仗，忽必烈虽然将其击败，但没有抓到他，也没有取得决定性的胜利。10天后，两军再次交战，没有分出胜负。当时两派势力势均力敌，但支持阿里不哥的察合台家族的首领阿鲁忽突然背叛了阿里不哥，倒向了忽必烈。阿里不哥被迫和阿鲁忽作战，但他不是阿鲁忽的对手，最后只好向忽必烈投降。忽必烈并没有杀他，只是把他囚禁了起来。

忽必烈消除了来自蒙古内部的威胁后，就把目光放在了南宋上。在和阿里不哥作战的时候，一批汉人突然背叛了他，但很快就被镇压了下去。这次叛乱引起了忽必烈对汉人的猜忌，他再也不像以前那样对汉人言从计纳，而是采取了一系列措施限制汉人的权力。他废除了汉人诸侯的世袭特权，并削弱汉人将领的兵权，在地方上实行军民分治。另一方面，他开始重用色目人，让他们和汉族官员互相牵制。

忽必烈虽然对汉人抱有疑心，但对于个别汉人他还是很信任的。比如汉人刘秉忠就很受他信任，忽必烈自立为皇帝和改国号为元都是刘秉忠提出来的。忽必烈建立元朝后，被称为元世祖，将大都定为国都。他设立了中书省作为政府的中枢机构，设枢密院主管大部分军务。元朝有个和前代不同的地方就是在各地设立了行中书省这个机构，简称行省，也就是今天"省"这一级行政单位的由来。

为了巩固蒙古贵族的统治，忽必烈还在大多数机构里面设立了达鲁花赤一职，由蒙古人或者色目人担任，是各机构的最高官员，掌握最后裁决的权力。

忽必烈在整顿好内务后，就开始大举入侵南宋，很快就灭掉南宋，统一了中国。

忽必烈不光攻打南宋，他也继承了先辈们开拓疆土的热情。忽必烈把高丽当成是进攻日本的跳板，多次命令高丽为其准备军粮和船只，引起了高丽的不满。忽必烈一不做二不休，发兵攻打高丽，很快就获得了胜利。他把高丽设为行省，但保留高丽国王的称号。一直到元朝末年，高丽也没有获得独立。

占领高丽后，忽必烈派人出使日本，但使者并没有能够到达日本。第二年，高丽国王派人代替蒙古使节向日本递交国书，日本政府拒不答复，此后又拒绝过一次忽必烈的使者。忽必烈生气了，决定发兵讨伐日本。第一次讨伐船队遇到台风，全军覆没，后两次也都遇到了台风，虽然有少量士兵登陆成功，但由于缺乏补给，都失败了，最后也没有能够攻下日本。

忽必烈把全国人民分成 4 个等级，第一等级是蒙古人；第二等级是色目人，即西域各国的人；第三等级是汉人，指原来在金朝统治下的各族人民；第四等级是南人，即原来在南宋统治下的人民。前两个等级受到优待，而后两个等级则受到歧视。这种民族政策造成了很大的民族矛盾，为日后元朝的灭亡埋下了伏笔。

忽必烈在位 35 年，80 岁那年去世。他结束了中国长达 400 多年的南北对峙的局面，是我国历史上出色的政治家。

明　史

红巾军起义

元朝统治末年，黄河经常闹水灾，朝廷为了消除水患，动用了大批民工兴修水利工程，治理黄河。这本来是一件好事，但那些贪官污吏却随意克扣治河经费，民工连饭都吃不饱，可还得在皮鞭之下拼命劳动，怨气冲天。

当时民间盛行白莲教，有个叫韩山童的人组织了白莲会，吸收了很多贫苦百姓入会，向他们宣传佛祖很快就要派弥勒佛下凡来拯救百姓。百姓们已经被官府逼得走投无路，一听到弥勒佛要来拯救他们，当然很高兴，于是纷纷入会。

韩山童见治河工程闹得民怨沸腾，觉得是个好机会。他手下有个叫刘福通的人，对韩山童说，百姓对元朝的统治早就不满了，而对宋朝还有一定感情，所以干脆打着宋朝皇帝后代的旗帜争取群众，一定能取得好效果。韩山童觉得他说得有理，自称自己并不姓韩，而是姓赵，是宋徽宗的后裔，而刘福通则是南宋大将刘光世的后代，老百姓听了之后深信不疑，纷纷拥戴他们。

韩山童积极准备起义的消息传了出去，让官府知道了。刘福通等人逃到深山里躲了起来，而韩山童没有来得及逃跑，被处死了。刘福通组织部下举行了起义，治河的民工多是白莲会的成员，听到起义的消息后纷纷杀掉河官，前来投奔刘福通。很快刘福通就占领了不少地方，聚集了十多万人。刘福通为了和官兵区别开来，命令每个士兵头上都要裹红巾，所以老百姓把他们称为红巾军。

　　元朝统治者听说爆发起义，赶紧调兵遣将来镇压。可元朝的军队非常腐败，平时只知道欺负老百姓，一上战场就败下阵来，红巾军一口气打了好几个胜仗。

　　这时，别的地方的老百姓也都纷纷发动起义，徐寿辉在黄州起义，布王三和孟海马在湘水和汉水一带举起义旗，芝麻李在丰、沛一带造反，郭子兴则占领了濠州，这些人都打着红巾军的旗号。

　　韩山童虽然死了，但他留下个儿子名叫韩林儿，刘福通觉得自己威望并不够，而且当初是以韩山童的名义组织起义的，所以他就找到了韩林儿，将他立为皇帝，称"小明王"，建国号为宋。刘福通排斥异己，独揽大权，红巾军的纪律比元军好不了多少，很快战斗力就下降了。元军抓住机会，在太康一带大败刘福通，刘福通保护韩林儿逃往安丰，逐渐恢复了力量。

　　刘福通兵分三路夺取地盘，他命令李武和崔德率军攻下商州，准备夺取关中；毛贵等人攻打山东河北一带，准备进攻大都；关先生和破头潘负责配合毛贵攻打大都，转移元军注意力。元军防守非常脆弱，各地又没有组织起有效的抵抗，当官的一听说起义军来了，往往拔腿就跑，所以起义军一路上势如破竹。但刘福通胸无大志，又不懂得约束部下，在外面打仗的将军根本不听从号令，各自为战，所过之处烧杀抢掠，失去了民心。每次攻下城池后又不分兵驻守，他们一走，元军就回来占领了。起义军越打越弱，等到元军大帅察罕帖木儿带兵攻打他们时，起义军连战连败，很快就被元军包围。100多天后，起义军的粮食都快吃完了，刘福通束手无策，只好带着韩林儿杀出重围，逃到安丰去了。而起义军内部则自相残杀，势力越来越弱。

　　此时关先生的部队攻陷大宁，进攻上都，田丰又攻占了保定，本来形势可以有所好转，刘福通却责备攻打关中的李武和崔德二人观望不前，准备治他们的罪，二人一气之下率部投降了元军。元军得以集中力量在北方作战，打败了关先生等人的部队，很快就将其歼灭，然后回过头来攻打刘福通。

　　刘福通在救援益都的时候吃了败仗，起义军很多优秀将领都阵亡了。

此时张士诚被朝廷招安，也来攻打刘福通，他的部将吕珍将安丰团团围住，韩林儿没有办法，只好向朱元璋求援。朱元璋不愿意张士诚强大起来，于是率兵前来增援。可惜晚了一步，吕珍已经攻下了安丰并杀死了刘福通。朱元璋击败吕珍后，派人把韩林儿接走，暗中命令廖永忠在路上将船凿沉，把韩林儿淹死了。

这个时候，其他响应红巾军的部队基本上都被歼灭，徐寿辉被部将陈友谅杀害，郭子兴的部队被朱元璋兼并，红巾军从此退出了元末农民战争的舞台。

和尚当皇帝

中国所有开国皇帝中，朱元璋可说是出身最低微的一个。朱元璋是濠州钟离人，排行第八，正好又是重字辈，所以没有什么文化的父亲就给他取名重八。朱元璋家里非常贫穷，他从小就给人放牛为生，但还是吃不饱穿不暖。后来濠州发生旱灾，朱元璋的父母和大哥都饿死了。朱元璋实在没有办法，只好到皇觉寺出家当了个小和尚。

谁知道才过了50天，皇觉寺也断粮了，朱元璋只好被打发出去化缘，其实也就是以和尚的名义要饭而已。没有人知道朱元璋在外要饭的几年是怎么过的，总之他没有饿死，三年后又回到了皇觉寺。郭子兴在濠州举行起义，元军把濠州城包围了起来。皇觉寺也被战火摧毁，朱元璋走投无路，干脆横下一条心，跑去投靠郭子兴。

郭子兴当时正在招兵买马，他见朱元璋虽然面黄肌瘦，长得也丑，但却透着一股机灵劲儿，就任命他当了个十夫长。朱元璋在起义军中，每天都刻苦练习武艺，还学习兵法。他给郭子兴出了不少好主意，给郭子兴留下了很深刻的印象。郭子兴觉得朱元璋日后必有出息，就把自己的养女马氏嫁给了他。这

朱元璋像

下朱元璋的身份就不同了，成为主帅的干女婿，在军中的地位更高了。

　　郭子兴和起义军里另外几个首领关系不好，朱元璋多次在中间负责调停。有一次那几个将领居然把郭子兴抓了起来，准备杀害他。朱元璋知道后赶紧跑回来把郭子兴救了出来，从此更受郭子兴的信任。

　　濠州解围后，朱元璋回到自己村里招募了700人，成为他们的首领。朱元璋觉得起义军的几个首领都不是干大事的人，决定自立门户，把招募来的人交给别人，自己带着徐达等人攻打定远，得到3000降兵。随后又打败元将张知院，接收了他部下两万士兵。朱元璋在半路上遇到李善长，聊得非常投机，将其任命为自己的军师。

　　朱元璋考虑到自己年轻，威望不高，于是想办法提高自己的威望。有一次郭子兴让朱元璋统领自己的军队，朱元璋对这个消息秘而不宣。他和将领们约定第二天议事，等开会的时候，朱元璋和他们讨论问题，他对各种问题的分析都很有条理，那些将领却都说不出话来，这个时候他们稍微有点佩服他了。朱元璋又决定修筑城墙，限期三天。三天后，朱元璋负责修筑的那段按期完成，而别人的都没有修好。此时朱元璋才拿出郭子兴任命他的文书，对将领们说："我奉命统率你们的部队，现在你们都误了工期，该怎么办？"大家都吓得要死，只好跪地求饶，从此谁都不敢看不起朱元璋了。

　　郭子兴病死后，他儿子郭天叙继承了他的位子，朱元璋成了郭天叙的手下。朱元璋很不服气，说："大丈夫怎么能受别人的控制！"他不听郭天叙的号令，改奉韩林儿为主。

　　朱元璋积极招兵买马，招揽了常遇春、廖永忠兄弟、俞通海等能征善战的猛将。朱元璋决定攻打集庆，他说："攻打集庆必先攻下采石。采石虽然防守坚固，但我们可以从牛渚那边发动进攻。牛渚面靠大江，是很难防守住的。"于是他先夺取了牛渚，后将采石也顺利拿下了。

　　郭天叙等人也来进攻集庆，但没有成功，郭天叙被杀。他的部队走投无路，投奔了朱元璋。朱元璋乘势攻打集庆，活捉了敌将陈兆先，逼降敌人数万。投降的敌人都害怕朱元璋会杀他们，但朱元璋在他们当中选出500精兵，让他们充当自己的侍卫，自己丝毫不做防备。降兵见朱元璋这么信任他们，都安定了下来。朱元璋把集庆改名为应天府，以此为根据地发展自己的势力。他自任吴王，表面上听从小明王的号令，但不久之后他就把小明王害死了。

随后，朱元璋打败了最强大的敌人陈友谅，最终灭掉了元朝，登上了皇帝的宝座，定国号为明，他就是明太祖。朱元璋登基后继续消灭各地割据势力，统一了天下。

靖难之变

朱元璋认为儿子是最忠诚最可靠的人，所以把儿子们分封到全国各地为王，有的王还有自己的军队。朱元璋的如意算盘是如果朝廷里发生什么事的话，那些诸侯王就可以兴兵讨伐，反正怎么着都是朱家的天下，再说太子是大哥，弟弟们也不会反对他的。

但太子朱标居然死在了朱元璋的前面，这下皇位继承人的位置就空了出来，选谁当太子让朱元璋伤透了脑筋。他最喜欢四儿子燕王朱棣，但如果立他为太子的话，老二老三肯定不服。最后他干脆立朱标的儿子朱允炆为皇太孙，认为这样就名正言顺了。朱允炆年少好学，性情宽厚。一天，朱元璋和朱允炆聊天，说："边境上的事我都交给你叔叔们管了。"没想到朱允炆却说："那如果叔叔们有异心怎么办呢？"朱元璋顿时语塞，他从来没想过自己儿子会造反。沉默了好大一会儿，他才问道："依你说该怎么办呢？"朱允炆回答道："用德行来争取他们的心，用礼仪来约束他们的行为。如果不起作用的话，就削减他们的封地，再不行的话就兴兵讨伐。"朱元璋觉得没有别的办法了，勉强点了点头。

那些诸侯王平时对朱允炆也不太好，经常以长辈的身份教训他。朱允炆开始考虑日后的问题了，他问侍读黄子澄："叔叔们都手握重兵，我该怎么对付他们呢？"黄子澄用当年汉景帝平定七国之乱的典故来安慰朱允炆，朱允炆才放下心来。

朱元璋去世后，朱允炆登基为帝，年号建文，史称建文帝。按照朱元璋的遗诏，他禁止叔叔们进京奔丧，当时朱棣已经从燕京赶到了淮安，也被迫返回。这件事引起了诸侯王的极大不满，都说朝廷中有人挑拨诸侯王和皇帝之间的关系。朱允炆知道后非常不安，他和兵部尚书齐泰还有黄子澄一起商议对策，决定削弱诸侯王的实力，以保证朝廷的优势。他们认为燕王朱棣实力最强，人也最有能力，应该先除掉他。但黄子澄不同意，他认为朱棣早有准备，不容易除掉，他建议先从别的王爷那里下手，剪除掉燕王的手足，等燕王势单力孤的时候再集中力量对付他，黄子澄的意见得到了大家的赞同。

建文帝认为朱棣的亲弟弟周王的封地在开封，和朱棣靠得很近，很有可能帮助燕王造反，就找了个罪名把他废掉，贬为庶民，打发到云南去了。接着又废掉了代王、岷王、湘王和齐王。朱棣害怕极了，他知道自己的实力还不足以和朝廷对抗，生怕下一个被废掉的人就是他。他韬光养晦，暗中招兵买马，操练军队，准备反戈一击。他在王府下面造了个地下室，专门铸造兵器，为了掩盖敲打的声音，还养了很多鸡鸭，让它们叫个不停。

朱棣经过精心准备后，认为时机已经成熟，但他还不敢马上行动。因为他的3个儿子还在京城，如果造反的话，3个儿子的命就没了。他写信给建文帝，说自己生病，请求把儿子们接回去。黄子澄认为，如果把他的儿子送回去，可以起到麻痹朱棣的作用，然后再发动突然袭击，一定能消灭他。建文帝就把那3个堂弟送了回去。

建文帝还派了几个大臣跑到燕王的属地去负责当地的军政事务，实际上是让他们监视朱棣。朱棣为了争取时间，干脆装疯，他一会儿跑到街上大喊大叫，一会儿又抢人东西吃。当时正是六月，天热得跟下火一样，但他却裹着被子坐在火炉前烤火，还一个劲地叫冷。那些大臣并没有受他的蒙骗，很快就调查出了内幕，马上派人告诉了建文帝。

建文帝决定对朱棣下手，正当他调兵遣将的时候，有人向朱棣告了密。朱棣马上宣布自己病愈，请官员们来吃饭，在宴席中杀掉了建文帝派去的大臣。随后，他打着"靖难"的旗号正式造反。他造反的理由是消灭朝中奸臣齐泰、黄子澄等人，所以才自称"靖难"。朱棣长期在北方和蒙古人作战，又经过精心准备，军队战斗力很强。

这场战争持续了4年，双方你争我夺，互有攻守。朱棣最终打败了朝廷的主力部队，攻到了南京城下。几天后，守城大将李景隆开城投降，朱棣杀进京城。皇宫里面燃起了熊熊大火，朱棣赶紧派人前去救火，同时命人把守住宫门，不让一个人跑出来。等火势熄灭后，朱棣迫不及待地命人寻找建文帝的尸体，但没有一具尸体像是建文帝的。民间都传说建文帝从地洞里逃走了，后来朱棣宣布找到的尸体其实是皇后的。不过真相到底是怎么回事，没有人能说清楚，这也成了一个千古之谜。

郑和下西洋

　　明成祖夺取了侄子的皇位后，因为一直没有找到建文帝的尸体，他怀疑建文帝可能逃跑了，担心建文帝如果还活着，对自己的皇位是个很大的威胁，所以秘密派人寻找建文帝的下落。后来他又想，建文帝有可能逃到海外去，那么干脆派人带领一支船队，下海去和其他国家往来一下，一方面宣扬一下大明国威，采购一些中国没有的奇珍异宝，另一方面顺便打听一下建文帝的下落。

　　他派自己的心腹太监郑和担任船队的领袖，觉得这事交给郑和办很放心。郑和本名叫马三保，是回族人，他的父亲去麦加朝拜过，他从小就听父亲说起过很多关于外国的事情。后来他被送进宫里做了太监，由于他很聪明能干，又忠心，在明成祖争夺皇位的战争中立过大功，明成祖很信任他，给他改了个名字叫郑和，但民间习惯上还是叫他三保太监，也有称三宝太监的。

　　永乐三年（1405年）六月，郑和率领船队下海，游历西洋地区，这里的西洋指的不是欧洲，而是指我国南海以西的海域。郑和率领的船队十分庞大，有2.7万多人，分乘200多艘大船，这种船是当时世界上最大的，长44丈，宽18丈，可以说是庞然大物了。船队从苏州

郑和像

刘家河出发，经过福建、广东沿海，继续南下。

郑和首次出海，途经占城（今越南南部）、爪哇、旧港（苏门答腊岛东南）、苏门答腊、马六甲、古里、锡兰等国。他每到一国，都会把明成祖的书信交给当地国王，表达友好来意，并送上珍贵的礼物。那些国王看到郑和带领那么庞大的船队，又不是用武力来威胁的，心里很高兴，再加上郑和的态度谦恭，还送上那么多珍贵礼物，那些国王笑得嘴都合不拢了。他们也知道大明朝是个很强大的国家，都乐意和大明朝建立友好往来关系，对郑和也非常热情。

船队经过旧港的时候，当地有个海盗头子听说郑和船队带了大批宝物，很是眼红，于是策划要偷袭郑和船队。这个消息被郑和知道后，没把它放心上，认为自己带了两万多人，哪会怕一个小小海盗，于是并没有逃跑，而是设下埋伏，引海盗上钩。晚上的时候那个海盗果然带着手下人来偷袭了，结果遇到早有准备的明朝水军，被杀了个大败，那个贪心的海盗也被俘虏了。

这次出航花了两年多的时间，带回来很多珍贵的礼物，还有各国的使节。郑和向明成祖汇报了这次出海的情况，献上从国外采购来的宝贝，各国使节也纷纷向明成祖进贡特产，明成祖没有想到这次出航居然这么顺利，心里非常开心。

从此以后，明成祖时不时地就派郑和带领船队出海去，后来他已经相信建文帝确实是死了，但他觉得派船队出海一方面可以加强和周边国家的友好往来，建立天朝上国的威严，提高国威声望，另一方面也确实能带回不少中原没有的宝贝，所以他不惜重金，一次次地派郑和下海，前后一共去了7次。郑和船队总共到过30多个国家，最远到了非洲的东海岸。

在出海途中偶尔也会遇到一些国家不怀好意，像有一年锡兰国王就贪图郑和船队里的财物，把郑和引诱进来，然后敲诈勒索，还派兵抢劫郑和的船队。郑和虽然是和平友好的使者，却也不会随便让人欺负，他听说敌人大部分士兵都不在城里，于是率领2000多人突然猛攻锡兰城，活捉了锡兰国王，又打败了回来救援的军队。把锡兰国王带回中国后，明成祖没有杀他，而是把他送回了国。

第六次出海回来的时候明成祖已经死了，不到一年时间，即位的明仁宗也死了，刚即位的明宣宗还很小，由祖母和几个大臣掌管朝政，他们认为郑和下西洋的花费实在太大，国家有点吃不消了，于是就停止了航海事业。

土木堡之变

明朝有个叫王振的人，他读过几年书，后来被阉割送进了宫。当时的太监很少有识字的，王振却是个例外，所以明宣宗就让他服侍太子，太子就是后来的明英宗。

明英宗即位的时候还很年幼，他把王振看作是最知心的人，任命他为帮助皇帝批阅奏章的司礼监。这个职位权力很大，加上明英宗又不管政事，所有事情都交给王振去做。当时有3个德高望重的大臣辅政，他们在的时候，王振还不敢放肆。后来那3个大臣老的老，死的死，王振就开始得意起来。朝中大臣谁都不敢得罪他，有几个大臣就是因为惹王振不高兴，充军的充军，杀头的杀头，很快大家都不敢说话了。

明英宗把王振当老师看待，对他言听计从。文武百官都称呼王振为"翁父"，有的没骨气的大臣为了升官发财，还竭力讨好王振，朝廷上下一片乌烟瘴气。正在这个时候，北方的瓦剌人把目光投向了中原。

瓦剌其实是蒙古的一支，他们表面上臣服于明朝，实际上却厉兵秣马，等待进攻明朝的机会。有一年，瓦剌首领也先派了3000名使者到北京进贡马匹。说是进贡，实际上就是和明朝做生意，顺便捞点赏赐。王振发现瓦剌派来的人数不对，认为他们有欺骗的嫌疑，于是把赏赐和马价压低，并谴责了瓦剌首领也先。也先很生气，发动了对明朝的攻击。

瓦剌人率先进攻大同，镇守大同的军队反击失败，守将战死。边境的官员赶紧向朝廷告急。明英宗把大臣召集起来开会讨论，王振的家乡蔚州离大同不远，他担心家乡受到瓦剌人的蹂躏，于是竭力鼓动明英宗御驾亲征。兵部尚书邝埜和侍郎于谦认为亲征的条件并不成熟，反对明英宗亲征。但明英宗只相信王振，最终决定亲征。

皇帝亲征，排场当然不能小，他带了100多个文武官员和几十万大军出发。虽然明军人数众多，但由于没有做好充分准备，路上又遇到瓢泼大雨，军队士气非常低落。有大臣劝明英宗撤退，反被王振大骂了一顿。

几天后，也先主动北撤，想引明军深入。王振不听众人劝阻，贸然下令北上。第二天，他的亲信告诉他这是敌人的计谋，王振才停止了追击，下令撤退。在撤退的途中，瓦剌军突然杀来，负责断后的吴克忠和吴克勤兄弟双双战死。朱勇和薛绶率领 3 万骑兵前去救援，被敌人包围，两人均战死，全军覆没。这个时候，明军已成惊弓之鸟，本应该赶快撤退，但王振却想到这里离蔚州很近，他想在家乡人面前摆摆威风，于是劝明英宗去蔚州住几天。刚走了几十里路，王振觉得不对：这么多人去蔚州，把自己家的土地踩坏了怎么办？又下令往回走。这下子时间全给耽误掉了，让瓦剌人追了上来。

王振带着大军逃往土木堡，很多大臣建议去怀来，因为土木堡根本没有可供防守的城墙，万一瓦剌发动进攻，连个依靠都没有。但王振想着还有 1000 多辆辎重车辆还没到，所以非要在土木堡等待。邝埜向明英宗奏请，赶紧前往居庸关，王振大怒说："你这个穷酸书生懂什么军事？再胡说八道，小心你的小命！"邝埜说："我是为了社稷着想，为何要用死来威胁我！"王振下令把邝埜赶了出去。

明军经过长途行军，又累又渴，但土木堡并没有水。大家动手挖井，挖了十几米深也没有见到水。土木堡附近有一条河，已经被瓦剌军占领了。这时候瓦剌人把明军围住，明英宗只好派人去求和。也先假装同意议和，准备进一步进攻。

王振听说也先同意议和，很高兴，下令让士兵自己找水喝。士兵们纷纷跳出战壕，朝那条河跑去。瓦剌人发动了突然进攻，明军顿时大乱。禁军将领樊忠按捺不住心中的怒火，他揪住王振的衣领，大骂："我为天下人除去你这个奸贼！"说完一锤将王振砸死，然后冲去敌阵厮杀，不久中箭身亡。明英宗见大势已去，干脆坐在地上等死，最后被瓦剌人俘虏。几十万明军死伤大半，明朝陷入了建立以来最严重的一次危机当中。

于谦守京城

于谦是浙江钱塘人，7 岁那年有个和尚见到他后觉得很惊讶，对他说："你这个小孩以后会成为救世的宰相啊！"于谦刻苦好学，很年轻就中了进士，被任命为御史。

于谦声音响亮，很有气势。汉王朱高煦谋反失败，投降的时候，皇帝命令于谦宣读圣旨，指责他的罪过。于谦义正词严、声色俱厉地斥责朱高煦，狂傲的朱高煦被于谦骂得伏在地上直发抖，皇帝见了之后非常满意。

王振得势的时候，于谦由于刚正不阿得罪了他，被陷害入狱。当时山西和河南的官民纷纷上书，请求释放于谦的人数以千计，连诸侯王也为他说好话。王振见众怒难犯，只好把他放了出来。

土木堡之变后，形势非常严峻，于谦当时担任兵部侍郎，由于兵部尚书邝埜战死，所以由他来负责兵部的事务。

为了安定人心，皇太后任命郕王朱祁钰为监国，代理皇帝职权，召集大臣商讨如何对付瓦剌的入侵。有个叫徐有贞的大臣说瓦剌现在兵强马壮，明朝又刚吃了大败仗，硬拼是肯定拼不过的，他说自己观察天象，发现北京城会遭到大难，所以建议把都城迁到南方去。

于谦一听就生气了，他反驳道："主张逃跑的都该杀！京城是国家的命根子，要是一跑，国家就完了，大家难道忘了南宋的教训吗？"

他的一番话赢得了大多数人的赞同，反对他的人也慑于他的正气不敢说话了，纷纷推举他负责守城，太后和监国也都安下心来了。尚书王直拉着于谦的手说："国家现在依靠的是你这样的人才，今天这种情况，就算有100个王直又有什么用呢？"

这次守卫京城，于谦知道责任重大，他不敢怠慢，一方面布置防御的兵力和将领，另一方面抓紧捉拿瓦剌奸细，还下令各地将领尽快带兵进京勤王。然后他上书朝廷，建议宣布王振的罪状，捉拿他的同党，以稳定民心，通过这些措施逐渐安定了京城的人心。

也先俘虏了明英宗，觉得很高兴，把明英宗当作人质，挟持着他进犯北京。由于皇帝在他手上，沿途的守军不敢放手进攻，瓦剌军进军神速，很快就打到北京城下。针对这种情况，于谦等人上书，要求监国即位做皇帝，把英宗奉为太上皇，这样就能消除英宗在敌人手上的不良影响了。

正统十四年（1449年）十月，瓦剌军抵达北京城下，在西直门驻扎下来，准备发动进攻。大将石亨认为敌人兵强，建议把军队撤进城，凭借城墙死守，这样瓦剌见短时间内攻不下来，也许就会主动退兵。于谦拒绝了这个建议，他认为这样就是对敌人示弱，反而会助长敌人的嚣张气焰，应该主动出兵，先杀他们一个下马威。

于谦把各路人马布置在京城各个门外，下令把城门都关起来，表示有进无退的决心。他还下令说如果将领上阵逃跑的，就斩将领，士兵逃跑的，就由后面的士兵就地正法。这样既严明了军纪，又表明了坚决保卫北京城的决心，大大鼓舞了将士们的士气。这时候，各地前来增援的人马也陆续赶到，都驻扎在京城外面，总共有22万人之多，更加坚定了大家必胜的信心。

于谦派遣几名骑兵前去诱敌，也先果然中计，派了上万人来冲锋，结果中了埋伏，死伤惨重，连也先的两个弟弟都丧了命。也先大怒，调遣部队攻打西直门和彰义门，又被击退。当时很多太监受于谦爱国精神的激励，加上看到瓦剌军败退，一下子冲出好几百人前去追击，结果反而把自己的阵形冲乱了。瓦剌军乘势反攻，打到土城的时候，连老百姓都爬到城墙上向瓦剌军扔石头、土块，许多瓦剌人被砸得头破血流。一连打了5天，瓦剌军损失惨重，只好退兵。于谦看到挟持明英宗的队伍走远了，才下令开炮，炸死不少后面的瓦剌士兵，北京保卫战最后以明朝的胜利而告终。也先看到明英宗留着也没用，勒索了一大笔赎身费后就把他放回去了。

明英宗复位后，对于谦当年扶持别人当皇帝有点不满，再加上被于谦斥责过的徐有贞和石亨说坏话，于是给于谦安了个谋反的罪名，把他杀害了。老百姓听说于谦冤死，一个个都痛哭流涕，跟死了亲人一样。

戚继光驱逐倭寇

嘉靖帝统治时期，日本有一批由破产农民、失意武士和商人组成的海盗集团经常到中国沿海地区烧杀抢掠，他们和中国的海盗相勾结，把中国沿海很多城市抢得一干二净，由于其中有很多日本人，所以明朝人把他们称为"倭寇"。

嘉靖三十二年（1553年），大批倭寇进犯我国沿海地区，接连抢掠了几十个城市，当地的军队和官僚根本没办法管，尤其那些军队，平时只知道欺负老百姓，等到倭寇一来，他们逃得比老百姓还快，根本没办法抵抗倭寇的入侵。倭寇势力越来越大，很多沿海城市因为长期受他们的烧杀，已经变得荒无人烟了。明朝的统治受到了严重威胁，在这种情况下，明朝政府把戚继光调到浙江，命令他负责剿灭倭寇。

戚继光出身军事世家，从小就喜欢学习兵法和武艺，十几岁就练得一身好武艺，17岁的时候加入了军队，在战斗中立下不少功劳，这次倭寇入侵，很多人都推荐他去。他也很高兴能为国效力，急忙赶到了浙江。

戚继光像

他到了浙江后，发现当地的军队军纪涣散，训练松弛，根本不能打仗，他决定另外招募新兵，把原来的部队遣散，提高战斗力。当时浙江人被倭寇害得很惨，早就想杀倭寇报仇了，一听说戚继光在招兵打倭寇，大家都纷纷前来报名，很快这支新军就发展到了4000人。

戚继光严格训练这批新兵，平时还经常和他们谈话，教育他们要奋勇杀敌，为国为民尽忠。很快这些新兵就被训练成为武艺高强、纪律严明的优秀士兵了。

戚继光根据江南水乡的特点，创造了一种叫鸳鸯阵的新阵法。这种阵法以12个步兵为一组，最前面1个人是队长，后面2个人拿盾牌，2个人拿狼筅（用南方一种大竹子做的兵器），4个人在盾牌的掩护下拿长枪，再后面2个人是拿火器的，最后一人是伙夫。这种阵形灵活多变，长短兵器之间相互配合，杀伤力强，在集团作战中威力很大。在之后对倭寇的作战中，这种阵形对取胜起了很大的作用。

1561年，倭寇进犯台州，戚继光率领军队前往台州抵御倭寇，那些倭寇不是鸳鸯阵的对手，被杀得大败，纷纷逃命，躲在船上不敢登陆。戚继光又用大炮轰击，倭寇只好乖乖投降。此战一共歼灭倭寇6000多人。这一战打出了明朝军队的威风，倭寇从此不敢再小看中国军队了。

倭寇见浙江有戚继光把守，是块他们啃不动的硬骨头，就在第二年的时候撇开浙江，专门侵略福建。当时倭寇兵分两路，一路从温州进军，占据宁德，一路从广东登陆，在牛田驻扎下来，两路人马相互呼应，声势很大，福建的守军抵挡不住，向朝廷请求援兵。朝廷派戚继光前去支援，戚继光仔细研究了一下，决定先攻打宁德的倭寇。

宁德的倭寇很狡猾，他们的大营驻扎在宁德旁边的横屿岛上，那个岛四面环水，如果想步行到岛上去的话，一定会被陷在泥沙里，所以他们气焰很嚣张，认为即使是戚继光，也不能拿他们怎么样。

戚继光哪会被倭寇给难住？他侦察好岛周围的地形，探出一条并不深的水道，然后下令每个士兵带一捆干草，在潮落的时候用干草铺地，悄悄地潜入倭寇大营，发动突然袭击，那些倭寇根本就没想到戚继光会杀过来，经过一番激战，2000多倭寇全部被歼灭。戚继光得胜后没有骄傲，又马上带兵赶赴牛田，走到牛田附近的时候，他下令扎营休息。倭寇以为戚继光确实累坏了，所以放松了警惕心，没料到戚继光在当天晚上发动突袭，一连攻破倭寇60多个营寨，把他们全部消灭掉了。

倭寇的残余势力又纠集了1万多人，把福建仙游包围了3天之久，戚继光率领戚家军在城下将他们打败。倭寇赶紧撤军，戚继光指挥部下一路追杀，很多倭寇都被赶下悬崖摔死了。逃出的几千名倭寇占据了漳浦蔡丕岭，凭借有利地形死守。戚继光把士兵分成5队，亲自率领士兵攀上悬崖，倭寇猝不及防，被杀得大败。戚继光很快就消灭了这支倭寇，立下大功。

就这样，沿海地区的倭寇逐渐被戚继光和其他爱国将领给肃清了，中国沿海地区的安全重新得到了保障，百姓的生活秩序得到了恢复。

张居正改革

严嵩专权的时候，徐阶的日子不太好过，当时的人都避之唯恐不及，只有翰林院编修张居正处之泰然，严嵩也很尊重他。严嵩被打倒后，徐阶成为内阁首辅，对张居正非常信任，很快就把他推荐进了内阁。当时内阁大臣徐阶和李春芳都能礼贤下士，只有张居正以宰相自居，对待下属很傲慢。不过他很能处理问题，往往一句话就能道破实质，所以人们虽然怕他，但都尊敬他。

徐阶和高拱不和，他离任后将3个儿子交给张居正，让他加以照顾。高拱却不肯放过徐阶，唆使别人加以弹劾，徐阶的儿子多被治罪。张居正帮徐阶说情，差点就打动了高拱。高拱的门客诬陷张居正收了徐阶的贿赂，张居正脸色大变，对天发誓绝无此事。高拱当场表示道歉，但两人关系从此就疏远了。高拱和太监冯保有矛盾，明穆宗生病期间，张居正拉拢冯保，让他在内廷支持自己。明神宗即位后，冯保借太后的名义赶走了高拱，让张居正当了内阁首辅。

明神宗登基的时候才10岁，张居正除了处理朝政之外，还负责辅导明神宗。他对明神宗很严厉，皇帝对他又怕又敬，将朝政大权全部交给了他处理。

张居正执政以尊崇皇权、考核官吏、分明赏罚、统一号令为主。凡是他决定的事情，往往用最快的速度办理。当时明朝吏治腐败，朝廷上下一片乌烟瘴气，土地集中在大地主大官僚手中，他们想尽办法逃避赋税，导致国家财政匮乏。张居正针对这种情况推行了改革。

此前的首辅们也有过改革的想法。徐阶当首辅的时候，吃住都在内阁，裁减冗员，平反冤狱，改善士兵生活，但没过多久就在内部争斗中黯然退出。高拱的改革措施则是大力任用青年官员，提拔优秀人才。不过他们的改革都没能触动当时社会问题的本质，所以只能是治标不治本。

张居正改革就不像前任们那样小打小闹了，他的改革分为4个方面。首先，他认为，权贵们横行不法是阻碍社会进步的一大要素。他决心整顿吏治，打击不法权贵。可贵的是，他执法铁面无私。张居正少年时期深受辽王厚恩，但辽王是出了名的横行不法，张居正毅然废掉了辽王。太监冯保的侄子犯了法，张居正将冯保的侄子革职，并重打40大板，劝说冯保以后要对家人严加管教。张居正还修补了很多规章制度上的漏洞，改革初现成果。

张居正认为，地方豪强和官府两者勾结是众害之源，他率先加强监察，将内阁置于六部之上，对其有监察权，防止玩忽职守。当时朝廷的财政主要来自税收，税越来越重，但朝廷的收入却越来越少，原因是逃税避税的都是豪强权贵，官员和他们同流合污，把钱财都揣进了自己的腰包。张居正下令，今后考核官员以钱粮为标准，那些追缴欠税不力的官员一律受罚，这样就让那些逃税之人无处藏身。

明朝的赋税制度是向土地所有者征收土地税，按人头派差役。由于土地兼并越来越严重，大地主大官僚们倚仗自己的权势偷税漏税、隐瞒户口。另外，很多人把土地卖掉，但土地税却仍然保留，这样就造成了纳税不均。张居正首先丈量全国土地，从根本上杜绝了逃避土地税的可能。为了杜绝人们逃避差役，他干脆把所有赋税和差役全部划归到土地税中，推行了所谓"一条鞭法"的新式征税政策。农民缴税的时候可以把赋税折算成银两，允许被征调的差役出钱雇佣别人代替。这些措施加快了货币流通，促进了商品经济的发展。

张居正的改革措施遭到了很多人的反对，他们攻击张居正违背祖训，并诋毁他的人品。改革开始没几年，张居正的父亲去世了，按例他应该辞职回家守孝。但改革正处于关键时期，明神宗和太后苦苦挽留，张居正被迫夺情留任。反对派们就攻击他违背孝道，禽兽不如，还写了很多谩骂张居正的大字报贴在街上。张居正为了维护自身形象和改革成果，严惩了那些反对派。

张居正对明神宗非常严格，渐渐地，明神宗开始对他产生了不满。明神宗亲政后张居正因病去世，没过多久，明神宗就在首辅张四维的唆使下公布张居正的罪状。抄家的官员把张居正老家的房子全部封锁起来，等到打开的时候，里面已经饿死了10多个人。张居正的长子忍受不了逼赃的严刑拷打，上吊身亡，张家其他人员也都受到了不同程度的惩罚。张居正的改革措施也被废除了，好不容易有点好转的明朝又走上了下坡路。

袁崇焕抗敌

努尔哈赤建立后金王朝后，多次入侵明朝边境，并在萨尔浒大败明军，辽东局势非常危急。朝廷派了老将熊廷弼前去镇守，但巡抚王化贞妒忌熊廷弼，两人配合得很差。努尔哈赤进攻广宁时，王化贞临阵脱逃，熊廷弼独木难支，只好退回山海关。战后朝廷追究责任，将熊廷弼杀了。

当时明朝缺少将才，好不容易有个熊廷弼，却又给杀掉了，兵部很犯愁，找不到合适的人选负责辽东军事。这个时候，兵部主事袁崇焕跑到山海关观察地形，回来后说："让我去吧，只要给我兵马钱粮，我肯定能守住。"朝廷就把希望寄托在了他身上，给了他20万两军费，授予他关外军队的指挥权。

关外经过多年战争已经很荒凉了，大学士孙承宗决定把军队驻守在宁远，命令满桂和袁崇焕前往。袁崇焕在宁远重新修筑城墙，修成了一个坚固的城池，让宁远成为关外的重镇。满桂善于用兵，袁崇焕尽忠职守，两人配合得很好，发誓与宁远城共存亡。他们又关心部下，将士们都乐意为其效力，边境的形势很快就被扭转了过来。

在这个关键时候，孙承宗却被罢官，接替他的是阉党高第。高第说关外守不住，让所有部队都撤回山海关。袁崇焕不同意，他说："我负责镇守宁远，宁可死在这里，也坚决不撤走！"高第没办法，只好把其他城池的人撤走，明朝辛辛苦苦铸就的防线毁于一旦。

努尔哈赤认为明军容易对付，就派大军渡过辽河，抵达宁远城下。这个时候宁远城内只有1万多人，又没有任何援军，而后金兵多达13万。袁崇焕并没有害怕，他把将士们召集起来，亲自咬破手指头写下血书，发誓死守宁远。将士们纷纷请求以死报国，没有一个人退缩。袁崇焕把城外的房子全部烧掉，将守城的器械全部运到城内，等待后金兵的到来。他还写信给后方的将领，告诉他们，如果发现有从宁远逃回关内的官兵，一律斩首。这样一来，城里的人心安定了下来，一心一意等待杀敌报国。

努尔哈赤征战数十年，根本不把小小宁远城放在眼里，他觉得这只不过是他前进路上的一个小钉子罢了，在后金铁蹄下，宁远城的覆灭是迟早的事。可是他想错了，当后金兵举着盾牌攻城的时候，他们遇到了前所未有的抵抗。明朝官兵在袁崇焕的指挥下，用弓箭、石块杀伤了大批后金兵。但后金兵一向能征善战，倒下一批又来一批，形势非常危急。在这紧急关头，袁崇焕动用了西洋大炮，一炮射去，后金兵血肉横飞，倒下一片。后金从来没有见过威力如此之大的武器，吓得纷纷后退。努尔哈赤见宁远城异常坚固，知道很难攻破，下令暂时收兵回营。第二天，后金兵继续猛攻，袁崇焕不慌不忙，看准后金兵人多的地方，下令用炮猛轰。无数后金兵被炸得粉碎，连努尔哈赤也受了重伤，不得不下令撤退。宁远的包围被解除了。努尔哈赤一世英雄，没想到居然在小小宁远栽了跟头，他又气又恨，加上伤势严重，没几天就死了。

袁崇焕虽然是靠打仗起家的，但他清醒地认识到，和后金不能硬拼。努尔哈赤死后，他派使者前去吊唁，顺便观察对方的情况。后金继承者皇太极虽然对袁崇焕恨之入骨，但表面上还是热情招待了明朝使者。袁崇焕想和后金议和，皇太极正在出兵朝鲜，生怕袁崇焕偷袭他，所以同意议和。本来朝廷准许了议和的意见，但后来觉得不合适，又下旨禁止了。袁崇焕认为议和是收复失地的最好办法，极力坚持，但没有被朝廷采纳。

当时驻守锦州的是赵率教，后金征服朝鲜后，又对锦州发动了进攻。赵率教以议和拖延时间，等待援军。袁崇焕认为宁远的兵不能动用，只派了4000精锐骑兵绕到后金背后偷袭。后金进攻锦州实际上是想把宁远的军队引出来，真正目的是宁远。袁崇焕没有上当，后金见计谋失败，也就退兵。魏忠贤等人却指责袁崇焕不去援救锦州是失职，所以论功行赏的时候只给他加了一级俸禄。很多人为袁崇焕抱不平，但慑于魏忠贤的霸道，都不敢说话。

明思宗即位后，杀掉了魏忠贤，重新任用袁崇焕，还赐给他尚方宝剑。当时辽东大将毛文龙在后金后方组织了一支军队，对牵制后金起了很大作用，但是他和袁崇焕政见不合，有的时候不听从袁崇焕的调遣。袁崇焕为了严肃军纪，用尚方宝剑将他杀了。毛文龙的死给明朝造成了极大损失，他的部将纷纷投降后金，而后金也少了个后顾之忧，这是袁崇焕的一个错误。

皇太极巧施反间计

皇太极和袁崇焕作战屡战屡败，当然不会甘心。他知道宁远城防守严密，自己不是他们的对手，于是决定绕开宁远，率领几十万大军攻打河北，直扑北京城。

袁崇焕赶紧带上祖大寿和何可刚等人率领军队前去阻拦，但已经晚了，皇太极已经抵达北京郊外。明思宗听说后金前来攻打北京，大吃一惊，等他听说袁崇焕赶来后，终于松了一口气，下旨褒奖，命令袁崇焕统领全部援军。

后金军能够打到北京城外并不是袁崇焕的责任，加上他援救及时，还有一定的功劳。但京城里的人却不这样看，魏忠贤的余党纷纷造谣，说袁崇焕纵容敌人，以前就有和后金议和的打算，这次后金入侵，也是他引来的，想凭此威胁朝廷和后金议和。

明思宗虽然很有才干，但生性多疑，这种话听多了心里也七上八下的，对袁崇焕产生了疑心。皇太极是个很狡猾的人，他打探到明思宗对袁崇焕有了怀疑，于是想出了一条反间计。

当时后金俘虏了两个明朝太监，把他们关在军营里。晚上的时候，皇太极让看守他们的士兵悄悄地说后金和袁崇焕有勾结的话，故意让他们听见。然后装作失误，让两个太监偷偷逃走。那两个太监以为探听到了重大消息，气喘吁吁地跑回皇宫向皇帝汇报这个情况。明思宗听说后金人果然是被袁崇焕引来的，大发脾气，下令让袁崇焕火速进宫。袁崇焕不知道发生了什么事，赶紧进宫朝见，皇帝下令把他抓起来关进诏狱。当时祖大寿也在旁边，见袁崇焕被抓，吓得浑身发抖。幸好

清太宗皇太极像

皇帝没有怀疑他，让他出去了。祖大寿回到军营后越想越寒心，见袁崇焕好心好意赶回来救援，没有赏赐倒不说，反而被抓了起来。祖大寿曾经犯过罪，孙承宗想杀他，但爱惜他的才干，于是悄悄地让袁崇焕将他救走。祖大寿很感激袁崇焕，死心塌地地跟着他南征北战，从来没有过反叛的想法。但这次的事情让他越想越不对劲，他也知道自己和袁崇焕的关系，害怕到时候株连自己，干脆横下一条心，带领部队叛逃了出去。袁崇焕虽然蒙冤入狱，但他对朝廷仍然忠心耿耿。当他听说祖大寿叛逃后，马上写了封信托人交给皇帝。皇帝把那信交给使者去召祖大寿，祖大寿这才重新回来保卫京城。

当年袁崇焕在朝廷里做官的时候，曾经和大学士钱龙锡谈论过想杀毛文龙的情况。后来袁崇焕想和后金议和，钱龙锡写信劝阻。钱龙锡是主持推翻魏忠贤逆党的人，魏忠贤的余党很恨他，一直想抓到他的把柄害死他。这次袁崇焕被抓了起来，那些人决定以擅自主张议和和杀害朝廷命官两大罪名陷害他们。高捷率先上书诬告，其他人随后也递上了诬告信，要求杀袁崇焕的同时把钱龙锡也除掉。

很多人都觉得袁崇焕冤枉，也有人劝阻过皇帝，但皇帝根本不相信他们的话，一意孤行地认定袁崇焕谋反。最后，袁崇焕被判谋反，钱龙锡也被判了死罪。崇祯三年（1630年）八月，袁崇焕被押赴刑场处死。北京的老百姓不了解实情，以为袁崇焕真的是个大汉奸，在他被处刑的时候，居然纷纷跑上去咬他的肉。袁崇焕最后被凌迟处死，他的肉也被愤怒的百姓们啃光了。袁崇焕一心一意效忠明朝，却落得个死无全尸的下场，不能不让人扼腕叹息。他的兄弟和妻子被流放到3000里之外，家也被抄了。袁崇焕一心为国，钱财都用来奖赏将士们了，家里没有多余的财产。后来皇太极的阴谋败露后，天下人都认为袁崇焕死得太冤了。

袁崇焕被杀，祖大寿又撤走，虽然后来再度回来，但士气低落，根本无心作战。援军被交给了满桂指挥，满桂虽然很有军事才能，但他缺少独当一面的能力。朝廷匆匆让他上任，他根本没有做好准备，最后在战斗中阵亡。当年袁崇焕误杀了毛文龙，自己又被屈杀，满桂和赵率教战死，祖大寿又无心为朝廷效力，明朝镇守辽东的良将几乎一扫而空，边关的事更加没有人能管理。明朝中了皇太极的反间计，给自己挖好了坟墓，已经注定了灭亡的命运。

闯王李自成

明思宗即位的那一年，陕西一带发生大饥荒，朝廷发下来的救灾粮却被贪官们克扣，很多人实在没有办法活下去了，只好起来造反。米脂县有个叫李自成的农民，他小时候给地主放羊，长大后当了驿站的驿卒，后来犯了法差点被知县处死。他逃走后当了屠户，暂时安定了下来。李自成的舅舅高迎祥自称"闯王"，率领一批饥民起义，李自成投靠了他。李自成在起义军和官兵的战斗中表现英勇，加上他和高迎祥的特殊关系，很快就被提拔成为起义军中的高级将领，被人称为"闯将"。

崇祯八年（1635年）正月，13家起义军在河南荥阳会师，大家一起商量如何抵挡官军的追剿。当时朝廷已经克服了轻敌思想，组织了大批人马前来围剿，有的人产生了畏惧情绪。李自成站出来大声说道："就算是只有一个人也得奋力作战，更何况我们有十万人！官军是不能拿我们怎么样的。我建议我们应当分散开来，各自定下进攻方向，是输是赢全靠天意了！"大家都被他的热情所打动，纷纷表示同意。

高迎祥和张献忠的部队负责在河南以东展开军事行动，由于朝廷在这一带防守薄弱，起义军一路势如破竹，竟然把凤阳给打了下来。凤阳是朱元璋的老家，祖坟都在那儿。起义军才管不了那么多呢，他们早就对皇帝恨之入骨了，一把火把朱家的祖坟烧个精光。噩耗传到北京城后，皇帝抱头痛哭，将漕运都御史的脑袋砍掉，任命朱大典负责围剿。张献忠抓了一批在皇陵里面负责鼓吹的太监，李自成想把他们要走，但张献忠不给。李自成大怒，就唆使高迎祥和张献忠分裂，跑到西边和罗汝才会合，再次去了陕西。

崇祯十一年（1638年），官军在梓潼大败起义军，李自成逃到白水一带。在那里他被洪承畴和孙传庭夹击，潼关一战，李自成几乎全军覆没。最后李自成只带了18个骑兵逃走，跑到商洛山躲了起来。这个时候张献忠已经投降，农民起义陷入低潮期。

张献忠投降只是为了迷惑官军，不久他就重新起兵。李自成听到这个消息后很高兴，从商洛山中跑了出来，重新收罗旧部，准备东山再起。陕西总督郑崇俭派兵把李自成包围了起来，自诩熟读兵书的郑崇俭对部下说："包围敌人一定要留个缺口。"结果李自成就从他留的缺口处逃走了，前去投奔张献忠。张献忠和李自成关系一向不好，他虽然收留了李自成，但想杀了他。李自成得知张献忠不怀好意，偷偷逃跑了。他的力量还很弱小，差一点就被官军抓住，手下很多将领都投降了。当时李自成的心腹大将刘宗敏也想投降，李自成对他说："有人说我可以当皇帝，要不我们来占卜一下，如果结果不吉利，你就拿我的头去投降吧。"刘宗敏同意了，结果占卜了三次，三次都是吉利。刘宗敏回去后把妻子杀了，对李自成说："我宁死也要跟着你干！"李自成率领部下轻装出发，来到河南。当时河南闹饥荒，灾民纷纷加入了李自成的队伍。

李自成能和部下同甘共苦，而和他联盟的罗汝才却生活奢侈，喜好女色，李自成很看不起他。但罗汝才打仗很有一套，两人配合一直很默契。李自成很快就挽回了败局，势力空前壮大。渐渐地，他对罗汝才起了杀机，不久，他找机会将罗汝才杀掉，兼并了罗汝才的部队。

崇祯十七年（1644年）正月初一，李自成在西安称王，国号大顺，其后攻下了山西，三月十三日，军队直逼北京城。明思宗惊恐万分，但一点办法都没有。三月十八日傍晚，太监曹化淳打开城门，百万起义军攻进北京城。明思宗从宫里跑了出来，爬到煤山上，看到京城烽火连天，叹息道："真是苦了百姓啊！"他把几个儿子送到大臣家里，逼皇后自尽，用剑砍杀长平公主。第二天清晨，他爬上煤山，在左衣襟上写下遗书，上吊而死，太监王承恩随后自缢。明朝终于灭亡。